珍藏本
纪念版

汉译世界学术名著丛书

文明的滴定

东西方的科学与社会

〔英〕李约瑟 著

张卜天 译

2017 年 · 北京

Joseph Needham
THE GRAND TITRATION
SCIENCE AND SOCIETY IN EAST AND WEST
1969 George Allen & Unwin Ltd. Reprinted in 2005 by Routledge.

李约瑟(Joseph Needham，1900－1995)
(Sam Wolf 摄于 1968 年，感谢剑桥李约瑟研究所提供照片)

插图 1. 传统中国的威严；这是 17 世纪末的一尊蓝白相间的南京花瓶，描绘了皇帝和他的朝臣。这些官员让我们想起，两千年来，管辖中国的是一批通过科举考试招聘的非世袭的精英官吏。地球仪则提醒我们，地理学在中国文化中培育甚早，而且在持续进步，定量制图学的发明年代遥遥领先于欧洲。此花瓶现藏于苏格兰城镇珀斯的斯康宫(Scone Palace)。

插图2. 大运河沿岸临清市附近的景观；这幅版画出自斯汤顿（Staunton）对1793年马嘎尔尼使团的记述。大运河于13世纪末的元朝最终完工，体现了一切文明中最早成功开凿的越岭运河，临清是该运河系统的中心。若要与之相当，欧洲需要开凿一条从伦敦到雅典的宽广的人工河。

插图 3. 汉代(约公元前 1 世纪或公元 1 世纪)的青铜“虹鼎”,可能用于升华。此为正面图。

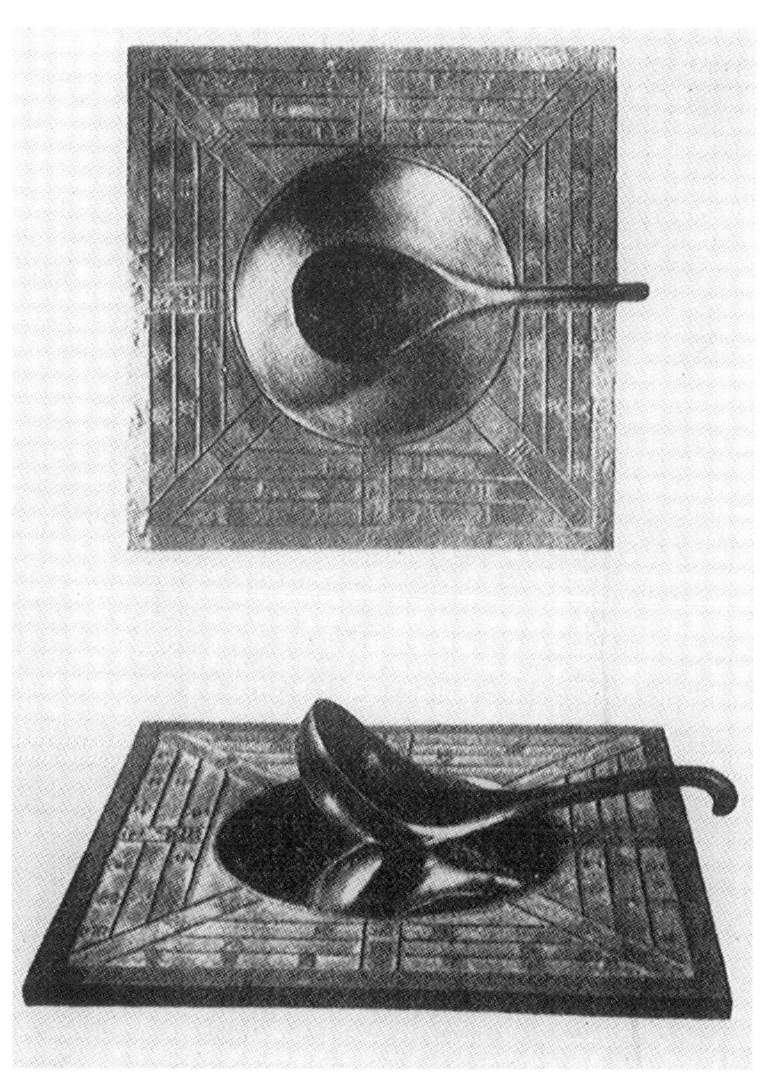

插图 4. 最早期形式的磁罗盘;汉代(约公元前 1 世纪或公元 1 世纪)占卜者的栻,其上有磁石勺。

插图 5. 1276 年郭守敬制造的“赤道坐标换算仪”(简仪),这是第一台具有赤道式枢架的仪器,现藏于南京近郊的紫金山天文台。(原照为 1958 年所摄。)

插图 6. 马镫最早的确定证据;长沙出土的晋代(约公元 300 年)小墓俑。

插图7. 肩套挽具的一个早期实例；详细摹绘了敦煌石窟太守夫人车队壁画中右下方的马车。（第一五六号洞窟；绘于公元851年。）

插图 8. 山中河流上的一座磨坊；元朝一位不知名的艺术家于 1300 年左右绘制的卷轴。根据所有中国画家的传统，这位艺术家并不是靠写生，而是在宁静的回想中作画的。因此，由于他不是磨坊的制作者，所以混淆了桨轮和齿轮。不过，为这座磨坊中的若干机器提供动力的显然是（中央和右下方隔间中的）两个大型卧式水轮。左上方隔间有直角式齿轮装置，大概是在操作一组碓。中上方隔间的楼梯前有几个主要的磨石和一辆辗车。右上方隔间有一种精巧的设计，几乎可以肯定，这是作者试图凭借记忆绘出曲柄、连杆和活塞杆的组合，即水力运转往复机（参见图 13），以操作一台面粉筛具，也许就是其后的那个格状橱柜。左下方隔间和中下方隔间有一些绘制粗糙的立式和卧式齿轮，其确切目的和连接方式并不清楚。右下方隔间画了一个桶形齿轮，其上有间隔相等且设计精巧的小轮齿，表明元代的磨坊技术已经相当发达。

插图 9. 汉代(公元前或公元 1 世纪)墓葬中的模型,显示了转磨、脚踏碓、用曲柄操作的飏扇;这是所有文明中对曲柄最早的描绘。

插图 10. 所有文化中对纺车的最早描绘之一,因此是传动带历史的重要证据;此图可能是钱选于 1270 年左右绘制的《辞母图》。

插图 11. 现存最古老的铸铁塔(1061 年),位于湖北省当阳的玉泉寺。

插图 12. 李春的安济桥，所有文明中最古老的弓形拱桥，位于河北省赵县，建于 610 年。

插图 13. 公元 1 世纪的广州墓穴出土的汉代陶船模型；这是所有文化中已知最早的艉柱舵例证。

插图 14. 汉代船模型的船尾细节，显示了船舵。

插图 15. 1943 年四川嘉定孔庙（文庙）的旧式图书阁，当时是正在疏散的武汉大学的避难所。我在写第三篇论文时常常造访此地。它提醒我们，世世代代以来儒家的神圣伦理是与中国的高度修养文化相联系的。

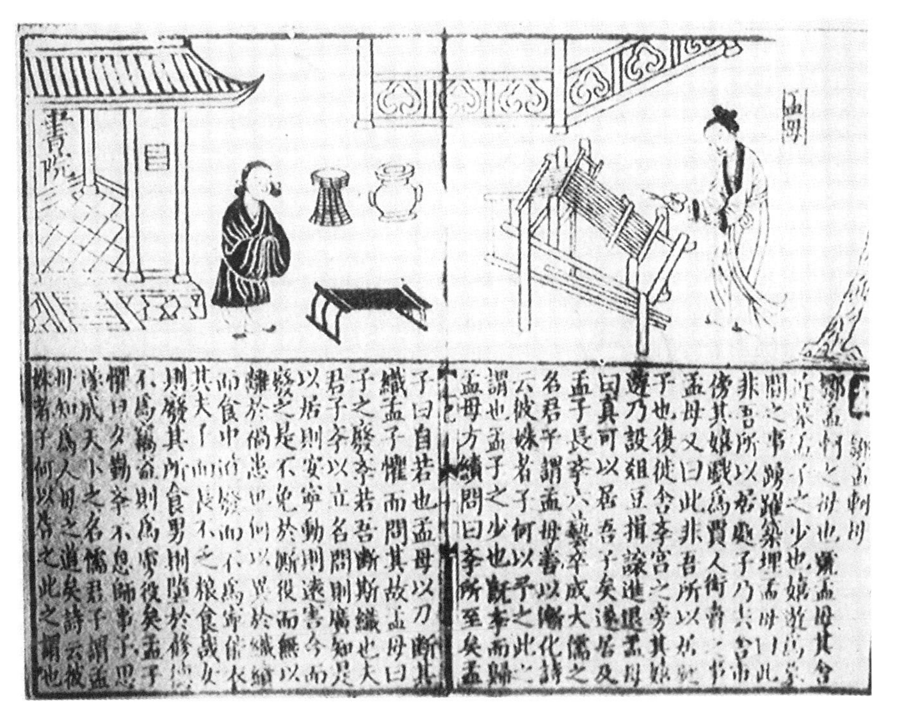

插图 16. 孟子和母亲的故事，此图是《列女传》中的两页，这部著作大概源于汉代。1820 年的一份副本复制了 15 或 16 世纪的明代刻本，但其肖像传统和绘画风格等等则可以追溯到 1063 年的版本。图画左方书有“书院”，右方书有“孟母”。织布机虽然绘制得很粗陋，却是汉代的织丝机，其 45 度斜角构造是古代的象征。孟子或孟轲（公元前 374—前 289 年）是最伟大的儒家学者之一，他的名字在中国一直家喻户晓。文本如下：

邹孟轲之母也，号孟母。其舍近墓。孟子之少也，嬉游为墓间之事，踊跃筑埋。孟母曰：“此非吾所以居处子也。”乃去，舍市傍。其嬉戏为贾人炫卖之事。孟母曰：“此非吾所以居处子也。”复徙舍学宫之旁，其嬉游乃设俎豆揖让进退。孟母曰：“真可以居吾子矣！”遂居。及孟子长，学六艺，卒成大儒之名。君子谓孟母善以渐化。诗云：“彼姝者子，何以予之。”此之谓也。

孟子之少也，既学而归。孟母方绩，问曰：“学所至矣？”孟子曰：“自若也。”孟母以刀断其织，孟子惧而问其故。孟母曰：“子之废学，若吾断斯织也。夫君子学以立名，问则广知，是以居则安宁，动则远害，今而废之，是不免于厮役而无以离于祸患也，何以异于织绩而食，中道废而不为。宁能衣其夫子，而长不乏粮食哉！女则废其所食，男则堕于修德，不为窃盗，则为虏役矣！”孟子惧，旦夕勤学不息，师事子思，遂成天下之名儒。君子谓孟母知为人母之道矣。诗云：“彼姝者子，何以告之。”此之谓也。

插图 17. 传统中国的“背书”。一名学生在老师面前背诵古文(1895 年左右 Mencarini 摄)。直至二战期间,我经过私塾时还常能听到窗口传来背诵古文的嗡嗡声。

插图 18. 南京的科举考试房(贡院)(1925 年左右 Williams 摄)。在帝国的科举考试制度中,已在地方中秀才者若想求取功名,常常聚在省城参加举人考试。每一个考生都要在这些为数众多的考试房当中的一间住上几天,由考官监考,食用外面带进来的简餐。晚清和明代一样,考题限于正统的文学和哲学,以八股文作答。但更早的时候,考试内容更多会涉及具体的管理、政治、经济问题,而在唐、宋等朝代则会涉及天文学、工程学、医学等技术类科目。

插图19．今天和昨天的中国学生。他们是同济大学本科生，当时（1943年）撤退到四川李庄，居住在大禹庙，我在一次讲座后拍下了这张照片。

插图 20. 大运河的另一段(参看插图 2),也出自斯汤顿(Staunton)对 1793 年马嘎尔尼使团的记述。大运河一度流经江苏的宝应湖,但为了保护交通,1007 年曾沿此段筑起一道河堤,将运河与湖分开。

插图 21. 大运河上的滑道(diolkos)。1843 年由 Allom 和 Wright 绘制。此装置可以追溯到古代中国和希腊,它使用了重型复式绞盘,使载重量很大的船只能在不同水位的运河河道之间移动。这幅图虽然吸引人,但却夸大了滑道的角度,并把中式风格浪漫化了。不过,水闸纯粹是中国人的发明,可以追溯到 984 年,当时乔维岳建造了第一座这样的装置。

插图22.1942年昆明以南呈贡的孔庙(文庙),时为撤退到云南省的西南联合大学人口统计学院所在地。后面的主神龛里供奉有孔圣人的碑,右边的神龛中是其弟子的一些碑。孔圣人的祭坛上摆了一部计算仪,我想它非常适合这位关心人民福祉的人:“富之,教之”是公元前5世纪的《论语》中一再强调的观念。几个世纪以来,人口记录和人口问题一直是中国学者喜欢研究的一个题目。自中华人民共和国成立以来,人们一直在关注计划生育的手段和推广。至于可能因为惧怕技术会导致失业而拒绝发明,过去两千年来在中国几乎找不到任何例证。

汉译世界学术名著丛书
（120年纪念版·珍藏本）
出 版 说 明

2017年2月11日，商务印书馆迎来120岁的生日。120年前，商务印书馆前贤怀揣文化救国的理想，抱持“昌明教育，开启民智”的使命，立足本土，放眼寰宇，以出版为津梁，沟通中西，为中国、为世界提供最富智慧的思想文化成果。无论世事白云苍狗，潮流左右激荡，甚至战火硝烟弥漫，始终践行学术报国之志，无改初心。

迻译世界各国学术名著，即其一端。早在20世纪初年便出版《原富》《天演论》等影响至今的代表性著作，1950年代后更致力于外国哲学和社会科学经典的译介，及至1980年代，辑为“汉译世界学术名著丛书”，汇涓为流，蔚为大观。丛书自1981年开始出版，历时三十余年，迄今已推出七百种，是我国现代出版史上规模最大、最为重要的学术翻译工程。

丛书所选之书，立场观点不囿于一派，学科领域不限于一门，皆为文明开启以来，各时代、各国家、各民族的思想与文化精粹，代表着人类已经到达过的精神境界。丛书系统译介世界学术经典，引领时代思想，为本土原创学术的发展提供丰富的文化滋养，为推动中国现代学术和现代化进程做出了突出的贡献。

为纪念商务印书馆成立120周年，我们整体推出“汉译世界学术名著丛书”120年纪念版的珍藏本，寄望既利于文化积累，又便于研读查考，同时向长期支持丛书出版的译者、编者和读者致以敬意。

两甲子后的今天，商务印书馆又站在了一个新的历史时间节点上。我们不仅要铭记先辈的身影和足迹，更须让我们的步伐充满新的时代精神。这是商务人代代相传的事业，更是与国家和民族的命运始终紧密相连的事业。我们责无旁贷，必须做好我们这代人的传承与创造，让我们的努力和成果不仅凝聚成民族文化的记忆，还能成为后来人可以接续的事业。唯此，才能不负前贤，无愧来者。

商务印书馆编辑部

2017年10月

序

李约瑟在中国是个知名度很高的人物，提起这个名字人们自然会想到他的那部多卷本鸿篇巨制《中国的科学与文明》（中译本作《中国科学技术史》，下文用其原名的缩写 SCC 来表示），知识界人士或许还能就其在世界文明史上的意义说出个子丑寅卯来。要谈《文明的滴定》一书，亦须从 SCC 讲起。

1954 年，李约瑟在 SCC 首卷的序言中开宗明义提出了一连串问题，此即该序言第二段中的八个问号所对应的内容。李约瑟于十年后出版的《东西方的科学与社会》（即本书第 6 章）又将它们凝练成以下两个问题：

“为什么现代科学没有在中国（或印度）文明中发展，而只在欧洲发展出来？”以及“为什么从公元前 1 世纪到公元 15 世纪，在把人类的自然知识应用于人的实际需要方面，中国文明要比西方文明有效得多？”

这就是后来被人称为“李约瑟问题”的标准提法。

其实“李约瑟问题”并非始于李约瑟。在他之前，至少有五六批人关注过诸如“中国何以落后”的问题，包括早期来华耶稣会士、欧洲启蒙思想家、清末特别是甲午战败后的一些新教传教士与受其影响的中国学者、新文化运动前后的中国知识领袖、20 世纪 30 年代受到马克思历史观影响的剑桥左翼知识分子，以及 1943 至

1946年间李约瑟在抗战大后方结识的诸多中国知识精英。

关于李约瑟的SCC,还有两个广为流传的说法,其中之一是说它的意义在于向世人揭示了对人类文明产生过巨大影响的许多发明创造来自中国,另一个是说作者撰写这部系列大书的目的就是回答后来以其冠名的历史问题。它们看上去都有一定道理,但细究下来又缺乏全面而充分的说服力。

其实,李约瑟工作的意义早已超出了“中国”和“科学与技术”的范畴。作为跨文化研究的先驱,他写作SCC的最终目标是促进人类不同文化间的相互理解,而中国古代的自然观与技术成就正是通向这一目标的理想引桥。“李约瑟问题”并不是一个像数学中那样存在定解乃至多解的智力问题,它只是一个高度凝练的、借以展开宏大叙事的启发式论纲。诚如弗洛里斯·科恩(H. Floris Cohen)所说,“在20世纪的学术史上,鲜有一个朴素的问题能够引出如此壮观的成果”。[①] 借助它,作者可以展开自己对中国古代科学、技术与社会这一宏大主题的思考,而不必指望有哪位权威人士或权威机构,能够对它提出一个世所公认的标准答案来。

对上述后一说法仍然怀抱希望的许多中国学者,不是热衷于对“李约瑟问题”提出种种所谓的“新解”,就是寄望于李约瑟本人会在SCC中给出一个明确的答案,特别是通过它的最后一卷。如今斯人遽归道山,他开启的SCC计划也已基本告成,我们应该怎样理解李约瑟本人对这一问题的看法呢?

① 弗洛里斯·科恩:《科学革命的编史学研究》,湖南科学技术出版社,张卜天译,2012年,第542页。

SCC 计划酝酿于抗日战争后期，当时李约瑟正在中国主持中英科学合作馆，得以同中国大后方的诸多顶尖科学家和一流学者切磋交流。1944 年 10 月 25 日他在日记中写道："下午在家工作，着手准备 S&CiC(即 SCC)一书的计划。"1948 年他与剑桥大学出版社的通信还可以证实，他的初衷只是出版有关中国科学与文明的一本专著。然而随着计划的开展与国际合作团队的扩大，当初的出版一本书逐渐成为写作七大卷合计 27 个分册的庞大计划。

我们不妨看看已经出版的 24 个分册的情况。根据剑桥李约瑟研究所官网公布的信息，已出版的 SCC 系列包括：

第 1 卷，导论，合作者王铃，1954 年出版

第 2 卷，科学思想，合作者王铃，1956 年出版

第 3 卷，数学、天文学和地学，合作者王铃，1959 年出版

第 4 卷，物理及相关技术

　　第 1 分册，物理，合作者王铃、Kenneth Robinson，1962 年出版

　　第 2 分册，力学机械，合作者王铃，1965 年出版

　　第 3 分册，土木工程、水利与航海，合作者王铃、鲁桂珍，1971 年出版

第 5 卷，化学与相关技术

　　第 1 分册，造纸与印刷，执笔钱存训，1985 年出版

　　第 2 分册，炼丹术源流，合作者鲁桂珍，1974 年出版

　　第 3 分册，外丹及早期历史，合作者何丙郁、鲁桂珍，1976 年出版

　　第 4 分册，炼丹术理论及中外比较，合作者鲁桂珍、

Nathan Sivin,1980 年出版

第 5 分册,生理炼丹(内丹),合作者鲁桂珍,1983 年出版

第 6 分册,军事技术:火箭与攻防,合作者 Robin Yates、Krzysztof Gawlikowski、Edward McEwen、王铃,1994 年出版

第 7 分册,军事技术:火药的史诗,合作者何丙郁、鲁桂珍、王铃,1987 年出版

第 9 分册,纺织技术,Dieter Kuhn 执笔,1986 年出版

第 11 分册,钢铁冶金,Donald B. Wagner 执笔,2008 年出版

第 12 分册,陶瓷技术,Rose Kerr、Nigel Wood 执笔,合作者 Ts'ai Mei - fen、Zhang Fukang,2004 年出版

第 13 分册,矿业,Peter Golas 执笔,1999 年出版

第 6 卷,生物及相关技术

第 1 分册,植物学及古代进化思想,合作者鲁桂珍、黄兴宗,1986 年出版

第 2 分册,农业,Francesca Bray 执笔,1984 年出版

第 3 分册,农工与林业,执笔 Christian Daniels、Nicholas Menzies,1996 年出版

第 5 分册,发酵与食品科学,黄兴宗执笔,2000 年出版

第 6 分册,医学,合作者鲁桂珍,Nathan Sivin 编辑,

2000 年出版

第 7 卷，社会背景

第 1 分册，语言和逻辑，Christoph Harbsmeier 执笔，1998 年出版

第 2 分册，50 年的总结与沉思，Kenneth Robinson、Ray Huang、Mark Elvin 等编辑，2004 年出版

另外还有关于有色金属、盐业和园艺的三个分册即将出版。

由此可以看出，这是一个在李约瑟的率领和垂范下，来自不同国家和地区的众多专家学者通力合作，持续进行了半个多世纪的宏大文化工程。李约瑟制定计划、规范体例、组织队伍，并亲自参与诸多卷册的撰写，因此整部丛书由他来总冠名是合乎情理的，也没听说任何一位合作者提出过异议。同时我们也可以看出，随着工作的开展，李约瑟不断调整计划，SCC 的整体面貌在很大程度上与他个人的学术兴趣和行事风格有关，其明显的缺点就是未能充分照顾学科间的平衡。举例来说，对于具有鲜明特色和重要成就的中国古代天算之学，SCC 仅以半卷篇幅加以论述；而涉及自己钟爱的炼丹术时，他则一口气出了四册书。此外，像中国传统医学无论在历史上还是在今天都有重要意义，由于始终没能找到各方面均能胜任的合作者，直到李约瑟去世五年以后，才由席文（Nathan Sivin）将他与鲁桂珍的几篇旧文集结起来，加上自己的导言拼成一册出版。

就内容来说，SCC 系列的绝大部分，即中间四卷 20 余个分册均属于学科史，因此 SCC 也经常被人理解成一部中国古代科学成就与技术发明的功劳簿。有关李约瑟本人对于“李约瑟问题”的讨论，这些卷册虽不能说全无涉及，但不可能、也的确没有得到清晰

的表述。相应地，有关“李约瑟问题”的陈述和初步讨论可见于SCC的前两卷，他对此问题的系统看法本应由最后一卷给出。不过这一卷的两册书都是在李约瑟去世后出版的，其中之一的“语言和逻辑”作为“社会背景”显得有些勉强，实际上放在整个系列的“导论”部分可能更加合适；而作为压轴之作的第7卷第2分册，甫经问世就引起专家学者的特别关注，因此让我稍费些笔墨来介绍一下。

该册书由李约瑟的老友与早期合作者罗宾森领衔、会同另外两位学者一道编辑，于2004年出版，此时距SCC首卷出版恰好半个世纪，因此称之为“50年的总结与沉思”。这个第7卷第2分册的主体，由李约瑟生前发表或写成的五篇论文组成，而位列首篇的正是《东西方的科学与社会》。同时需要指出的是，《文明的滴定》一书不但收入了此文，而且将其标题作为全书的副标题；而正题中的“滴定”(titration)则来自作者的老本行生物化学，用来表达借助分析不同文明在社会或思想中的成分展开宏大叙事的一种历史研究方法或风格，对此李约瑟在导言与本书收录的“台译本序”中都有清楚的交代。

《文明的滴定》由李约瑟在1944至1966年间陆续发表的八篇论文组成，它们分别是：《中国科学传统的不足与成就》(1963)、《科学和中国对世界的影响》(1964)、《科学与社会变迁》(1946)、《中国古代的科学与社会》(1960)、《论中国科学技术与社会的关系》(1953)、《东西方的科学与社会》(1964)、《时间与东方人》(1966)以及《人法与自然法则》(1967)。实际上，李约瑟早年有关中国古代科学、技术与社会的讨论主要集中在这本《文明的滴定》里；可以说，他生前有关“李约瑟问题”的最完整表述也收在1969年结集出版的这本文集之中。

作为秉承启蒙理想并受到马克思主义影响的学者，李约瑟是"科学进步论"的信奉者，而在他看来，决定"进步"、"停滞"或"落后"的因素主要应在经济基础与政治制度方面寻找：农业社会与农民对土地的依附、大型水利工程、中央集权政治、非世袭的文官制度、缓慢的生活节奏、重要资源的"国有化"、商人的地位、知识分子的角色等，都是他重点关注的议题。而作为经济决定论之补偿的中国传统思想、特别是线性时间观及神圣立法者观念的缺失等，这本文集也都有所涉猎。

《文明的滴定》出版后，很快获得学界的普遍好评。1970 年 1 月，《科学》杂志发表了芝加哥大学历史系麦克内尔（William McNeill）题为《中国成就》的书评，称此书"促使西方对中国科学与技术丰富性与复杂性加以关注"；在批评了李约瑟的历史决定论倾向之后，内尔认为后两篇论文的入选，"显示了从一种在 1944 年还很幼稚的马克思主义决定论，向一种更为宽容的有限自治思想演变的线索"。1971 年伦敦大学亚非学院汉学家葛瑞汉（Angus Graham）在《亚洲专刊》上撰文，称"其中每一篇文章都显示了他组织大量材料来明晰地论述问题的过人本领，他对于这个问题的思考可以向前追溯二十年。"同年席文在《亚洲研究》上发表书评，指出"李约瑟问题"与"科学革命"议题的关系。

除了不同的英文版外，《文明的滴定》也被译成多种其他文字。据我有限的了解，能够搜到的就有法文本（Eugène Simion 等译，Paris：Editions du Seuil，1973）、西班牙文本（Rosa Silvestre 等译，Madrid：Alianza Editorial，1977）、波兰文本（Irena Kaluzynska 译，

Warsaw：Panstwowy Instytun Wydawnicz，1984)、克罗地亚文本(Branka Zoda 译，Zagreb ：Skolska knjiga，1984)、意大利文本(Mario Baccianini 译，Bologna：il Mulino，1973)、日文本(桥本敬造译，东京：法政大学出版局，1974)、台湾出版的繁体字中文译本(范庭育译，台北：帕米尔书店，1984)。

本书中的一些文章，过去曾被大陆学者译成中文，译文水平参差不齐，又散见于不同的文集和期刊之中，但本中译本出版之前大陆还没有一个足以反映李约瑟初衷的全译本，此次则由译者全部重新译过。关于书名，两岸学者过去都译作《大滴定》，此次则借用日译本的做法名之为《文明的滴定》，我认为更妥帖。

译者张卜天是一位很有潜力的青年学者。最近几年来，他以平均每年译成两三本书的速度，将涉及古希腊至科学革命之后西方科学发展的重要经典陆续引介给中文读者。他的译文得到业内人士的赞赏，甚至包括某位相当挑剔的原作者在内。然而这个年轻人的雄心不止于当一名合格的翻译家，我在写给剑桥李约瑟研究所的推荐信中说："他的主要兴趣是从事一项有关前现代东、西方自然观的比较研究"，翻译《文明的滴定》只是这一计划的学术准备之一。如今张卜天即将结束在剑桥的短暂访问启程回国，而我半年前应下的为此撰写序文的承诺还没有兑现。仓促间草成以上文字，愿李约瑟这部文集的读者群因此而成倍地扩大，使他的宏大论纲与睿智思想为更多的中国人所知悉。

刘　钝

2015 年 6 月 29 日书于中关村梦隐书房

献 给

鲁桂珍

解释、对照、显明、确保了

一种无可打破的关联

目　录

导　言

中国、印度和欧洲—闪米特的文明是世界三大历史文明，但直到近年来，人们才开始研究中国的历史文明对科学技术的贡献。除了希腊人的伟大思想和制度，从公元1世纪到15世纪，没有经历过“黑暗时代”的中国人总体上遥遥领先于欧洲。直到文艺复兴晚期发生科学革命，欧洲才迅速领先。但是在那之前，不仅在技术进程方面，而且在社会的结构与变迁方面，西方都受到了源自中国和东亚的发现和发明的影响。除了培根爵士所列举的三项发明（印刷术、火药和磁罗盘），还有其他上百种发明，比如机械钟、铸铁法、马镫、有效挽具、卡丹环[Cardan suspension]、帕斯卡三角形、弓形拱桥、运河水闸、船尾舵、纵帆航行和定量制图法等，都对社会更不安定的欧洲产生了影响，有时甚至是极为重要的影响。

那么，为什么与古代和中世纪科学相对的现代科学（以及现代科学所蕴含的各种政治优势）只能在西方世界发展起来呢？只有认真分析东西方文化，对其作一种真正的滴定（titration），才能最终回答这个问题。毫无疑问，思想和哲学上的许多因素都起了各自的作用，但肯定也有社会经济方面的重要原因需要加以研究。

每个人在学校都学过基础化学，所以谈论“滴定”没什么好怕的。大多数人都操作过滴定管，见过化学反应完成时的颜色变化。在通常的词典中，词典编纂并没有很好地定义这个词，但我们也许可以说,“滴定”是指用已知强度的化合物溶液来测定某溶液中化合物的量,前者将后者完全转变为第三种化合物,转变的终点由颜色变化等方式来确定。这就是所谓的“容量分析”或“滴定分析”,它的发明时间要比我们认为的更晚。1782 年,居顿·德莫沃(Guyton de Morveau)最先使用了这一方法,但约翰·道尔顿(John Dalton)将该技巧完全系统化,并且在 1819 年的一篇论文中对其进行了描述。不过,当时这个名字并未出现,因为直到 1864 年,“titration”一词才第一次被使用——它无疑源自法文词 *titre*,很久以前试金者(assayist)用这个词来表示合金中的黄金纯度。我和我的合作者们在研究中国和其他文化的发现发明史时,总是试图确定年代——中国的第一座运河水闸出现在公元 984 年,亚述的第一条灌溉渠出现在公元前 690 年,中国的第一条运河出现在公元前 219 年,意大利的第一副眼镜出现在公元 1286 年,等等。这样便可以将各大文明相互“滴定”,查明之后当赞许则赞许,所以我们也必须对各大文明在社会或思想上的种种成分加以分析,以了解为什么一种组合在中世纪遥遥领先,另一种组合却后来居上并产生了现代科学。

因此,我把在各种场合写的一些论文、演讲和随笔合在一起,冠名为“文明的滴定”。本书与《中国的科学与文明》(*Science and Civilisation in China*)[①]相类似,但内容并不重复。在我的朋友安

① 李约瑟与王铃(王静宁)、鲁桂珍、何丙郁、罗宾逊(Kenneth Robinson)、曹天钦等人合作所著的《中国的科学与文明》(Cambridge,1954)共七卷十二部分。以下此书简称 *SCC*。

生(Ruth Nanda Anshen)的建议下,我将这些文章集合成书,希望能对比较知识社会学中这个伟大而悖谬的主题做出阶段性说明。最后,我要感谢来自中国天南地北的合作者们——王铃、鲁桂珍、曹天钦、何丙郁,三十年来,他们日日夜夜陪伴我辛勤发掘。如果没有他们,表意文字与表音文字之间的文明壁垒就不可能有丝毫突破。还要感谢我的妻子,她的聪慧使我的文字变得清晰易懂。

李约瑟

1. 中国科学传统的不足与成就[①]

导　言

在下文中，我将与欧洲进行对比，试图描述土生土长的中国科学发明传统在成长发展过程中的一些长处和弱点。当然，此标题的灵感来自于19世纪法国作家创造的某些名言。我指的是阿尔弗雷德·德维尼（Alfred de Vigny）所写的军事生活的"奴役与伟大"（*Servitudes et grandeurs*），以及后来因巴尔扎克而不朽的娼妇生活的"辉煌与悲惨"（*Splendeurs et misères*）。如果我们沿着旧世界不同区域的人认识和控制自然的路径进行回溯，便会清楚地看出东西方的长处和弱点。我想先描述一下中国和欧洲传统在自然科学方面（无论是纯粹科学还是应用科学）的一些明显差异，再谈谈科学家和工匠在中国古代社会中的地位，最后联系哲学、宗教、法律、语言以及具体的生产环境和商品交换来探讨科学的某些方面。

---

① 原载 *Scientific Change*（Report of History of Science Symposium, Oxford, 1961）, ed. A. C. Crombie, London, 1963。

首先，我们必须界定古代和中世纪的科学与现代科学之间的区别。我在两者之间作了一项重要区分。当我们说现代科学只在文艺复兴晚期的伽利略时代发展于西欧时，我们的意思当然是指，只有在彼时彼地才发展出了今天自然科学的基本结构，也就是把数学假说应用于自然，充分认识和运用实验方法，区分第一性质和第二性质，空间的几何化，接受实在的机械论模型。原始的或中世纪的假说与现代假说显然大不相同，它们因其内在的本质模糊性总是无法得到证明或否证，而且容易在空想的认知关联系统中结合在一起。人们以先验构造的“数字命理学”(numerology)或数秘主义(number-mysticism)的形式来摆弄这些假说中的数，而不是把它们用于后验比较的定量测量。我们都知道原始的和中世纪的西方科学理论，比如亚里士多德的四元素说，盖伦的四体液说，普纽玛(pneumatic)的生理病理学说，亚历山大里亚原化学的共感(sympathies)与反感(antipathies)说，炼金术士的三本原(*tria prima*)说，卡巴拉犹太神秘学(Kabbala)的自然哲学等，但却不太晓得其他文明也有相应的理论，比如中国的阴阳学说、五行学说、精致的卦爻系统等。在西方，才华横溢的发明天才达·芬奇仍然生活在这个原始的世界中；而伽利略则突破了它的藩篱。因此有人说，中国的科学技术直到很晚仍然是达·芬奇式的，伽利略式的突破只发生在西方。这是我们的第一个出发点。

直到因为与数学结合而被普遍化，自然科学才成为全人类的共同财富。中世纪世界的科学是与它所从出的种族环境密切联系在一起的。不同文化的民族要想找到任何共同的讨论基础，即使不是不可能也是非常困难的。这并不意味着具有深远社会影响的发明不能从一种文明向另一种文明自由传播——事实上，这些发明大都是从东方传到西方。但与种族相关的概念体系相互之间无法理解，这的确严重限制了科学思想领域中可能的接触和传播。因此，技术要素可以在古代世界广泛传播，而科学要素通常却未能如此。

尽管如此，不同文明之间的确有过非常重要的科学交流。我们现在很清楚，在科技史上必须把旧世界看成一个整体，甚至连非洲也要包含进来。但是当我们采用这种普世观点时，却出现了一大悖论。为什么带有高技术含义的现代科学，自然假说的数学化，只是在伽利略时代才迅速兴起呢？许多人都会问这样一个明显的问题，但能回答的人寥寥无几。此外还有一个同样重要的问题。为什么从公元前2世纪到公元16世纪，在把人类的自然知识应用于实用目的方面，东亚文化要比西欧有成效得多？只有对东西方文化的社会经济结构进行分析，同时不忘观念系统所起的重要作用，我们才能最终说明这两件事情。

传统中国的科技面貌

和其他科学河流一样，中国科学之河在汇入现代科学的海洋之前已经有了显著的数学成就。十进制和空位表零法在黄河流域发明得要比其他任何地方都早，十进制度量衡也随之产生。公元前1世纪的中国工匠已经在用十进位刻度的滑动卡尺来检查工件。中国的数学思想总是深奥的代数式的，而不是几何式的。到了宋元时代（12世纪到14世纪），中国学派在解方程方面领先全世界，以至中国早在公元 1300 年就已经有了所谓的帕斯卡三角形。这样的例子比比皆是。我们所谓的“卡丹环”，即一套在枢轴上转动的彼此相连的轮环，在卡尔丹之前一千年就已经在中国普遍使用了。至于天文学，我只需提及在文艺复兴之前，中国人是最持久、最准确的天象观测者。虽然几何式的行星理论并未在中国发展起来，但中国人构想出一种有见识的宇宙论，用我们现代的坐标来绘制天空图，记录日月食、彗星、新星和流星，这些记录对今天的射电天文学家仍然有用。在天文仪器上，中国人也有卓越的发展，包括发明了赤道仪和转仪钟，这些发展深深地得益于当时中国工匠的能力。他们的技艺也影响了地震学等其他科学。公元 130 年前后，中国科学家张衡制作了世界上第一台实用地震仪。

光学、声学和磁学这三个物理学分支在古代和中世纪[①]的中国发展得尤其充分。这与西方截然不同，西方虽然在力学和动力学方面比较先进，但对于磁学几乎一无所知。不过，中国与欧洲的最深刻差异也许在于物质连续性与不连续性之间的争论，正如中国数学总是代数式的而非几何式的，中国物理学也恪守一种原型式的波动说，长期反对原子。我们甚至可以在工程领域觉察到这种偏好上的差异。中国的传统工匠总是尽可能卧式地装设轮子，而我们的祖先则偏爱立式装设，水磨和风车便是典型例子。

在比较中国与欧洲的成就时，我们常常会发现一种模式：与希

① 由于本书涉及大量中西比较的内容，为了行文方便和表达清楚，即使在中国的语境下我也不按照通常习惯把“medieval”译成“中古[时期]的”，而是译成“中世纪的”。——译者注

腊人同时代的周人、秦人和汉人虽然没有达到希腊人那样的高度，但是在后来的几个世纪里，中国并没有与欧洲的“黑暗时代”相对应的时代。这显著表现于地理学和制图学领域。虽然中国人听说过圆盘状的世界地图，但他们从未被其主导。大约在托勒密的著作被人遗忘之时，事实上是在托勒密去世后不久，中国的张衡和裴秀已经开始了定量制图，但是在17世纪耶稣会士来华之前，中国人一直在使用矩形网格。在高等勘测方法和绘制地形图方面，中国人起步亦很早。在地质学和气象学方面也显示出同样的模式。

在机械工程乃至一般工程学方面，古典中国文化也特别成功。两种有效挽具形式（这是个联动问题）皆源于中国文化区。中国与西方同在公元1世纪左右将水力用于工业，但中国人不仅将其用于研磨谷物，而且用来操作冶金用的风箱。中国钢铁技术的发展堪称真正的史诗，它对铸铁技术的掌握比欧洲早了大约1500年。与通常的观念相反，机械钟并非发明于文艺复兴早期的欧洲，而是产生于中国唐代，尽管东亚文明是高度农业化的。在土木工程方面，中国人也有许多特殊成就，特别是铁链悬索桥（图1）以及李春在公元610年建造的拱桥（插图12，这是世界上最早的拱形结构）。由于必须控制水道来蓄水（防洪抗旱）、灌溉和运输谷税，水利工程在中国的地位一直很显著。

在军事技术方面，中国人也极具发明天赋。公元9世纪时，中国人最早发明了火药，自公元1000年以来，爆炸武器也有了蓬勃发展，这比欧洲大约早了3个世纪。最重要的发明也许是12世纪初的火枪，它将制造火箭弹用的混合物密封在竹管内作为近距离作战武器。我毫不怀疑，此后的所有枪炮皆由火枪演变而来，无论

图 1:一张绘有中国悬索桥的图。这种用锻铁链制成的桥至少可以追溯到隋代(6 世纪),遥遥领先于欧洲人的设计(16 世纪)和第一次实现(18 世纪),但传统风格的悬索桥图非常罕见。该图取自《峨山图志》。与西部诸省十分常见的巨型悬索桥相比,这座桥规模很小。此桥名为"无怀桥"(对俗世生活无所挂怀),有三人正从桥上走过,到山上的一座寺庙礼佛。

它们由什么材料制成。其他方面的技术也很重要,尤其蚕丝技术更是中国人早就擅长的。中国人对这种极长的纺织纤维的掌握似乎促成了传动带和龙骨车这类重要技术的最初发展。我们还可以表明，改旋转运动为往复运动的标准方法曾经影响到后来冶金鼓风机的形制。至于造纸、雕版印刷、活字印刷、瓷器等其他著名发明，此处只得略去不提。

在生物学领域中国人也没有落后，我们发现有许多农业发明很早就出现了。和其他学科的情况一样，一些中文古籍的内容与大约同时代的罗马人瓦罗(Varro)、科路美拉(Columella)的文本类似。如果篇幅允许，我们还可以举出有关植物防疫的例子，其中包括已知最早的对害虫的生物治理。医学更是中国人世世代代深感兴趣的一个领域，与其他领域相比，禀赋特异的中国人对医学的发展进路也许更加不同于欧洲。这里我只提一个引人注目的事实，那就是中国人对矿物治疗没有偏见，而矿物治疗在西方却是惊人之举。中国人不需要帕拉塞尔苏斯(Paracelsus)来把他们从盖伦式的睡梦中唤醒，因为他们从未有过这种偏见。他们也是接种技术最伟大的先驱。

中国与西方的对比

现在让我们进一步考察前面提到的一些重大对比。首先，我们可以详细表明，中国的“长青哲学”(*philosophia perennis*)是一种有机唯物论(organic materialism)。这可以从每一个时代的哲学家和科学思想家的言论中得到阐明。机械论世界观根本没有在中国思想中发展起来。中国思想家普遍持一种有机论观点，认为现象与现象按照等级秩序彼此关联。但这并不妨碍中国做出伟大的科学发明，比如前面提到的地震仪。在某些方面，这种自然哲学甚至会有益于科学发明。假如我们已经确信宇宙中存在着一种有机模式，那么我们对磁石指向北极就不会感到奇怪。如果说在欧洲人听说极性之前中国人就在研究磁偏角问题，那也许是因为中国人从未被以下观念所困扰，即物与物必须相碰撞才能发生作用。换句话说，中国人天生就倾向于场论，这种偏爱也可以解释为什么中国人很早就形成了关于海潮原因的正确观念。早在三国时期就有人说过，没有远距离物理接触的超距作用是可能的。

其次，正如我们所说，中国数学的思想和做法永远是代数式的，而不是几何式的。他们没有自发地发展出欧几里得几何学，这无疑阻碍了他们在光学上所能做出的进展。但顺便提一句，在光学领域，他们也从未受过那种相当荒谬的希腊观念的阻碍，以为光线是从眼睛发射出去的。欧几里得几何学也许是在元朝传入中国的，但直到耶稣会士来华才扎下根来。但这一切并未阻碍中国人成功做出了工程上的伟大发明——我们已经提到两种：(1)发明了用偏心轮、连杆和活塞杆来转换旋转运动和往复运动的最有效方法；(2)成功制造出了最古老的机械钟，其中包括发明一种擒纵机构，即用机械方法来减慢一组轮子的转速，以便与人类的基本时钟即天界的周日视运动保持同步。在这方面，我们饶有兴致地发现，中国人的做法并不像初看起来那样是纯粹经验的。早在公元1088年苏颂在开封成功地竖立起那座仪象台之前，苏颂的助手韩公廉就写过一部专门的理论著作，从基本原理出发阐明了齿轮组的排列和一般的机械装置。公元8世纪初，当一行和梁令瓒第一次发明这种时钟时也有同样的情形出现，这比带有立轴横杆式擒纵机构的第一批欧洲机械钟早了6个世纪。此外，虽然中国没有

欧几里得，但这并未阻碍中国人发展出并一贯使用现代天文学普遍采用的天文坐标，也并未阻碍他们随后设计出赤道仪，尽管放入赤道仪的仅仅是一个望筒，还不是望远镜。

第三，存在着波与粒子的对立。秦汉以来中国人所关心的原型波动说与阴阳这两种基本的自然本原的永恒消长有关。从公元2世纪开始，特别是经由佛教徒与印度的接触，各种原子论学说被不断引入中国，但它们从未在中国的科学文化中生根。同样，粒子理论的缺乏并未阻碍中国人取得非凡成就，比如早在西方人注意到雪花晶体的六角形构造之前很久，中国人就已经认识到了。粒子理论的缺乏也没有阻碍他们帮助奠定了化学亲和性的知识基础，这可见于唐、宋、元的某些炼丹术论著。没有粒子概念也许对中国的科技发展没有那么大妨碍，因为毕竟是在文艺复兴之后的欧洲，这些理论才变得对现代化学的兴起至关重要。

有人说，中国人从根本上是一个注重实用、不愿相信一切理论的民族，对此我不愿完全否认。但我们必须注意不要过分强调这一点，因为11、12、13世纪的理学家实现了一次美妙的哲学综合，在时间上与欧洲经院哲学的综合惊人地相符。也许可以说，中国人对理论尤其是几何学理论的厌恶反而带来了好处。例如，中国的天文学家并不像欧多克斯（Eudoxus）或托勒密那样探讨天界，但他们的确避免了统治中世纪欧洲的水晶天球观念。奇怪的是，16世纪末利马窦来华时曾在一封信里提到中国人的一些愚蠢观念，特别是“他们不相信水晶天球”；但没过多久，欧洲人自己也不相信水晶天球了。此外，这种基本的实用性并不意味着中国人的心灵很容易满足。在古典中国文化中即进行过非常认真的实验。

例如，若不是中国的风水师们非常仔细地注意过磁针的指向，中国人就不可能发现磁偏角。如果没有相当准确的温度测量，如果无法在窑中任意重复氧化或还原的条件，制陶工业也不会那样成功。由于社会因素的阻碍，中国高级工匠的记录无法公之于世，因此我们今天所能看到的关于这些技术细节的材料很少。但这些文献肯定是存在的，有的只留下了书名，比如我们还会谈到的《木经》，有的则传下了手抄本，比如福建造船工人的手册。

科学家和工匠在传统中国的社会地位

现在我们必须谈谈科学家和工匠在中国封建官僚社会中的地位。我想到的第一个因素是，中国科学，无论是纯粹的还是应用的，都是较为“官方”的。正如我们所说，中国的天文学家并非居住在市郊的市民，就像在希腊城邦中那样，而是国家的公务员，有时居住在皇宫里，而且属于一个行政部门。毫无疑问，在较低的思想层面上，工匠们也具有这种官僚特征，这部分是因为几乎每一个朝代都有皇家的工场和兵工厂，部分是因为在某些时期，至少那些拥有最先进技术的行业被“国有化”了，比如西汉时期盐和铁的专卖。我们也发现，技师们很愿意聚在某个地位显赫的官员周围，成为其私人随从，接受其鼓励和支持。与此同时，在各个时代，肯定还有大量手工制品是平民生产并且供平民使用的。毫无疑问，在建造巨大的、新的或极为复杂的机械(比如早期的水磨和机械钟)，或者在实施宏大的土木工程计划时，所有这些工作要么是在皇家工场里完成的，要么是在重要官员的密切监督之下完成的。皇家工场有许多名称,"尚方"是最常见的一个。在这些工场里工作的工匠偶尔会留下名字。例如,一个标有相当于公元前4年的日期的黑漆箱盖上有一段铭文非常有意思,其中至少载有五位行政官和七位技师的名字。我们也许可以断言,类似"帕金森定律"(Parkinson's Law)那样的东西在古代中国已经显示出来。

皇家工场不仅设在朝代的都城,而且也会设在最重要的省城,它们是行政网络的节点。在相对偏僻的地方,也有以技术而闻名的特殊场所,它们往往集中在自然资源蕴藏之处。我们想起了福州的漆器制造者,景德镇的制瓷工,四川自流井的钻井工(取盐和天然气)。然而,中国人的技术往往传播得远而广。早在公元2世纪,安息和大宛就有中国的冶金家和钻井者,而在公元8世纪,撒马尔罕也有中国的纺织工和造纸工。人们总是对中国的技师有所需求。例如金人在1126年围攻宋都开封时,要求把各种工匠当作人质;而迟至1675年,一位俄国外交使节正式要求中国遣造桥工赴俄国。

至于社会地位问题,这是很难回答的,目前仍在研究中。我们所提到的技师们大都是自由平民(庶人或良人)。只有在极少数情况下,我们才听说有奴隶或准奴隶作为财富制造者被提到。某些古籍中的确有自由工人的明确记载,比如在汉代的制盐厂中。当然,无论政府组织的生产规模如何,国家都需要以徭役形式来源源不断地提供无偿的义务劳动。在汉朝时期,每一个年龄介于21岁到56岁之间的男丁,每年都需要服一个月劳役。技师们在皇家工场或国有化的工厂里做这些义务劳动,奴隶从来也不是这些工厂的主要成员。最后出现了以缴款来取代服劳役,于是便产生了一大批有“永久职业”(常尚)的工匠。在奴隶或准奴隶的人口中无疑有一定数量的工匠,但我很怀疑在中国历史的任何一个时期,这个数量是否曾超过 10%。关于奴隶和准奴隶在中华文明中的地位问题,目前大家仍在讨论,但大多数西方学者都认为,这种地位在性质上主要为家用,此阶层是通过刑罚过程而征募的;成为罪犯即意味着“为官奴”数年或终身,然后犯人会被分配到大官宅邸、皇家工场或国家工厂。

现在进行的研究将会有助于揭示传统中国社会中奴隶制、准奴隶制、自由劳动和徭役制度的形式。不论可能得出何种详细结论,我们都必须注意,事实证明古代和中世纪的中国劳动条件并不妨碍中国人做出一系列“省力”发明,遥遥领先于欧洲和伊斯兰世界产生的那些发明。稍后我还会回到这一点。我想先简要谈谈古代和中世纪中国社会里著名科学家和工匠的主要类别。根据他们的生活史可以将其分为五类:(1)高级官员,他们是功成名就的学者;(2)平民;(3)准奴隶群体中的成员;(4)实际被奴役的人;(5)小官吏,他们是无法获得更高官职的学者。我们在研究中所能找到的各类例子,其数目大不相同。

首先,在高级官员中,我们已经提过张衡。他不仅是文明史上第一台地震仪的发明者,而且第一次用动力来推动天文仪器运转。此外,他还是当时杰出的数学家,浑天仪设计的鼻祖,后来官拜“侍中”。有些重要的技术发明常常归功于高级地方官员。例如,南阳太守杜诗于公元 31 年发明了水力冶金鼓风机(传动带)。有时我们也会发现宦官做出技术成就,最明显的例子是蔡伦,他本是皇帝的机要秘书(中常侍),公元 97 年任皇家工场主管(尚方令),公元

105 年宣布发明了纸。

中国的王侯和皇室远亲对科学的贡献可以写一部有趣的论著来讨论。他们有闲情逸致，因为他们虽然一般都受过良好的教育，但在大多数朝代，他们并没有资格担任文官，却又可以支配大量财富。他们大都对后代没有什么贡献，但有少数值得纪念的人把时间和金钱用于科学研究。淮南王刘安（约公元前 130 年）是中国历史上最有名的人物之一，聚集在他周围的是一些博物学家、炼丹家和天文学家。另一个汉代王侯刘宠（约公元前 173 年）也值得一提，因为他发明了弓弩网格瞄准器，并藉此成为名射手。唐代的曹王李皋（约公元前 784 年）对声学和物理学都感兴趣，不过这里提到他是因为他成功地发明了踏车操作的桨轮战船（车轮舸）。

奇怪的是，明朝以前很难看到有重要工匠位居工部要职。这也许是因为实际工作总是由不识字或准文盲的工匠和技师来做，他们永远无法越过鸿沟，与担任工部要职的"白领"文人平起平坐。不过也有例外，那就是宇文恺（约公元 600 年），他曾任隋朝工部尚书长达 30 年。他实施了灌溉和蓄水工程，监督开凿后来成为大运河一部分的广通渠，建造了大型帆车（观风行殿），还与耿询合作设计了唐宋时使用的标准称漏。关于技师们往往聚集在充当其保护人的著名官员周围，这里要再谈几句。世界上最早的水磨和冶金鼓风机很可能是杜诗手下的一群技师发明的。沈括（约公元 1080 年）的例子也很突出，他是中国历史上最伟大的科学家之一，曾任安抚使，也是资深政治家。他写了一部内容全面而有趣的科学著作——《梦溪笔谈》，其中描述了毕昇于 1045 年左右发明的活字印刷术，并说布衣毕昇死后，"其印为予群从所得，至今宝藏"。这是技师们聚集在重要的官方保护人周围的一个突出例子。

当然，最大的发明家群体还是平民、技师和工匠，他们不是官员，甚至不是低级官吏，也不是准奴隶阶层。除了刚刚提到的毕昇，我们还有伟大的造塔师喻皓，他曾向抄写者口授其著名的《木经》。喻皓是公元10世纪的人，不过在每一个朝代，我们都能找到像他这样的人物。比如公元2世纪有丁缓，以最早发明被中香炉(卡丹环)而闻名；公元7世纪有李春，以建造弓形拱桥而闻名；公元12世纪则有中国历史上最伟大的造船家高宣，擅长建造多桨轮战船。有时我们连他们姓什么都不知道，这使我们怀疑这些人是否属于准奴隶群体，因为后者往往没有姓。例如，公元前1世纪有一位“老工”制作了天文仪器，公元692年有一位“海州匠人”向女皇(武则天)进献了一架复杂的十二时辰车。我们大概也应把低级军吏归入一般平民类。这里我想提到綦毋怀文，他是一位道家锻剑师，在北齐的创立者高欢的军队中服役，掌管其兵工厂(约公元545年)。綦毋怀文即使不是共熔制钢法的发明者，也是最早的倡导者之一，此法是西门子—马丁开炉炼钢法的前身。綦毋怀文还是刀剑纹焊的名家。

现在我们要谈一些例外情形，即那些作为著名科学家或技术家而名垂青史的人，而在当时，他们的社会地位实际上非常低。在我们的名单中，唯一明显属于准奴隶的是信都芳(约公元525年)。他年轻时曾任北魏安丰王拓跋延明的家臣。拓跋延明收藏了浑天仪、天球仪、欹器、地震仪、刻漏、候风等许多科学仪器，也继承了一座非常大的图书馆。信都芳以其知名的科学技艺而成为拓跋延明的宾客。他和拓跋延明的关系有如英国的托马斯·哈里奥特

(Thomas Hariot)和诺森伯兰第九伯爵之间的关系(约公元1610年)。安丰王似乎想在信都芳的协助下写一些科学著作,但因政治和军事变故而不得不在公元528年逃奔南方的梁帝,于是信都芳只好亲自来写书。此后他一直隐居,大概也很穷,直到另一位当权者东山太守慕容保乐将其召到府上,慕容保乐的弟弟把他推荐给高欢。他成为这位大贵族的地产掮客(田曹参军),该职位使其发挥了丈量土地和建筑的才能。他在准贵族门下最高只任过侍从,但却名垂中国科学史。像这样一位出身卑微的天才人物,虽然没有得到官方承认或显赫地位,但在那样一个动荡不安的年代,也能在大贵族家中找到安身之地。

事实上,确实是奴隶的技术家非常罕见,不过我们前面提到过耿询(约公元590年)。他原是岭南县令的随从,这位雇主死后,他没有回家,而是加入了南方的某个部族,并最终领导他们叛乱。遭到挫败后,耿询被俘。有个名叫王世绩的将军认识到他的技术才能,遂救了他的性命,将其收为家奴。此时耿询的地位还不算太低,因此可以接受他的一位老朋友、时任皇家天文师(玄象直太史)的高智宝的指导。结果耿询制作了一个通过水力连续运转的浑天仪或天球仪。作为酬劳,皇帝使之成为官奴,安排他在太史监工作。继任的皇帝(隋炀帝)完全恢复了他的自由,他最终官拜太史丞。耿询的例子表明,如果不是太高的职位,长期奴役并不妨碍仕途。

我们现在要谈最后一类也是人数最多的一类技师,即低级官吏。这些人受过良好的教育,即使出身低微,也进入了官僚阶层,但因个人的才能或人格而无法登居显要。李诫(约公元1100年)

当属这类人，他基于喻皓等人的著作写了一本《营造法式》，对中国千年来的建筑技术传统作了最权威的论述。李诫的官职最高只到将作监丞，最终在一个省城任知州。燕肃（约公元 1030 年）是一个达·芬奇式的人物，他是宋仁宗时代的学者、画家、技术家和工匠。他设计的莲花漏很久以来都是标准，他还发明了特殊的锁钥，留下了欹器、记里鼓车和指南车的说明书。他写过论计时和潮汐的论著，但他一生大部分时间都在做省区的行政官员，虽然待制龙图阁，却未做过比礼部侍郎更高的官，与工部或其他技术部门也没有关联。欧洲发明机械钟之前，中国有两个极为重要的人物的情况与此相同。一个是公元 8 世纪的梁令瓒，他是一行的助手，另一个是 350 年以后苏颂的主要合作者韩公廉。梁令瓒任率府兵曹，韩公廉则任吏部守当官。正是这些低级官吏为中世纪中国的许多技术家和科学家的生平事迹提供了文本。心灵手巧的工匠马钧（约公元 260 年）改良了绫机，建造了一个用水力操作的水转百戏，发明了后来在整个中国文化区广泛使用的翻车，（和后来的达·芬奇一样）设计了一种旋转式发石车，并利用一种简单的差动齿轮成功制成了一辆指南车。他的朋友傅玄为他写了一篇著名的纪念文章，傅玄谈到马钧辩不过那些受古典文学传统熏陶的老于世故的学者，虽然马钧的仰慕者想尽了办法，但他从未居公家要职，甚至无法证明其发明的价值。这篇文献再清楚不过地揭示出科学技术在士大夫的封建官僚传统中难以进步的原因。

封建官僚社会

接下来有人也许会问，封建官僚制度的长期影响是什么呢？在传统中国社会，有些科学是正统的，其他则是非正统的。历法的建立及其对农业社会的重要性，以及大家多少相信占星可以预卜国事，使天文学永远是一门正统科学。数学被认为适合有教养的学者去研究，在一定程度上物理学也是如此，特别是因为这两门科学有助于带有中央集权色彩的官僚机构的工程建设。中国官僚社会需要建设大规模的灌溉蓄水工程（防洪和运输谷税，插图 2），这就意味着传统学者特别注重水利工程，而水利工程又有助于稳定和支持以之为关键部分的社会形式。许多学者都认为，中国封建官僚社会的起源和发展至少部分依赖于一个事实，即自古以来，大规模的水利工程建设往往会跨越个体封建诸侯的地界，从而把所有权力都集中在中央集权官僚制度的皇朝。与这些应用科学不同，炼丹术显然是非正统的，通常出世的道士和隐者才会追求它。在这方面，医学是相当中立的。一方面，传统孝道的要求使医学成为一项受学者尊重的研究；另一方面，医学与药学的必然联系使得医学与道教的炼丹家和草药师关联在一起。

我认为我们最终会发现，中央集权的封建官僚式社会秩序在早期阶段是有利于应用科学发展的。以我们多次提到的地震仪为例，地震仪和量雨器甚至量雪器很早就同时存在了，激励这些发明的很可能是中央集权的官僚机构那种非常合理的愿望，即想要预知将要发生的事情。例如，某个地区受到一场严重地震的袭击，政府有必要尽早知道这个消息,以便赈灾重建,若有暴动还能派兵增援地方当局。同样,对于决定采取哪些措施来保护水利工程,安放于西藏群山边缘的量雨计非常有用。此外,中世纪的中国社会比任何其他中世纪社会更能发起伟大的探险和有组织的科学田野工作。一个很好的例子是公元 8 世纪初在一行和皇家天文师南宫说的支持下对子午线所做的测量。这次大地测量长达 2500 公里,从印度支那半岛一直延伸到蒙古边境。大约在同一时间,中国又派遣一支探险队到东印度去勘测南天极 20°内的南半球星座。有理由怀疑,当时世界上是否还有其他国家能够成功地完成这些活动。

从很早开始,中国天文学就得益于国家支持,但其准秘密性在某种程度上是一个不利因素。中国的历史学家有时也意识到这一点,比如《晋书》中说:“此则仪象之设,其来远矣。绵代相传,史官禁密,学者不睹,故宣、盖沸腾。”

然而,我们绝不能过分强调这一点。无论如何,在宋代,与官僚机构有关的学者家庭是完全有可能甚至常常从事天文学研究的。我们知道,苏颂小时候家里就有一部小型浑天仪,因此他能渐渐懂得天文学原理。大约一个世纪后,大哲学家朱熹家里也有一部浑天仪,他力图复原苏颂的水力驱动装置,但没有成功。此外还有一些时期,比如在 11 世纪,数学和天文学都在科举考试中起着重要作用。

发明与劳动力

现在我们可以回到之前提出的发明与劳动力的关系问题了。中国的劳动条件并不妨碍中国人做出一系列“省力”发明。无论我们想到的是(公元前 4 世纪以来)有效的胸带挽具,公元 5 世纪问世的更好的肩套挽具,还是公元 3 世纪问世的简单独轮车(直到 1000 年后才在欧洲出现),我们都会发现,尽管中国似乎有用不尽的人力,但只要可能就会避免做拖拉的粗活。值得注意的是,在整个中国历史上都没有出现类似于地中海上使用的那种奴隶操桨的战船——虽然中国大多数河流都是内陆河,但帆历来是典型动力。到达桑给巴尔岛或堪察加半岛的大船仅仅是在长江和洞庭湖上航行技术的拓展罢了。当水磨在公元 1 世纪被用于为冶金炉鼓风时,关于杜诗的记载明确指出,他认为使用水力要比使用人力或畜力更为人道,成本也更低。值得深思的是,公元 1300 年左右,水力被广泛用于纺织机械,尤其是捻丝和纺麻,而 400 年之后欧洲才有类似的发展。

所有这些都与欧洲的情况大相径庭,我们的确听说过,欧洲曾因惧怕技术会引起失业而拒绝革新。我想最著名的例子是罗马皇帝拒绝用机械来移动神庙的柱子,因为这样会使脚夫失业。另一个同样著名的例子是公元 17 世纪的提花机。中国的例子似乎证明,劳动力的缺乏并非在每一种文化中都是省力发明的唯一推动力。当然,这里的问题非常复杂,有必要进行更多研究。

哲学和神学的因素

显然，我们最终必须在儒家—道家世界观对科技的影响与基督教世界和伊斯兰世界对科技的影响之间进行一种详尽的比较。众所周知，支配中国文人心灵两千多年的儒家从根本上是入世的。他们持有一种社会伦理学，旨在指出一条道路，使人能在社会中和谐共处，幸福生活。儒家关心人类社会，关心西方人所谓的自然法，即人应当追求的那种符合人的实际本性的行为方式。在儒家思想中，伦理行为带有圣洁性，但与神和神性并无关系，因为造物主的观念在儒家思想体系中是不必要的。而道家则是出世的，他们的道是自然的秩序，而不只是人类生活的秩序，道以一种奥妙的有机方式运作着。不幸的是，道家虽然对自然极感兴趣，却常常不相信理性和逻辑，因此道的运作往往有些不可思议。因此，儒家把兴趣纯粹集中在人际关系和社会秩序上，道家虽然对自然的兴趣很强烈，但这种兴趣往往是神秘的、实验的，而不是理性的、系统的。

这里的核心特征之一无疑是中西方自然法(laws of Nature)观念的差异。我和我的同事们曾对东亚和西欧文化中的自然法概念做过非常细致的研究。很容易表明，在西方文明中，法学意义上的自然法观念与自然科学意义上的自然法观念可以追溯到共同的起源。西方文明中最古老的观念之一无疑是这样的：正如人间的帝王立法者能够颁布成文法典让人们遵守，天界最高的理性造物主必定也颁布了一系列法典让矿物、晶体、植物、动物和星体遵守。

这种观念无疑与西方文艺复兴时期现代科学的发展密切相关。我们是否可以说，现代科学之所以只在欧洲产生，原因之一是世界上其他地方没有这种观念呢？换句话说，中世纪构想出来的朴素形式的自然法观念对于现代科学的诞生是否是必不可少的？

毫无疑问，是巴比伦人第一次提出了一位天界立法者为非人的自然现象“立法”的观念。太阳神马尔杜克(Marduk)被描绘成众星的立法者。将这种观念继续下去的与其说是古希腊的前苏格拉底哲学家或亚里士多德主义者，不如说是斯多亚派，他们构想了一种内在于世界的宇宙法，既适用于人，也适用于非人的自然。在基督教时代，由于受到希伯来人的影响，立法之神的观念被极大地推进了。在整个中世纪，神为非人的自然立法这一观念多多少少是一种常识，但事实上直到文艺复兴时期，这一隐喻才开始得到重视。转折点出现在哥白尼与开普勒之间。哥白尼从未使用过“法”这一表述，开普勒虽然用过，却并未将其用于他的行星运动三定律。我们奇怪地发现，“法”这个词在最初用于自然现象时并未出现在天文学或生物学领域，而是出现在阿格里科拉(Agricola)的一部著作中，其上下文讨论的是地质学和矿物学。

中国人的世界观则依赖于一种完全不同的思路。他们认为，万物之所以能够和谐并作，并不是因为有一个外在于它们的最高权威在发布命令，而是因为它们都属于一个等级分明的整体，各个部分形成了一种有机的宇宙样式，它们服从的乃是自身本性的内在命令。自然法的观念之所以没有从中国人一般法的观念发展出来，是出于以下几个原因。首先，中国人很早就不喜欢精确表述的抽象成文法，那是从封建制度过渡到官僚制度过程中法家政客的失败暴政中制定出来的。其次，当官僚制度最终建立起来时，事实证明，表现为业已接受的习惯和好风俗的旧的自然法观念最适合典型的中国社会，因此，自然法的要素在中国社会要比在欧洲社会更为重要。但它的大部分内容都没有写成正式的法律条文，且其内容又以人和伦理为主，因此无法将其影响领域拓展到非人的自然。最后，也许是最重要的，像“一个至高存在”这样的观念虽然肯定从很早就有，但很快就失去了人格性，这些观念严重缺乏创世的想法，因此中国人不相信有一个天界立法者在创世之初给非人的自然颁布法律这样的观念。因此，中国人不认为可以通过观察、实验、假说和数学推理等方法来破解或重新表述一个理性的至高存在所制定的法。当然，这并不妨碍古代和中世纪的中国有巨大的科技发展。我们已经讨论了它的许多方面，不过其深远影响可能要到文艺复兴时期才产生出来。

在现代科学看来，我认为自然法中已经没有了命令与义务的观念残余。自然法现在被视为统计上的规律性，只在一定的时间地点或大小范围内有效，是描述(descriptions)而不是规定(prescriptions)。这里我们不敢贸然参与主观性在科学定律形成过程中所起作用的大争论，但的确有一个问题：如果不走西方科学实际所走的道路，我们能否认识到统计规律性及其数学表达呢？我们也许可以问，假如某种文化想产生开普勒式的人物，是否一定要有那种将产卵的公鸡依法起诉的心态呢？

语言因素

要想进一步研究中国科学技术与社会的关系，当然要关心语言的作用。通常认为，表意语言是中国发展现代科学的强大阻碍因素。然而，我们相信这种影响力一般被过分高估了。在我们的工作过程中，事实证明，可以为古代和中世纪科学及其应用方面所使用的专业术语拟定大型词汇表。此外，今天的中文对于当代的中国科学家并不构成阻碍。北京的中国科学院如今出版了各种科学期刊，几乎涵盖了一切研究分支。今天使用的语言得益于国立编译馆五十年来的工作，它定义了专业术语以供现代之用。我们倾向于相信，如果中国的社会经济条件允许或有利于现代科学在中国和欧洲兴起，那么早在300年前，中文便适合科学表达了。

与此同时，低估古文的能力也是不智之举。在文本基本无误、描述足够充分的情况下，我们曾认真怀疑过古代或中世纪中国科技典籍的作者想要表达什么意思。当然，作者们一般都倾向于使描述变得尽量简洁。我们往往缺乏细节，因为后来对科技不感兴趣的文人学者把前人的记录缩写了。同样，技术图解有时会造成困难，大概是因为儒家工匠对于描绘这些粗俗而实用的器物感到不耐烦。但如果我们确有充分的细节，比如苏颂对其在公元1090年建造的天文钟塔的描述——《新仪象法要》，就可以非常详细地复原出以前做的事情。

此外，古文富于锦言隽语，不会不适合作最好的哲学思考。对此，我可以从朱熹的著作中举个例子。公元12世纪，朱熹在谈论他的有机发展论(某种突生进化论,或认可一系列整合层次[integrative levels]的有机唯物论)时说:"认知或理解是心灵存在的本质样式,世界上有某种东西能够做到这一点,即为我们所谓的内在于物质之中的灵性。"他只需 14 个字就能表达这个意思:"所觉者心之理也;能觉者气之灵也。"换句话说,心的功能是十分自然的,当物质本身形成了足够明显的样式和组织时,便有了产生的潜力。马钧不会说这类话,也不会向傲慢的晋朝学者解释他的想法,这只是意味着他既非哲学家亦非演说家,而不意味着他无法向他自己的工匠说清楚他想做出什么样的齿轮和联动装置。

商人的角色

最后我要谈谈商人在古代中国社会中的地位。这使我们回想起前面所说的封建官僚制度的特点。两千多年来的官吏制度把全国的精英都吸引到了文职部门。商人虽然可以获得大量财富,但从没有安全保障。他们须服从禁奢令,过度的课税和各种政府干预可能会剥夺他们的财富。此外,他们从未有过自己的精神目标。在历史上的每一个阶段,即使是富商人家的孩子,其唯一志向也是做官。这就是士大夫阶层的光明前景,因此若想出人头地,就必须进入这个阶层,每一个年轻人不论出身,都想成为士大夫。由于这种普遍状况,中国文化的商人阶层显然不可能获得像欧洲文艺复兴时期的商人在国家中的那种权势和影响力。换句话说,若想解释中国社会为何没能发展出现代科学,最好先解释中国社会为何没能发展出商业的和工业的资本主义。无论西方科学史家有何个人成见，他们都得承认自15世纪以来，西方发生了复杂的变化。没有宗教改革就无法想象文艺复兴，没有现代科学的兴起就无法想象宗教改革，而没有资本主义、资本主义社会的兴起与封建制度的衰落和消失，这一切都是不可想象的。我们似乎面对着一种有机的整体，一种连锁的变化，对它的分析还几乎没有开始。最终我们也许会发现，所有派别，无论是韦伯主义者、马克思主义者还是只相信思想因素的人，都会做出自己的贡献。

事实上，在中国社会的自然发展中，并没有发生过像西方文艺复兴和“科学革命”那样的剧变。我常用一条缓慢上升的曲线来描绘中国的演进，从公元2世纪到15世纪，这条曲线要高于同期的欧洲，有时甚至会高很多。但是自从伽利略革命和科学研究基本技巧的发现使西方开始了科学复兴之后，欧洲的科技曲线开始几乎以指数性的方式急剧上扬，超过了亚洲社会的水平，而引起了近二三百年来我们所看到的事态。现在，这种平衡的剧烈扰动正在趋于平稳。当然，在真正的历史思考中是不应该使用“假如”的（尽管这对通俗思想来说极具吸引力），但我仍然要说，假如中国社会经历过与西方类似的社会经济变化，那么某种形式的现代科学就会在中国产生。如果真是如此，我认为中国科学从一开始就会是有机论的而不是机械论的，而且发展很久才会受到希腊科学和数学知识的强烈刺激，变成与我们今天所谓的科学类似的东西。当然，这种说法与“假如恺撒没有渡过卢比孔河”等说法在性质上类似，我用直言形式把它说出来，仅仅是为了表达我和我的同事们长期研究中国科技贡献所得出的一般结论的某种想法。

新科学在旧世界的起源

现在我想回到本文开始时所提出的问题，并进一步谈谈现代科学与古代、中世纪科学之间的区分。因此，我必须更详细地讨论一下我们已经触及的某些观点。当学术研究正在逐步揭示亚洲文明的贡献时，也有一种对立的倾向试图通过不恰当地提高希腊人的角色以维持欧洲的独特性。他们宣称，自始以来，不仅现代科学，甚至科学本身也是欧洲的特色，而且仅仅是欧洲的特色。在这些思想家看来，用欧几里得的演绎几何学来解释托勒密体系中的行星运动已经构成了科学的精髓，文艺复兴时期所做的不过是传播而已。与此相应的便是决意表明，非欧洲文明中的一切科学发展不过是技术而已。

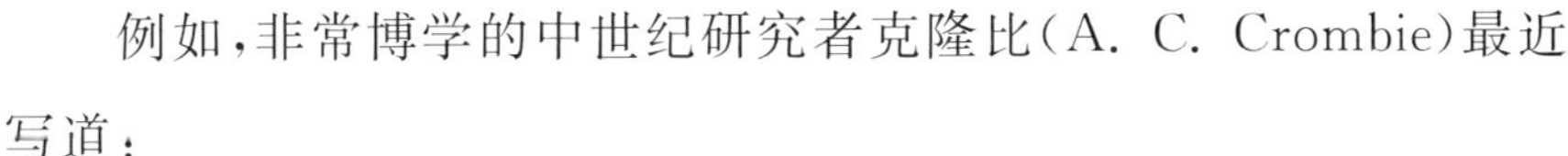

例如，非常博学的中世纪研究者克隆比(A. C. Crombie)最近写道：

> 虽然古代巴比伦、亚述、埃及以及古代中国和印度的技术成就令人印象深刻，但正如学者们所表明的，这些成就缺乏科学的本质要素，也缺乏关于科学解释和数学证明的一般观念。在我看来，是希腊人发明了我们所谓的自然科学，他们认为存在着永恒、齐一、抽象的秩序和法则，通过演绎来解释观察到的规律变化，并且萌生了一个卓越的想法，要把根据矛盾律和经验验证进行调整的科学理论做一般化使用。正是希腊人关于科学解释的这种具有“欧几里得式”逻辑形式的关键想法，

引入了西方科学传统所关注的科学方法与科学哲学的主要问题。[1]

此外，我们在新近出版的《巴比伦以来的科学》(*Science since Babylon*)一书中读到了这样一段话：

> 我们自身高度文明的科学基础源于何处？……在一切有限的领域中，最高度发达、公认最现代而又最源远流长的科学领域是数理天文学。经由伽利略和开普勒的工作，经由牛顿的引力理论，从这一主流直接通向了爱因斯坦和古往今来一切数学物理学家的劳动成果。相比之下，现代科学的所有其他部分似乎都是衍生的或后续的；它们要么是直接从天文学的数学和逻辑解释的大获成功中得到启发，要么是后来发展出来，也许缘于从相邻学科中获得了这种启发。……我们的文明不仅造就了对科学高度理智的把握，而且也造就了高度的科学技术。但这迥异于从一切文明和社会日常生活中演化出来的低级技术。原始工业化学家、冶金家、医生、农学家的各种手艺都可以变得高度发展，而不必预示我们西方在过去三四百年所经历的科学革命或工业革命。[2]

---

① A. C. Crombie, 'The significance of medieval discussions of scientific method for the scientific revolution', *Critical Problems in the History of Science*, ed. Marshall Clagett (Madison, Wisconsin, 1959), 79.

② D. J. de Solla Price, *Science Since Babylon* (Mew Haven, Connecticut, 1961).

甚至连卓越而开明的贝尔纳(J. D. Bernal),《历史中的科学》(*Science in History*)一书的作者,也(在通信中)写道:

> 中国科学的主要弱点正在于他们最感兴趣的领域——天文学,因为他们从未发展出希腊几何学,也许更重要的是,他们从未发展出希腊人看待事物的几何方式,后者曾是文艺复兴时期实现突破的主要思想武器。而中国人只有一套源自巴比伦天文学的精确的递归法,此方法因其精确而使他们误以为理解了天文现象。①

最后一个例子是,我们看到吉利斯皮(C. C. Gillispie)在其著名的《客观性的边缘》(*The Edge of Objectivity*)一书中说:

> 爱因斯坦曾经说过,我们不难理解为何中国或印度没有创造出科学。问题应该是,为什么欧洲竟然创造出了科学,因为科学是一种极为费力而未必能够成功的事业。答案在于希腊。科学最早源于希腊哲学的遗产。诚然,埃及人发展了土地测量技术,并以卓越技巧做了些外科手术。在运用数值来预测行星位置方面,巴比伦人也极富巧思。但任何东方文明都无法超越技术或魔法去好奇一般的事物。在希腊人的一切思想成果中,最出乎预料、最新颖的恰恰是他们把宇宙理性地构想成一个受法则支配的有秩序的整体,这些法则可以在思

① J. D. Bernal.

想中去发现。[1]

这里提到的爱因斯坦的话出现在1953年他给美国加州圣马蒂奥(San Mateo)的斯威策(J. E. Switzer)所写的一封著名信件中。爱因斯坦是这样说的：

亲爱的先生，西方科学的发展基于两项伟大的成就：希腊哲学家发明了形式逻辑体系(在欧几里得几何学中)，以及(在文艺复兴时期)发现可以通过系统实验找出因果关系。在我看来，中国的贤哲没有走出这两步，那是用不着惊奇的。令人惊奇的倒是，这些发现竟然被做出来了。

您真诚的，

阿尔伯特·爱因斯坦

令人遗憾的是，这封笔调轻快的萧伯纳式的书信现在竟然被用来贬低非欧文明的科学成就。爱因斯坦应该是第一个承认自己对中国、印度和阿拉伯文化中的具体科学发展几乎一无所知的人，他只知道现代科学没有在那些文化中发展起来而已，我们不应用他的大名来作证。我个人是完全不同意这些评价的，我必须简要解释一下原因。

---

① C. C. Gillispie, *The Edge of Objectivity: An Essay in the History of Scientific Ideas* (Princeton, N. J. 1960).

首先，这些数学定义太狭窄了。我们当然不能否认，用几何学来研究运动学问题是伽利略思想最基本的要素之一。他一再赞美与“逻辑”相对立的几何学的能力。一直到19世纪初，几何学始终是研究物理运动问题的首要工具。然而，虽然演绎几何学十分重要，但几何学证明绝不能穷尽数学技艺的能力。尽管我们会谈到印度—阿拉伯数字，但事实上，中国人早在公元前14世纪就第一次能用至多九个符号来表示任意大的数。正如我所说，发展了早期巴比伦传统的中国数学总是完全算术式的和代数式的，由此产生了十进制、小数、十进制度量衡、负数、不定分析、有限差分法等概念，并且给出了解高次数值方程的方法。非常精确的圆周率数值很早就被计算出来。汉代的数学家已经预见到霍纳(Horner)开高次方根的方法。公元1303年出版的《四元玉鉴》已经考虑了二项式系数的三角形。事实上，在公元13、14世纪，中国的代数学家已经占据了阿拉伯代数学家在前几个世纪的领先地位，印度数学家在近一千年前发明我们今天所知的三角学时也是如此。说牛顿和韦达(Vieta)无论需要什么代数都会自己去发明，这可能是盲目的天才崇拜，更糟糕的是，这种说法不符合历史事实，因为现在已经很清楚，中世纪晚期和文艺复兴时期的欧洲数学家受到了亚洲计算方法的影响。我们只要对传播状况进行考察，收支平衡表就会表明，从公元前250年到公元1250年，尽管中国存在着种种孤立和抑制，中国文化所引发的数学影响还是比它受的影响大很多。

其次，将欧几里得几何学用于托勒密的天文学体系并非只有好处。且不说由此得出的综合其实是错误的(有些作者不知为什

么把这项事实给忘记了),它还使西方的中世纪世界陷入了坚实水晶天球的牢狱——与中国的浑天派或佛教的相对主义哲学家的无限空间相比,这种宇宙论显得无比幼稚和偏狭。事实上我们必须意识到,在对宇宙及其历史的思考上,中国人往往比欧洲人更具大胆的想象力。公元 11 世纪末的沈括表述过赫顿地质学(Huttonian geology)的基本原理,但这不过是公元 4 世纪以来不断出现的一个地壳火成论主题的对应罢了,那就是"桑田"观念,即今日之山曾为昔日之海底。事实上,中国的哲学家和对科学有兴趣的学者一般都持有一种社会及生物变迁的演化过程观念,即使他们有时会通过印度人循环大劫(recurrent mahakalpas)思想中所假设的世界在坏空之后又重新恢复来思考演化过程。心灵的这种开放性明显反映于一行在公元 724 年左右对太极上元日期的计算。他将其定为 96961740 年以前,这与西方的"公元前 4004 年傍晚六点钟"不是同一个数量级的。

第三,其中所蕴含的科学定义也太狭窄了。不错,力学是现代科学的先锋,说一切科学都试图模仿力学这个典范,强调希腊的演绎几何学是力学的基础,也说得过去。但这并不等于说几何运动学就是科学的一切。现代科学本身并非始终囿于这些笛卡尔式的锁链中,因为物理学中的场论和生物学中的有机观念已经深刻改变了早期的机械论世界图景。在这方面,磁现象的知识非常重要,这乃是中国送给欧洲的典型礼物。虽然我们不知道这件礼物是经由哪些驿站才运抵西方的,但是对于那些相信磁学是西方独立发明的人来说,中国在时间上的优先性要求他们对此给出证明。事实上,除了用几何学来做理论以外,科学还有许多面向。首先,说用一种永恒、齐一、抽象的秩序法则来解释宇宙中的规律变化纯粹是希腊人的发明，这是瞎说。在古代中国人看来，自然的秩序就是“道”，“常道”就是“不变的方式”。公元前4世纪的《计倪子》一书说：“阴阳万物，各有纲纪。”11世纪的邵雍说：“以物观物，性也；以我观物，情也。性公而明，情偏而暗。”在中世纪的中国人看来，自然中的有机模式便是“理”，理作为特殊事物和过程的“物理”反映在每一个从属的整体中。既然历代中国人的思想都是极为有机和非人格的，所以他们想象不到有一位天界立法者为万物制定法——希腊人也想象不到，因为很容易表明，完整的自然法观念直到文艺复兴时期才获得决定性的地位。

中国人的确做到的是对自然现象进行分类，为各自的时代发展出极为精致的科学仪器，以几乎无与伦比的恒心来观察和记录。即便他们（和包括欧洲人在内的所有中世纪人一样）没能运用现代假说，但他们世世代代都在做实验，以获得可以任意重复的结果。如果我们列举出他们的科学活动，就没人敢否认这些活动是完全成熟的世界科学的重要组成部分，无论在天文学、物理学方面，还是在生物学、化学方面，尽管这并不符合某些本能上怀有偏见的人的利益。

中文的“科学”一词意为“分类的知识”。也许在希帕克斯(Hippachus)之前，最早的星表开启了中国科学史。接着，从公元前2世纪的《神农本草》开始，中国科学表现在一长串药典中。公元前5世纪所写的《参同契五相类秘要》等书籍中记载有“异”和“类”的理论，帮助奠定了化学亲和性的知识基础。如果说中国人在沙伊纳(Scheiner)和西德纳姆(Sydenham)之前一千年就能对天上的幻日现象(见《晋书》)和地上的人畜疾病(见《朱氏病源》)进行系统分类,那么这只是表明中国人已经牢牢把握住了科学活动的基本形式。我批评的那种科学观也许过分关注了天文学,而太少注意生物学、矿物学和化学。

接下来我们谈谈仪器。希腊化时期的希腊人可以制造出高度复杂的科学仪器,安提凯西拉(Anti-Kythera)计算器便是证明,但这种例子非常罕见,事实上是唯一的例证。比较公平的说法应该是:在公元后的前 15 个世纪里,中国的仪器制造大体上比欧洲领先,而且往往是遥遥领先的(比如在地震仪和机械钟方面)。实际上,机械钟的发明与中国人的思想中没有行星模型直接相关,因为在黄道坐标上天体实际上没有动,真正的运动轨迹是赤纬圈,而赤极坐标系会直接激起大家对制造机械运转的行星仪的兴趣。因此,现代的位置天文学所采用的不是希腊人的黄道坐标,而是中国人的赤道坐标。这里我们不必囿于天文学,因为在《道藏》的炼丹论著中也可以看到丰富的先进技巧。

当然,准确而持久的观察是科学的基石之一。古代文化中有什么记录是今天的射电天文学家深感兴趣的呢?希腊没有,只有中国的星官对新星、彗星和流星的记载。是他们(至迟到公元 7 世纪)第一次确立了彗尾背离太阳这一恒常规则。文艺复兴时期的天文学家们为研究太阳黑子的优先权而争论不休。假如他们知道中国人早在公元前 1 世纪就开始观测黑子,而且还忠实地记录在文献里,他们一定会有些难为情。公元 1611 年,当开普勒在其新年书信中讨论雪花晶体的六角形时,他不知道与之同时代的谢在杭也在思索同样的问题,不过对于谢在杭而言,这已经不是什么新观念，而是公元前2世纪韩婴首次报道其发现以来已为大家所知并讨论的事实。当我们把雪花晶体与各种盐类和矿物的晶体进行比较，以寻求云的生成过程的最初来源时，我们发现此来源并不在公元18世纪威尔克(Wilcke)的实验中，而是在公元12世纪朱熹的敏锐观察中。于是，倘若上帝能做几何学，那么道显然也能做，而且并非只有欧洲人才能追踪道在生命和非生命上的运作。最后，如果举一个生物学的例子，我们可以回忆一下，公元14世纪的饮膳太医忽思慧凭借经验出色地发现了营养缺乏病。

观察的准确度也有关系。事实上，准确度是一个重要特征，因为它源于对定量测量的专注，而定量测量是真正科学最重要的特征之一。当然，古代天文记录是以测量的度数来给出星辰的位置，公元前1世纪的水利工匠准确记录了河里的淤泥含量，早期的药剂师则发展了他们的剂量系统，但另一个不那么知名的例子更值得注意。倘若要在公元8世纪到14世纪的中世纪世界里去寻找对现代科学极为重要的指针标度盘，那么我们只能在中国找到。我指的是最先由风水师使用、然后由航海者(至少早于欧洲一个世纪)使用的磁罗盘。值得注意的是，(正如我们所看到的)早在欧洲人听说过磁指向性之前，中国人已经思考磁偏角的原因很久了。事实上，风水家们最终使用的罗盘增加了两个刻度圈，一个偏东7½°，另一个偏西7½°，这正是观测磁偏角的结果，公元1000年左右以前朝东，以后朝西。我们有理由相信，这一惊人发现是在公元9、10世纪左右首次做出的。如果观测者没有极为准确和诚实地记录磁针的“真正路径”，就绝不可能有这样的发现。我们甚至从原则上可以把这项成就与很久以后瑞利(Rayleigh)和拉姆塞

(Ramsay)发现惰性气体相比。其他人都把残留的气泡当成了实验误差,或者径直忽略,但瑞利和拉姆塞却对其加以研究而发现了惰性气体。诚实性也值得强调,因为当四五百年后欧洲人遇到了同一现象时,其诚实性显示得并不充分。或许我们可以说,他们对误差有更大的宽容,只要“差不多”就可以了。由于西方的罗盘制造者在罗盘上做了手脚,他们把一张卡片倾斜地固定下来,使罗盘指得很正,而且直到16世纪才有人写这件事情,因此掩盖了磁偏角的历史。同样,罗伯特·诺曼(Robert Norman)时常给他的罗盘做手脚,以使磁针保持水平,直到有一天他发脾气去认真研究这个问题,才重新发现了磁偏角。

希腊人实际上并不是实验家,这也许是那些希腊文化崇拜者挽救欧洲优越性所面临的最大困难。受控实验的确是文艺复兴时期科学革命在方法论上的最大发现。从未有人令人信服地表明更早的西方人完全了解受控实验。我并不是说应当把这项荣誉归功于中世纪的中国人,但他们在理论上已经非常接近受控实验的思想,在实践上则往往超过了欧洲人的成就。虽然中国的陶器技术专家无疑很注意陶器的温度以及窖炉的氧化还原条件,但这里我不想再作讨论了,因为那些希腊文化的崇拜者肯定会把宋代陶工的那些不朽之作包括在非欧洲文化所能实现的“低级技术的背景噪音”里。于是,我宁愿举些其他例子:杜绾在石燕上做标记,以证明若石燕飞经空气,会因风化过程而突然落下;从葛洪到陈致虚的中国炼丹家们对动物做了一系列药物实验;声学专家对钟与弦的共振现象做了许多试验;内在证据表明,在福建河湾上的长梁桥建造之前,中国个人必定已经做过系统性的材料强度实验。如果没有长期的工场实验，有可能设计出像水轮联动擒纵机构或提花机那样复杂的机器吗？在中世纪的书写文化中，我们不应指望会留下任何写下来的实验记录。不用孤立的简化物体做实验，如球体滚下斜面，同样是文艺复兴时期之前全世界做法的典型特征。

我并不是说希腊人的“福音准备”（*praeparatio evangelica*）不是现代科学背景的一个重要组成部分。我想说的是，现代严格的自然科学要比欧几里得几何学和托勒密的数理天文学广大得多；汇入现代科学之海的并非只有几何学和天文学这两条河流。对于任何数学家、物理学家或笛卡尔主义者来说，这种看法可能会不受欢迎；但我本人的专长是生物学和化学，又非常相信培根的哲学，因此我并不认为构成伽利略式突破的科学先声可以构成整个科学。实验假说碰巧在有利的社会条件下被数学化，但这并不能囊括科学的全部精华。如果说力学是首要科学，那不过是“同类之长”（*primus interpares*）。即使天界与地界物理学在文艺复兴时期立有战功，我们也不可将其与整个科学大军混为一谈，因为科学大军中仍有许多勇敢的军团。

“只是科学的先声，而不是整个科学。”在思索如何用更好的方式来描述这种状况时，我忽然想到我们也许应当更清楚地区分两种因素：一是与现代科学有直接历史渊源的因素，二是在伽利略的突破之后才落到实处的因素。我们也需要更清楚地区分科学与技术。假定我们画四个方格，左边两格是科学，右边两格是技术，上边两格表示直接的历史渊源，下边两格表示后来的补充。然后先考察左上方的方格，我们发现希腊人的贡献占了最大的份额，因为欧几里得演绎几何学和托勒密天文学及其所蕴含的一切无疑是催生"新科学或实验科学"的最大因素——这是就任何前情都起了某种作用而言的,因为我们绝不能低估其基本的原创性。尽管有托勒密和阿基米德,古代西方人总体上是不做实验的。但此方格内并非没有亚洲人的贡献,因为我们不仅要给代数学和基本的计数计算技巧留出空间,而且不可忘记磁学的重要性,此现象领域的知识完全是在中国文化区建立起来的,并且经由吉尔伯特(Gilbert)和开普勒而对欧洲产生了强大影响。这里我们还记得,第谷采用了中国人的赤道坐标。不过希腊人占有优势。在右上方的方格里,情况就完全不同了,因为在文艺复兴时期和之前,亚洲人(尤其是中国人)对技术的影响是很大的——我只需提到有效挽具、钢铁技术、火药和纸的发明、机械钟的擒纵机构、传动带、龙骨车、变旋转运动为往复运动的标准方法,以及像下风板和船尾舵之类的航海技术就够了。亚历山大里亚也在追赶。

下边两个方格现在可以用来盛放亚洲文化的成果,这些成果虽然与现代科学的初兴没有发生上的关联,但也值得大加赞扬。它们与文艺复兴时期之后现代科学的相应发展可能有、也可能没有直接的发生上的关联。一个直接影响的例子是,中国的无限空间取代了坚实的水晶天球,不过它的影响力是在伽利略时代之后才开始起作用的。后来并入现代科学的例子有：公元18世纪物理学中波动说的发展详细阐述了中国人的典型观念，而没有直接建基于这些观念；还有射电天文学家使用了古代和中世纪的中文记录。如果说原子论(而不是数学)是晚于物理学很久才建立起来的化学的灵魂，那么这是详细阐释了印度和阿拉伯人关于极微观念的结果，而没有有意以这些观念为基础。有一个未发生任何影响的好例子，那就是从公元2世纪到7世纪在中国使用的地震仪。虽然这是一项杰出的成就，但文艺复兴时期之后研究地震仪的欧洲科学家对此几乎一无所知。中国的生物学和病理学分类系统也处于相同情形。林奈(Linnaeus)和西德纳姆对这些系统显然一无所知，但这些系统仍然值得研究，因为只有列出完整的收支平衡表，我们才能确定每一种文明对人类的进步有什么贡献。要求每一种科学或技术活动都要对欧洲文化区的进步有所贡献，这是不合理的。发生在其他文明中的事情本来就值得研究。难道一定要用一条连续的线把各种影响都贯穿起来，才能写科学史吗？难道没有一种理想的人类思想史与自然认识历史，使人类的每一项努力都各居其位，而不管其渊源和影响吗？现代的普遍科学及其历史和哲学终将包含一切。

最后只要研究右下方方格的内容。这里我们要考虑在文艺复兴时期之后并入现代技术体系的技术发明，不论它们是否是以再发明的形式出现。桨轮船可能是个恰当的例子，但也不能完全确定，因为我们不知道最早的欧洲成功是基于一种未能实现的拜占庭观念，还是基于中国人在之前一千年里的大量实际成就，或者两者都不是。差动齿轮是个更清楚的例子，因为虽然差动齿轮出现在古代中国的指南车中，但几乎可以肯定，它在欧洲是独立地再次出现的。中国的共熔制钢法和铸铁直接氧化制钢法虽然比欧洲的冶铁技术早得多，但未能对后者产生任何影响。即使确有影响，那也是在文艺复兴之后很久才发生。同样，将亨茨曼(Huntsman)的坩埚钢与古老的印度伍兹钢过于密切地联系在一起也是不智之举。

在评价欧洲的说法时，我总是试图采用客观的态度。有些人可能会被我的这种态度给吓住。而我在这里所说的一切，就是想以友好的方式为这些人提供一种折中的意见。如果大家深入思考了我所说的话，就可能感到更有必要去认识几种价值：直接有助于产生伽利略式突破的那些东西的价值；后来才合并到现代科学中的那些东西的价值；以及使其他文明和欧洲一样值得研究和赞赏的那些东西的价值。

从复数人称物主代词的使用中可以特别清楚地看出我所批评的错误视角。有些西方科学史家不断谈到“我们的现代文化”、“我们的高度文明”。《客观性的边缘》更清楚地表达了他们在对人类理解和控制自然界的努力进行比较研究时所持的态度。

> 虽然这是一个焦虑不安的时代，但今天并不是对政治家的智慧或各民族德行的最后检验。当西方人创造的权力工具完全落入非西方人之手时，艰苦的考验就将开始，因为那些非西方人是在对历史上的人类没有西方意义上的某种终极责任感的文化和宗教中成长起来的。基督教的世俗遗产仍对我们的世界有所束缚，无论这种遗产一方面变得多么自以为是，另

> 一方面又多么退化。其他传统中的人可以擅用而且的确擅用了我们的科学技术，但不是我们的历史或价值观。要是中国人使用了炸弹，我们的日子该怎么过？要是埃及人也这样呢？曙光女神会照亮来自东方的黎明吗？抑或是复仇女神？

这真是非常靠近边缘了。它会引起读者的悲哀与羞愧之情，使恐惧之心生，占有之欲动。当然，我们最好承认亚洲人也曾帮助奠定了中世纪数学和所有科学的基础，从而为西方人在文艺复兴时期有利的社会经济环境下实现决定性的突破做好准备。当然，我们最好更加关注这些非欧洲文明的历史与价值观，事实上，这些文明的高贵和启发性绝不在欧洲文明之下。那么让我们放弃那种思想上的傲慢，不再吹嘘什么“我们是生来就有智慧的民族”。让我们以现代科学诞生于欧洲而且只诞生于欧洲这个无可否认的历史事实为荣，但不要藉此而要求一种永久的专利。因为在伽利略时代诞生的乃是一位普遍的守护神，是不分种族、肤色、信仰、地域的全人类的有益启蒙。所有人都有资格，都能参加。是现代的普遍科学！不是西方科学！

2. 科学和中国对世界的影响[①]

一

在所有文明中，那些即将离世的人总是习惯于把别人指定为其财产继承人，如果这种做法得到法律的认可，我们就习惯于把由此继承下来的东西称为遗产。对于《遗产》丛书的最初几卷，这个词真是恰如其分，因为就历史意义而言，古希腊和罗马帝国的文明和语言早已死亡。但是对一个仍然活着的文明而言，继续使用这种表达方式自然会产生困难。如果说梵语本身是一种死语言，而整个印度文化仍然很有生气，那么中国文化也是如此。事实上，中国文明从未像今天这样富有生命力。

在这套《遗产》丛书的最初构想中，谁被当作"遗产继承者"呢？难道不是那种未说出口的观念，即迅速传遍世界并且注定要取代不依赖于欧洲基督教的一切文化的"现代西方"文明吗？"欧洲遗产"已被认为不值得书写了，因为只有欧洲才是永恒真理的贮藏

① 原载 *The Legacy of China*, Oxford, 1964。

所。① 这种隐含的假定现在是否还具有任何有效性，这是非常令人怀疑的。事实上，现代科学已经创造了一种普遍的国际文化，即飞行员、工程师和生物学家的文化。虽然现代科学起源于欧洲并且只起源于欧洲，但它建立在中世纪科学技术的基础之上，而后者在很大程度上并不是欧洲的。因此，我们必须对我们的用语加以定义。这里的“立遗嘱者”(testator)是指一种比其他传统更为长久的持续存在的传统(也许只有以色列除外)，而且没有衰退的危险。“遗产继承者”(legatee)则是现在所有国家共同组成的国际世界，而并不单纯指屈尊向周围民族吸收一些外来成分的欧洲。每一个民族都带着自己贡献的思想、发现和发明融入现代世界，某些民族的贡献也许比另一些民族更多一些，但每一个民族都有能力并且愿意参与应用数学的普遍对话，同时大部分民族仍然忠于自己的语言和哲学遗产，所有其他民族都可以从这些遗产中学到很多东西。事实上，用遗产做隐喻并不能令人满意地表达我们的意思，因为遗产继承是一个长达两千多年的相互交流过程。我们宁

① 不难找到西方学者对待欧洲遗产的这种态度。例如，科斯塔·布罗查多(Costa Brochado)曾写道：“今天在亚洲和非洲反抗我们的主要驱动力，是亚细亚的东方文化对仍在这些地区燃烧的西方文明最后火炬的千年憎恨。东方文化所不能容忍的是西方文化强大的恢复力，西方文化标榜公民自由和道德自由，与作为所有东方哲学之基础的阶层专政相抗争。这解释了西方文明的奇妙技术为何能被东方国家(从亚洲边界到日本)完全吸收，而丝毫没有改变这些民族生活中的哲学宗教观。中国、俄国、印度、日本这几个大国似乎从我们文明的实验科学中大大获益，以此来武装自己，最终摧毁了其中所有深刻和本质的东西、它的精神和道德。”(*Henri le Navigateur*, Lisbon, 1960, p. 34)别以为这种欧洲沙文主义只限于葡萄牙人或其他欧洲人。非常类似的说法可见于 C. C. Gillispie, *The Edge of Objectivity: An Essay in the History of Scientific Ideas* (Princeton, 1960), p. 8。

愿设想已往的科学技术之河汇入了现代自然知识的海洋，这样各个民族都以不同的方式曾经是立遗嘱者，现在又是遗产继承者。

其次，不能把科学技术史局限于欧洲以及欧洲在这些传播过程中所接收的东西。不难表明，[①]在公元后最初的14个世纪里，中国传给了欧洲极为丰富的发现和发明，而西方在接受这些发现和发明时往往并不清楚它们源于何地。当然，技术发明要比科学思想传播得更快更远。除此之外，这些发明对文艺复兴时期新生的现代科学产生了重大影响，这些影响在整个18世纪一直持续着。正是在那个时候，我们进入了现代的开端，那时科学已经成为中国和所有其他文化共同参与的一种全球性事业。如果我们采用“遗产”一词的原义，则我们应该把注意力集中在与现代科学的直接历史渊源相关的因素上，而排除掉17世纪初伽利略式的突破之后才起作用的那些因素。但如果我们采用前面提到的广义来理解“遗产”，我们就会对中国在各个时期对世界做出的贡献感兴趣。为了说明这一点，我们不仅要分别考虑文艺复兴前后的传播，而且要区分科学与技术。

毫无疑问，在现代科学出现之初，当力学、动力学以及天界和地界物理学以其现代形式出现时，希腊做出了最大的贡献。[②] 在

① 当然，不可能为本文所说的任何一句话旁征博引。不过，关于中西文献的丰富资料可以在李约瑟同王铃（王静宁）、鲁桂珍、何丙郁、罗宾逊、曹天钦等人合作撰写的《中国的科学与文明》（7卷12部，Cambridge，1954）中找到。我很高兴在此向我的中国朋友及合作者致谢，没有他们的帮助，这部著作是不可能问世的。

② 关于这一点的讨论，参见上一章。

“新科学或实验科学”的诞生方面，欧几里得的演绎几何学和托勒密的行星天文学以及它们所蕴含的一切无疑是主要因素——一切有贡献的因素都要包括进去，因为我们不应低估其基本的创造性。除了托勒密和阿基米德，古代西方人总体上并不做实验。但对于决定性的突破，亚洲人绝不是没有贡献，因为除了代数和基本计数法与计算技巧（如印度数字、印度—中国的零、中国的十进位），中国还提供了关于磁现象的一切基本知识。这一研究领域（我们很快还会回到这一点）与希腊物理学的研究内容截然不同，它对现代科学最初阶段（从吉尔伯特到开普勒）的影响极为重要。在实用天文学方面，中国人也有重要影响，例如第谷·布拉赫就曾采用过中国的天文坐标。

在文艺复兴之前和期间，中国人在技术方面占据着非常支配的地位。在本文中，我们将提到有效挽具，冶炼钢铁技术，火药和纸的发明，机械钟，诸如传动带、龙骨车等基本的机械装置，变旋转运动为往复运动的标准方法，弓形拱桥以及像船尾舵之类的航海技术。古代和中世纪那些默默无闻的中国工匠对世界的贡献远比亚历山大里亚的力学家和能说会道的理论家多得多。

接下来我们来看看亚洲和中国科学的成就，虽然它们在渊源上与现代科学的初兴没有关系，但仍然值得认真关注。它们在渊源上与文艺复兴之后现代科学的相应发展可能有也可能没有直接关系。有这种关系的最出色的中国发现也许是首次获得成功的免疫技术，尽管这种技术在较晚的时候（18 世纪末和 19 世纪初）才影响西方。可以肯定，詹纳（Jenner）种痘的先驱 天花接种从 16 世纪初开始就已经在中国使用了，如果传说可靠，那么从 11 世纪就已经使用了;这包括在病人鼻孔里接种少量天花脓疱中的物质,中国医生已经逐步摸索出一种稀释病毒的方法,以保证更大的安全。整个免疫学都起源于一种基于中国中世纪医学思想的实践。我忽然想起一个有直接理论影响的例子,那就是宇宙论。古代中国关于无限空间的学说与中世纪欧洲的坚实水晶天球理论是对立的,但直到伽利略时代以后,其直接的影响力才把水晶天球理论瓦解掉。后来并入现代科学的例子有:18 世纪物理学中光的波动说的发展,它无意中极力发挥了中国人的思想;现代射电天文学家使用了古代和中世纪中国人对新星和超新星的记载。一个可能没有发生任何影响力的好例子是从公元 2 世纪到 7 世纪中国人使用的地震仪。这是非凡的成就,也是地学史上的一项永恒遗产,但几乎可以肯定,文艺复兴之后欧洲重新制作地震仪的任何科学家对此一无所知。中国的生物学和病理学分类系统的情况也是一样。林奈和西德纳姆对这些系统显然一无所知,但这些系统仍然值得研究,因为只有列出完整的收支平衡表,我们才能确定每一种文明对人类进步有什么贡献。同样,现在已经很清楚,中世纪中国的解剖学远比一般认为的先进,因为西方解剖学家的判断仅仅是基于几张保留下来的木版插图,他们读不懂原文,也就无法研究那些复杂而精妙的术语。但中国的解剖学对于文艺复兴时期欧洲解剖学的兴起和发展并没有产生什么影响。而集中国药物学之大成的本草著作的图解传统比西方精确的植物学插图早了好几个世纪,这一贡献也只是到了我们这个时代才得到认识。

最后,我们要考虑在文艺复兴时期之后并入现代技术体系的技术发明,不论它们是否是以再发明的形式出现。桨轮船可能是个恰当的例子,但也不能完全确定,因为我们不知道最早的欧洲成功是基于一种未能实现的拜占庭观念,还是基于中国人在之前一千年里的大量实际成就,或者两者都不是。更清楚的例子是铁链悬索桥,因为欧洲最早提到悬索桥是在16世纪末,而实际最初制造是在18世纪,而我们现在知道,中国人懂得如何建造铁链悬索桥要比欧洲早一千多年。毫无疑问,差动齿轮是欧洲人独立发明的,因为虽然差动齿轮出现在古代中国的指南车里,但现代历史研究才揭示了指南车的构造,因此不可能启发后来重新装备这种重要齿轮构造的西方力学。中国的共熔制钢法与铸铁直接氧化制钢法虽然比欧洲的冶铁技术早很多,但同样未能对后者产生任何影响,即使确有影响,那也是在文艺复兴之后很久才发生。同时,我们也不要过分肯定没有影响。在人类的交往过程中,我们看不见的交往渠道不可胜数,尤其是人类历史的早期阶段,我们绝不能断然否定传播。有时我们怀疑人类是否忘记了什么。17世纪初欧洲的帆车有意模仿假想的中国帆车原型来制造。事实上,两者之间差异很大,而中国的帆车又可能源于一种张帆的模型船,这种模型船放在矮木车上,把古埃及的众神或国王的灵柩经由沙漠运抵他们的陵墓。大体说来,经验表明,越是追溯历史,就越不可能有独立的发明;现代科学中常有独立发明的事件发生,但我们不能以现代科学的状况来推测过去。

因此,关于中国的"遗产",我们必须考虑三种不同的价值:直接有助于产生伽利略式突破的那些东西的价值;后来才合并到现代科学中的那些东西的价值;以及使中国的科学技术与欧洲科学技术一样值得研究和赞赏的那些东西的价值。这三种遗产的价值都取决于“遗产继承者”的定义：第一是仅限于欧洲；第二是现代的普遍科学；第三是全人类。我要强调，要求每一种科学技术活动都要对欧洲文化区的进步有所贡献，这是不合理的，甚至也没有必要表明它为现代的普遍科学提供了哪些素材。科学史并非仅仅通过一条连续的线把各种影响都贯穿起来才能写成。难道没有一种普世的人类思想史与自然认识历史，使人类的每一项努力都各居其位，而不管其渊源和影响吗？难道普遍科学的历史和哲学不是所有人类努力的唯一真正的遗产继承者吗？

二

关于受益及其各种含义就说到这里。误解已经消除，不过并没有出现什么本质上新的东西。不过，这里我想提出一个重要的论点（即使有悖常理）。据我所知，迄今为止尚未有人对此论点作过充分阐述。本文的标题本应为“震撼世界的十项（或二十项、三十项）发现（或发明）”。我们早就知道，中国有许多发现和发明；我们可以证明或表明，这些发现和发明很可能陆续传到了欧洲；但极为悖谬的是，虽然有许多甚至大多数中国发明都震撼了西方社会，但中国社会却以奇特的包容性将其吸收进来，保持着相当的稳定性。在系统地指出中国的这些新东西对西方社会所产生的影响之后，我将在结论部分再次谈到这一点，也许我还会对中西方的明显对比做些暂时性的解释。这里我只想把本文的真正要旨提出来讨论。

在进一步论述之前，首先有必要消除一个普遍的错觉，就好像中国的成就毫无例外是在技术方面,而不在科学方面似的。的确,就像已经说过的那样,古代和中世纪的中国科学囿于表意文字的范围内,很少向外渗透。但这并不意味着中国人从来就是单纯的"经验论者",因为这些实用发明一般来说是印度、阿拉伯和西方文化唯一能从中国文化区拿去的东西。恰恰相反,古代和中世纪的中国有一整套自然理论体系,有系统的有记录的实验,而且有许多极为精确的测量。当然,中国人的理论直到最后阶段仍然是中世纪型的,因为这些理论并没有促成文艺复兴以及对假说的数学化。

也许可以引用一段话来阐明这一点,如果本文漏过这段话,那将是不可原谅的罪过:

> [弗朗西斯·培根说,]我们当然想看看发明的力量、优点和作用。而最明显的例子,当见于古人所不知的三大发明:印刷术、火药和磁石,其来源虽在晚近,却仍模糊不清。这三大发明已经改变了整个世界的面貌和事态,第一种在文献方面,第二种在战争方面,第三种在航海方面。由此又引出了无数变化,以致任何帝国、任何教派、任何星辰对人类事务的力量和影响似乎都不及这些机械性的发现。①

其后的学者,照理说应当知道得更多,却也不愿探究这些发现的来源,而任其模糊不清和湮没无闻。例如,伯里(J. R. Bury)在描述

① Francis Bacon, *Novum Organum*, bk. 1, aphorism 129.

文艺复兴时期的“古今”之争时指出，一般人都认为今派占优势，恰恰是因为培根描述过三大发明。然而，他在书中（甚至包括脚注）从未指出这三大发明都不源于欧洲。[①] 接下来我们不仅要表明这些发明的来源，而且要指出它们是如何从古代科学理论中产生出来的。

伯里的书写于大约50年前，但今天大家对于非欧洲文明的贡献所持的“顽固的无知”态度仍和过去一样强烈。乔治·汤姆森爵士（Sir George Thomson）最近写的《科学的启发》（*The Inspiration of Science*）一书中便不免有这种态度。[②] 他先是强调了几何学和行星天文学这两项希腊成就，然后说：

> 可是他们对于尘世间的事务成就较少。他们知道摩擦过的琥珀会吸引谷壳，出产于小亚细亚马格尼西亚（Magnesia）的石头会吸引铁，他们也观察到伸出水面的棍子看起来变弯了。但他们并没有在相应的科学上取得真正的进步。有时有人会说，这是由于他们不愿去做实验。当然，这在部分程度上是对的，但我认为还有更多的理由。……[希腊人]没有认识到这些表面看来无足轻重的事情的重要性。天空庄严而壮丽，也许是诸神的居所，甚至可能有比诸神更伟大的东西居住着。几粒谷壳和几块铁片固然可以逗趣取乐，却很难称得上至关重要。这是非常自然的态度。

---

① *The Idea of Progress* (London, 1920), pp. 40 ff., 45, 54, 62, 78 ff., 138.

② Oxford, 1962.

> 然而，科学在方法论上的最大发现是，表面上微不足道的东西、纯粹令人好奇的东西，可能正是理解最深的自然原理之线索。我们不能苛责希腊人。虽然有牛顿在身后，斯威夫特还是在写拉普他岛（Laputa）的“骗子”从黄瓜中提取阳光时，对皇家学会讽刺了一番——斯威夫特虽然不讨人喜欢，却绝不是傻瓜。虽然我们不清楚这种发现是如何做出来的，但使我们的时代有别于其他时代者便是这一伟大发现，而且它很可能有若干种独立的原因。在这些原因中，也许有磁学对于航海的重要性，以及光学对于眼镜的重要性。枪炮制造术也许算是一个小原因，它使伽利略的力学听起来更有可能出现。但一个更大的原因是发现绕道非洲通往印度的航线以及后来发现新世界所带来的兴奋。在此地理大发现的宏伟计划大获成功之时，人们理所当然会在其他方面进行尝试，敞开心智，多研究些切身的问题。最重要的发现必定是，有些东西值得发现。因此，表面上看起来无关紧要的马格尼西亚石头及琥珀，其重要性便增加了。而自麦克斯韦的时代以来，明眼人已经很清楚，隐藏在这些东西背后的观念和世界上其他东西一样基本，甚至不排除物质的观念。

这段话大体上说得不错，也值得一说。但有些话肯定印证了克劳德·鲁瓦（Claude Roy）所谓的“假谜的虚假铁幕”（the iron curtain of false enigmas）。不仅磁学和炸药化学的中国起源被默不作声地忽视了，而且西方人何时开始对那些看似无足轻重的自然现象产生了好奇心也成了一个谜。希腊人也许缺乏这种好奇心[①]——果真如此,则他们必定已经被那种虚假的价值观念所影响,以致托马斯·阿奎纳说:"对最高的事物有所了解,胜过对低贱事物的渊博知识。"[②]如果说磁石的秘密是中国人最早揭示的,那么这也许不仅因为中国宇宙论的有机唯物论,也是因为中国人素来有一个哲学传统,该传统表现在程明道11世纪批评佛教徒的一句话中:"释氏唯务'上达'而无'下学',然则其上达处岂有是也?"[③]

三

现在我们回过头来谈谈培根所列举的那些发明。既然无法全部讨论,我们只好将了不起的印刷术搁置一旁不论,[④]而只讨论化

① 但如果在希波克拉底的著作和盖伦的著作中找不到关于很小的病理学症状或解剖结构之重要性的论述,我会非常惊奇。

② *Summa Theologiae*, Ia, i. 5 ad l.

③ 见《河南程氏遗书》,其中所引词句出自《论语·宪问》中孔子说的"下学而上达",这与"*Suspiciendo despicio*"[这是第谷用来强调占星术重要性的一句座右铭,英译文为"by looking up I see downward",中文可译为"上学而下达"——译者注]这一主题形成了多么鲜明的对比啊!

④ 为使本文的脉络完整,我们仍要指出,虽然印刷术在欧洲的传播因使教育民主化而一直被视为文艺复兴、宗教改革和资本主义兴起的必要前提,但印刷术在中国的影响却要小得多。自宋代以来,因印刷术的广泛传播,士大夫阶层人数日益增加,官吏的家庭来源亦日趋广泛。但为官不世袭的基本制度与原则本质上并未改变。几个世纪以来,中国的社会组织一直很"民主"(在因才致用的意义上),因此能够吸收一种对西方贵族社会来说是爆炸性的新因素。在印刷术的传播方面,我很高兴谷腾堡(Guttenberg)知道中国的活字印刷术,至少是由传闻得知。T. F. Carter经典著作的标题便是《中国[纸与]印刷术之发明及其西传》(*The Invention of* [*Paper and*] *Printing in China and their Spread Westwards*, 2nd ed., ed. L. C. Goodrich, New York, 1955)。

学爆炸力和磁极性的发现。二者的价值无论怎样高估都不为过，它们均是从道教(原先是黄教)的法术发展而来，由支配着炼丹术和堪舆术的自然哲学理论引上了实际再生之路。火药武器的发展肯定是中世纪中国最伟大的成就之一。[①] 早在公元9世纪的唐朝末年，就曾有人提到木炭、硝石(即硝酸钾)与硫黄的混合。这出现在一本道教著作里，该书强烈建议炼丹家不要混合这些物质，尤其是加上砷就更不得了，因为有人这样做了之后发现混合物会燃烧起来，把胡子烧焦，把丹房烧毁。

此后事情发展得很快。这些混合物有个专有名词，名叫"火药"。公元919年，火药被充作喷火器内的点火剂(图5)；公元1000年时，火药被制成简单的炸弹和手榴弹；公元1044年第一次出现了火药的成分配方(图2)，这比欧洲第一次提到火药配方的年代(1327年，最早也不过是1285年)早很多。11世纪初的炸弹和手榴弹当然不含有12、13世纪提高硝酸盐比例之后那样的烈性炸药成分，它们更像是嗖嗖飞快移动的火箭，没有爆破作用。事实上，在11世纪初发明了一种新式纵火箭，其实就是"火箭"。这里我们立刻看到了竹茎这种天然制管材料的重要性，因为只需把竹管与箭连接起来，并填充以低硝火药，即可产生火箭的效用。今天，我们几乎无须详述中国人最初是如何让火箭飞起来的(图3、图4)。

① 中国学者特别是冯家升最近阐明的所有这方面的新知识还没有在西方人的研究成果中见到，但王铃的论文"The Invention and Use of Gunpowder and Firearms in China", *Isis*, 1947, 37, 160 在论述上大体仍然正确。对于更广的比较背景，我们现在有了帕廷顿(J. R. Partington)的重要著作《猛火油和火药的历史》(*A History of Greek Fire and Gunpowder*, Cambridge, 1961)。

右引火毬以紙為毬內實塼石屑可重三五斤熬黃蠟
瀝青炭末為泥周塗其物貫以麻繩凡將放火毬只
先放此毬以準遠近
蒺藜火毬以三枝六首鐵刃以藥藥團之中貫麻繩長
一丈二尺外以紙并雜藥傅之又施鐵蒺藜八枚各
有逆鬚放時燒鐵錐烙透令焰出　火藥法用硫黃
一斤四兩焰硝二斤半麄炭末五兩瀝青二兩半乾
漆二兩半搗為末竹茹一兩一分麻茹一兩一分剪

欽定四庫全書

碎用桐油小油各二兩半蠟二兩半鎔汁和之傅用
紙十二兩半麻一十兩黃丹一兩一分炭末半斤以
瀝青二兩半黃蠟二兩半鎔汁和合周塗之
鐵嘴火鷂木身鐵嘴束稈草為尾入火藥於尾內
竹火鷂編竹為疎眼籠腹大口狭形微脩長外糊紙數
重刷令黃色入火藥一斤在內加小卵石使其勢重
束稈草三五斤為尾二物與毬同若賊來攻城皆以
砲放之燔賊積聚及驚隊兵

图 2:公元 1044 年《武经总要》一书中的两页,写有一切文明中最早的火药配方(右数第六列起)。

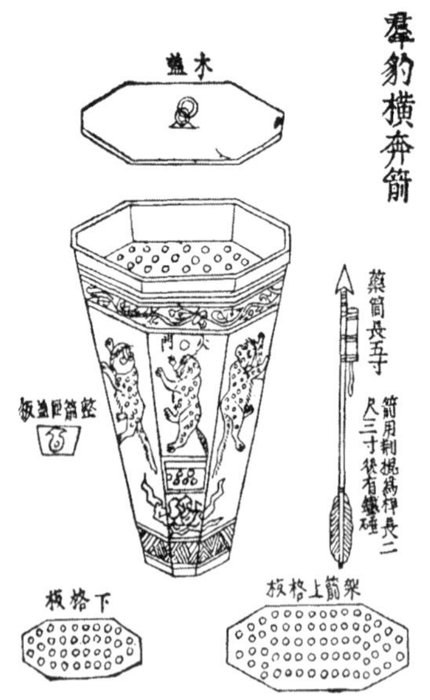

图 3:火箭及可装 75 支火箭的发射箱(《武备志》,1621 年)。药筒长五寸,箭杆长二尺三寸。这种装备可以追溯到 11 世纪初。

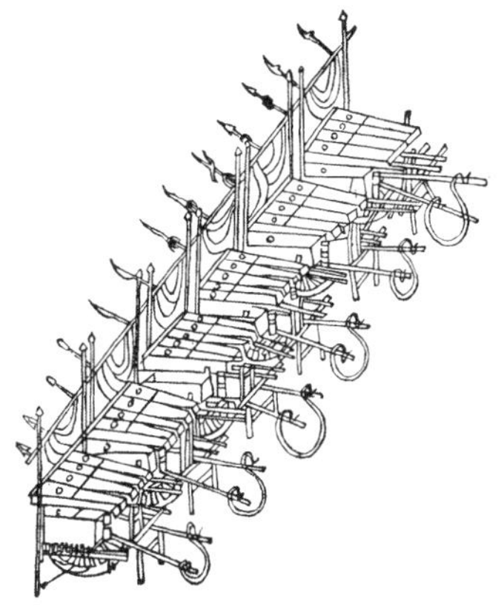

图 4:置于独轮车上的一排火箭发射箱(《武备志》,1621 年)。

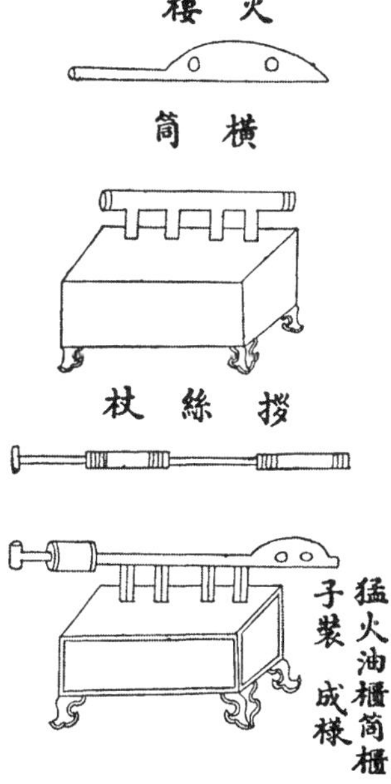

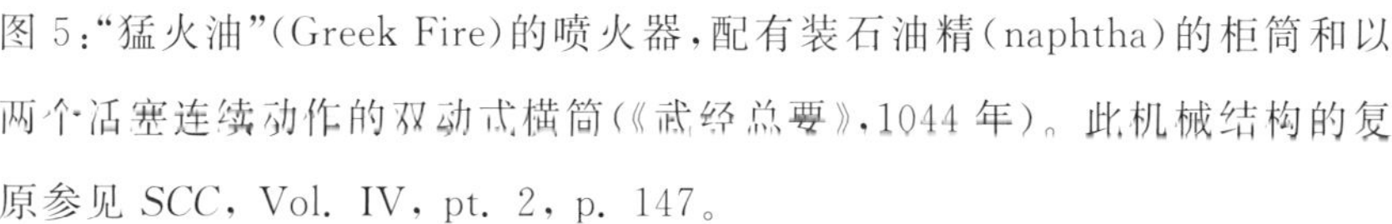
图 5:"猛火油"(Greek Fire)的喷火器,配有装石油精(naphtha)的柜筒和以两个活塞连续动作的双动式横筒(《武经总要》,1044 年)。此机械结构的复原参见 *SCC*, Vol. IV, pt. 2, p. 147。

此后则演变成管形火器。那是在12世纪初，大约1120年，当时宋人正在抵御金人。陈规在其卓越著作《守城录》中讲述了当时防守汉口以北的某座城市时第一次发明和使用了火枪。这种火枪是把填满了火箭原料的管子紧紧地绑在枪的一头，不使之射出去。这种能喷火五分钟的喷火器在士兵手中传来传去，有效地遏止了敌军的攻势。到了1230年左右，开始有文本记载宋和蒙古的后期战役中出现的具有极大破坏性的爆炸。然后到了1280年左右，火铳出现于旧世界的某地。但我们实际上并不知道火铳最先出现在哪里，是在拥有“马达发”(madfa‘a)的阿拉伯人当中，还是在中国人当中，抑或在西方人当中。由以前的历史来看，最先出现在中国似乎最有可能。1280年到1320年是火铳出现的关键时期。我毫不怀疑其真正祖先是中国火枪的坚硬竹管。

关于中国人发展出人类已知最早的化学炸药，有两点需要说明。首先，不能把它看成一种纯技术成就。火药并不是工匠、农民或石工发明的，而是来自道教炼丹家的系统研究(尽管令人费解)。我经过慎重考虑才使用了“系统”一词，因为虽然在公元6世纪和8世纪并无现代形式的理论可资利用，但这并不是说他们根本没有理论；恰恰相反，事实证明早在唐代就有了精致的亲和类学说。在某些方面，此学说使我们想起了亚历山大里亚神秘的炼金术士之共感(sympathies)与反感(antipathies)说，但要比它发达得多，且较少带有万物有灵论色彩。[①] 这里我之所以使用“神秘的炼金术

① 参见 Ho Ping-Yü & J. Needham, ‘Theories of Categories in Early Mediaeval Chinese Alchemy’, Journ. Warburg & Courtauld Institutes, 1959, **22**, 173。

士”一词，是因为虽然希腊化时期的第一批炼金术士热衷于伪造黄金，对各种化学变化和冶金变化都有兴趣，但他们并未追求制备“长生不老药”的“哲人石”。种种理由使我们相信，从一开始就有“长生思想”的中国炼丹术是经由阿拉伯世界传到西方的。事实上，在阿拉伯人贡献其研究之前，西方还谈不上严格意义上的炼金术。甚至有人说，“炼丹[金]术”(alchemy)一词本身以及其他炼丹[金]术术语皆源于中国。中国汉代的许多化学仪器都流传至今，例如铜鼎，大概是用来升华氯化亚汞(制造甘汞)的，蒸气通过两臂上升，凝结在中央(插图 3)。某些蒸馏器也是典型中国式的，和西方使用的有很大不同。蒸馏物被上面含冷却水的容器冷凝，滴入中央的接受器，从侧管流出，这是现代化学仪器的祖先。① 总之，最早的爆炸混合物成分是为了达到长生久视或肉身不朽的目的，在对各种物质的化学性质和药学性质进行系统研究的过程中发现的。

其次，从火药的发明史中我们又得到了另一个案例，表明中国能以某种方式从容应对具有社会破坏性的发现，而此发现却在欧洲产生了革命性的影响。从莎士比亚时代起的数十年甚至数百年间，欧洲历史学家已经认识到，14 世纪臼炮的发明敲响了城堡和西方军事贵族武士封建制度的丧钟。在这里详述此事可能会使读者生厌。在仅仅一年(即 1449 年)时间里，法国国王的火炮部队光顾了诺曼底的仍由英国人占领的城堡，并以每个月五座城堡的速度将其一一摧毁。火药的威力并不限于陆上，在海上也有深远的

① 参见 Ho Ping-Yü & J. Needham, ‘The Laboratory Equipment of the Early Mediaeval Chinese Alchemists’, *Ambix*, 1959, **7**, 58。

影响，在适当的时候，火炮会给地中海上奴隶操作的多桨船以致命一击，因为这些船不够稳定，无法架设连发炮和侧舷炮发射用的炮台。还有一件事，虽然知道的人并不多，但还是值得一提，那就是在欧洲出现火药之前的那个世纪(即13世纪)，另有一种持续时间较短的配重抛石机也具有攻城略地的价值，甚至对最坚固的城垣也极具威胁。这种由阿拉伯人改良的抛射装置("砲")具有典型的中国战术特色。这种砲并非亚历山大里亚或拜占庭采用扭力或弹力的弩炮，而是采用较简单的杠杆，长臂一端置以投石器，短臂一端则以绳索缚住，由人操作。

这里中国与欧洲的差异很值得注意。在火器发明之后五百年，官僚封建制度的基本结构依然存在，和火器发明前几乎没有两样。唐代已有化学战，但在宋代以前，火器并未广泛用于军事。直到11世纪到13世纪宋帝国与金人、蒙古人作战之际，火器才有了真正的试验场。农民起义曾大量使用火器，在陆战、海战、野战、攻城战中都使用过。但因中国没有重盔甲武士骑兵，也没有贵族或领主的封建城堡，此新武器仅仅是旧武器的补充，对古老的文武官僚制度并没有产生多大影响，每一个新的外来征服者都会把这种制度继承下去。

四

下面让我们看看培根所说的第三大发明。如果说托勒密天文学纯粹是希腊的，那么磁学的早期研究则纯粹是中国的。这种观点十分重要。假如我们今天走进一个对自然进行准确观察和控制的地方，比如原子能发电站、远洋客轮的机舱或者任何科学实验室，便会看到墙上挂满了标度盘和指针，且有人在记录标度盘或指针的读数。然而，在科学研究中如此经典的指针标度盘却起源于磁罗盘，而欧洲对磁罗盘的发展并无贡献。

宋朝有一种早期形式的磁罗盘，它是嵌在木鱼体内的一块天然磁石，木鱼体内伸出一根小针，木鱼浮在水上时针指向南方。[①]若不用水浮，也可以干悬着；将一根细竹筷切断削尖，其上载着天然磁石置于小木龟内部，再伸出一根针，以增加少量额外的力矩。这些设计大约出现在公元1130年，但我们还有更早的1044年的记载，载于曾公亮所著的《武经总要》一书中（图6）。而这正是后来阿拉伯作者常常提到的"浮鱼"，即浮在水上的由磁化铁制成的杯状鱼。更有趣的是，这种指南鱼并非在天然磁石上摩擦而带有磁性，而是因为被烧至红热而在地球磁场中保持南北位置。在11世纪初就能遇到剩磁现象，真是令人吃惊。到了11世纪末，用生丝线悬挂一根磁化针已经极为常见。

要想回到事情的开端，就不得不提到一种名为"栻"的占卜器具。此器具是汉代的占卜者使用的，它是在方形的地盘上置一圆形的天盘，其上表面刻有北斗及干地符号、磁罗盘指针、月宿、星名等等。王充在公元83年的《论衡》中有一篇文章说，如果将"司南之勺"投诸地上，则它将永远指向南方。普遍接受的看法是，所谓"投诸地上"并非真如字面所讲，而是把它放在占卜者所用的"地

① 当然，我们习惯于认为针是指北的，但是在中国，南总是被视为指示的方向。在中国的宇宙象征体系中，皇帝代表北极星，因此他南面而坐，理论上无为而天下治。

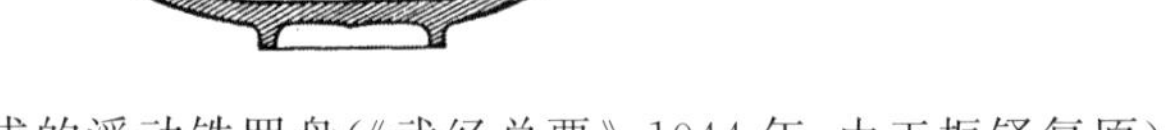

图 6：利用剩磁现象制成的浮动铁罗盘(《武经总要》,1044 年,由王振铎复原)。

盘”上。勺本身是一块天然磁石,镂成北斗(大熊座)之形即中国汤匙之形。实验发现,如果将铜盘尽可能磨光,则确实会发生这种现象,然后磁力矩将使勺转动,指向南方。勺本来不过是与棋戏有关的占卜术中所使用的若干天体模型之一(插图 4)。

诚然,这一器具是根据一部文本复原出来的,迄今为止在任何坟墓里还没有实际发现用天然磁石制成的匙。但是在随后的一千年里,不断有文献提到“指南针”,只有承认的确存在着这种东西,才能加以解释。至少在两三百年后的 1180 年左右,欧洲才第一次提到磁极性。的确可以说,当中国人关心磁偏角时,[①]欧洲甚至还没有听说过磁极性。值得注意的是,中国的堪舆罗盘上刻有磁偏角的变动情形。这种罗盘有三个刻度圈,一圈标有天文上的南北方位,另一圈上的方位点皆偏东 7½°,另一个皆偏西 7½°。因此这

① 即磁针与天文北方之间的偏离。

种堪舆罗盘保存了磁偏角的记录，它曾经在天文的南北方位以东，然后在以西。

中国人不仅最早知道磁极性、磁感应、剩余磁性、磁偏角等，而且也最早将这些知识应用于航海，这至少从公元10世纪就已经开始。我们有一些公元15世纪初的地图，图上绘有航行路线，就像横越大洋的汽船路线图一样，路线上还标有罗盘的方位。图上又告诉大家沿某个方向前进一段时间，然后改变航线，再继续前进一段时间，等等。这种知识传到了西方，但它是如何传过去的还是一个谜。也许某个阿拉伯或印度的文本可以揭开这个谜。也许这种知识是通过蒙古人从陆地上传去的，而根本不是通过海洋。

磁学确实是现代科学不可或缺的组成部分。马里古的皮埃尔(Peter of Maricourt)是中世纪研究罗盘最有成就的学者，吉尔伯特和开普勒关于磁在宇宙中的作用有所构想，而他们的预备知识都是从中国来的。吉尔伯特认为，所有天体运动都源于天体的磁力；开普勒则认为，引力必定与磁吸引相类似。他把地球当作一块将物体引向自身的巨大磁石来解释物体落地的倾向。重力与磁力相类似的观念为牛顿做了至关重要的准备。在牛顿的综合中，几乎可以说引力是自明的，遍布于整个空间，一如磁力无须任何明显中介便可跨越空间起作用。因此，中国古代的超距作用观念[①]经由吉尔伯特和开普勒为牛顿做了重要准备。后来麦克斯韦古典方

① Mary Hesse, *Forces and Fields: The Concept of Action at a Distance in the History of Physics* (London, 1961)对超距作用概念与连续接触作用概念的关系史做了很有价值的讨论(虽然仅限于西方思想)。

程组所建立的场物理学比希腊原子唯物论更符合有机论思想，它也可以追溯到同一根源。因此，我们前面引用的那段结论性的话是完全有道理的。

上一节关于火药提出的两个命题若加以必要的变动，也可用来描述磁罗盘。磁罗盘并不是一种纯经验或纯技术的成就，因为道教堪舆家在长期发展过程中形成了自己的理论，流传至今的许多文本都表明了这一点。我们不可因为这些理论不现代而将其忽视。磁现象的发现起源于占卜术或星相术，而促成其发展的却是中国人亲近超距作用学说或以连续体为介质的波动，而不是粒子直接的机械碰撞。中国人对原子论很陌生，因此对于磁石或与磁石接触过的铁的指极性，他们不会觉得不可能。其次，磁罗盘，或者从广义上讲，关于磁极性和磁吸引的知识，同样震动了整个西方社会。它在现代科学初兴阶段所起的作用就足以证明这一点，但还不止于此。自从公元 15 世纪的欧洲航海者手中有了罗盘以后，从 13 世纪开始的航海科学便发展到顶峰，他们不仅环绕了非洲，还发现了美洲大陆。这对欧洲人的生活影响是多么深远啊！大量白银的涌入，不计其数新商品的买卖，殖民地和种植园的开拓，这些都无须在此详述，初等教科书都会谈到。然而，还有图像的另一面。中国社会并没有被磁现象的知识所撼动，堪舆家仍在指导各个家庭如何选址布局屋宅和坟墓，不断改进他们那种无根据的技艺。[①] 中

① 我之所以说“无根据”，是因为相信人的好运或噩运会随屋宅或坟墓的固有方位而变是纯粹原始科学的（proto-scientific）或者说是迷信的。但不要忘了，中世纪的中国堪舆术具有一种非常强烈的美学要素，我们今天仍可看到，农舍、道路、城镇、宝塔和各种人类居所与自然地理景象交织成精美的图案。

国航海者继续到东印度或波斯湾经商，不过贸易这一行业在中国主要经济生活中不占有重要位置。[①]

五

现在我们可以把培根那段话所引起的感想放在一边，继续考察中国贡献给世界的其他科学技术。我所选择的科学材料可以分成三部分：(1)火药化学或原始化学；(2)磁物理学与航海罗盘；(3)天文坐标、天文仪器、机械钟和“开放的”宇宙论。前两部分我们已经讨论过了，现在要来讨论第三部分。其后要讨论四个技术主题：(1)畜力的使用以及马镫、有效挽具和独轮车的发明；(2)水力的使用以及传动带、龙骨车、曲柄、蒸汽机的形态等相关发明；(3)钢铁技术、造桥和深钻；(4)航海方面的发明，如船尾舵、纵帆、桨轮船和水密舱。必须强调，这些只是从大量不同发明中挑选出来的，生物学方面的贡献尤其不够。[②] 中国发明传到欧洲的年代顺序同样值得考察，它们是在特定时间里“成串”传播的，而不是在漫长的时间里一个个传过去。最后，我要回到前面已经暗示的悖论，涉及欧洲

① 即使在15世纪上半叶的海上大扩张时期，当郑和将军率领的明朝海军舰队一再远达马达加斯加、麦迪那和马斯喀特（更不用说香料群岛和北方产毛皮的海岸）时，中国的总体经济生活也未受什么影响，中国人肯定也从未冒险尝试过新的经济生活方式。

② 例如，我们没有足够的篇幅来讨论无机科学中的气象学或矿物学，也无法讨论生物科学中的脉学、营养学、昆虫学、植物保护等。但可以肯定的是，中国人对脉搏的研究和用经验方法发现营养缺乏症影响了从17世纪到19世纪末的一般科学思想。至于技术方面，我们没有篇幅来讨论陶器工业或欧洲人在18世纪极力模仿的瓷器，也无法讨论制胶、制漆、采矿、捕鱼等技术。

社会不稳定性与中国社会稳定性之间的比较，并把它与另一个悖论联系起来，即最初亚洲人成功地把科学应用于人类需求，随后欧洲人成功地发现了科学发现方法本身，从而开创了与中世纪科学技术相对照的现代科学技术。

有三种方法可以测量星体在天上的位置。现代天文学使用的既不是希腊人的黄道坐标，也不是阿拉伯人的地平坐标，而是中国人的赤道坐标(图 7)。世界上一切文明都是在浑天仪上建立刻度环来测量天球表面上的位置的。希腊化时期最伟大的天文学家托勒密(公元 2 世纪)就拥有这种仪器，它现在用于现代望远镜的定位齿轮中，因为现代望远镜只不过是尺度放大、看得更远的望筒而已，而不是一种寻星装置。望筒和刻度环是确定天体位置的两个

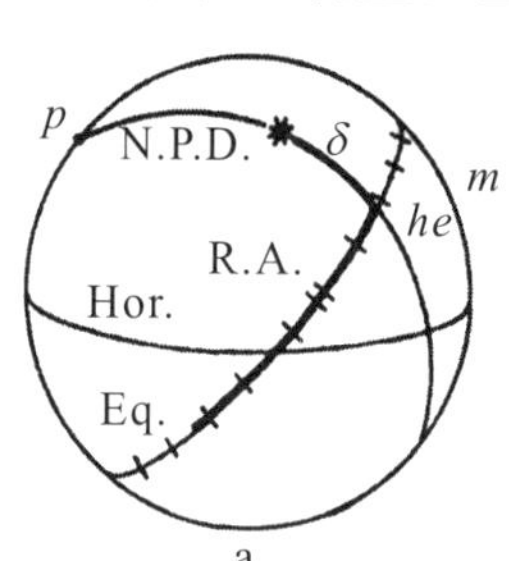

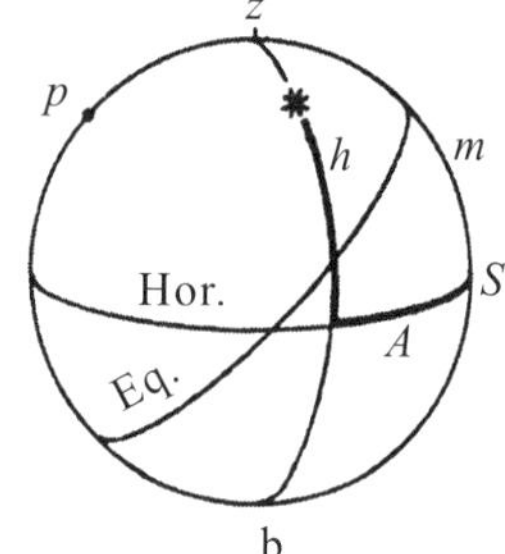

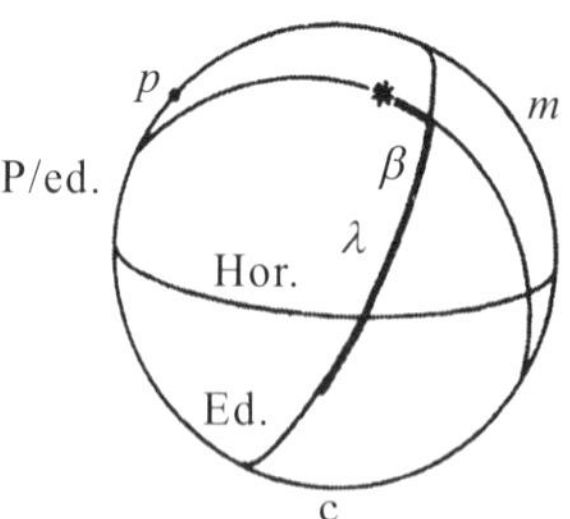

图 7：三种天球坐标：(1)中国人与现代的赤道坐标；(2)阿拉伯人的地平坐标；(3)希腊人的黄道坐标。

基本要素。[①]

即使中国的确没有更早一步发展出浑天仪，也是和希腊差不多同时。浑天仪完全出现要到张衡的时代，他是东汉时期的大学者和大科学家，活动时间在公元 100 年到 130 年，正好在托勒密之前。但很可能早在落下闳时代，浑天仪的大部分细节就已经完成，落下闳是西汉时期人，大约于公元 100 年修订了历法。公元前 350 年左右，石申和甘德必定使用过某种形式的刻度环，据说他们是最早用度数来表示星体位置的人。甚至在这样早的时期，中国人的测量也始终是赤道坐标。中国最精良的仪器之一是苏颂的浑天仪，公元 1088 年建于北宋首都开封。在天文学史上，这是第一部配备有时钟驱动的观测仪器。现存最精良的中国仪器无疑是元代大天文学家郭守敬的青铜浑天仪，他于 1275 年在北京重建了观象台。此浑天仪现存南京紫金山天文台。

假如望筒注定要扩大，刻度环注定要缩小，那么只有把浑天仪的同心环分拆下来，这种仪器才能进步。早在望远镜发明 350 年以前，中国人就已经发明了现代望远镜的赤道式枢架。假如把所有同心环拆开，将其非同心地安装在彼此恰当连接的平面内，我们便得到了一种仪器，即后来被称为“土耳其仪”（Turkish）的“赤基黄道仪”（torquetum）。西班牙穆斯林贾比尔·伊本·阿弗拉(Jābir ibn Aflah)最先发明了它，他在 12 世纪设计了这种仪器，很大程度上是把它当作一种变换坐标的计算仪。1267 年，札马鲁丁

① 中国没有把刻度环分成 360°，而是根据一年的日数分成 365¼°。初看起来这似乎很笨拙，但实际上确有好处。

(Jamāl al-Dīn)将这种仪器引入了中国，遂启发郭守敬发明了一种被称为“简仪”的仪器。简仪本质上是省略了黄道组分的“土耳其仪”，事实上是一切现代望远镜的先驱(插图 5)。

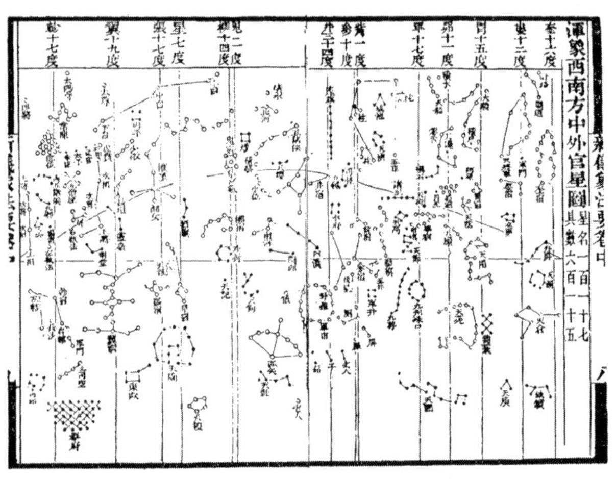

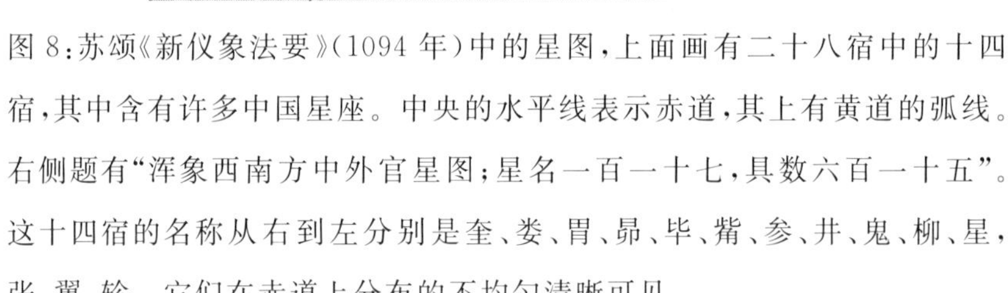
图 8：苏颂《新仪象法要》(1094 年)中的星图，上面画有二十八宿中的十四宿，其中含有许多中国星座。中央的水平线表示赤道，其上有黄道的弧线。右侧题有“浑象西南方中外官星图；星名一百一十七，具数六百一十五”。这十四宿的名称从右到左分别是奎、娄、胃、昴、毕、觜、参、井、鬼、柳、星，张、翼、轸。它们在赤道上分布的不均匀清晰可见。

在没有充分掌握欧几里得演绎几何学知识的情况下，中国人能够做出这些(除了复杂的观象仪)远远超出西方的辉煌成就，这在科学史上是非同寻常的。无论如何，现代观测天文学之父第谷·布拉赫在 16 世纪将中国人的两种实用做法——赤道装置和赤道坐标——引入了现代科学，并且一直沿用至今。第谷此举的明确理由是仪器精度更高，但他拥有阿拉伯人的天文学书籍，而阿拉伯人很了解中国人的用法。

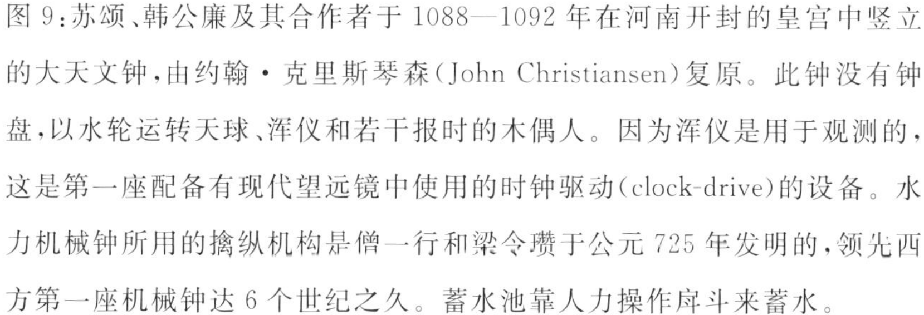
图 9:苏颂、韩公廉及其合作者于 1088—1092 年在河南开封的皇宫中竖立的大天文钟,由约翰·克里斯琴森(John Christiansen)复原。此钟没有钟盘,以水轮运转天球、浑仪和若干报时的木偶人。因为浑仪是用于观测的,这是第一座配备有现代望远镜中使用的时钟驱动(clock-drive)的设备。水力机械钟所用的擒纵机构是僧一行和梁令瓒于公元 725 年发明的,领先西方第一座机械钟达 6 个世纪之久。蓄水池靠人力操作戽斗来蓄水。

正如前面提到的,公元 1088 年建造的开封浑天仪配备有时钟驱动。这是如何可能的? 这是因为发明机械钟的是中国而不是欧洲,这段故事直到最近才被知晓。[①] 事实上,巴比伦和古埃及非常

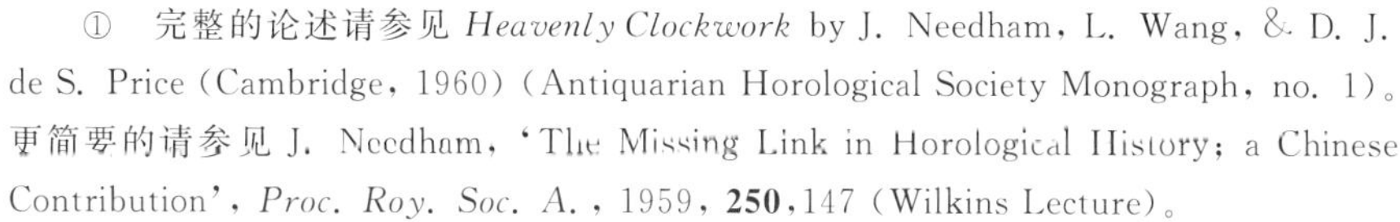
① 完整的论述请参见 *Heavenly Clockwork* by J. Needham, L. Wang, & D. J. de S. Price (Cambridge, 1960) (Antiquarian Horological Society Monograph, no. 1)。更简要的请参见 J. Needham, 'The Missing Link in Horological History; a Chinese Contribution', *Proc. Roy. Soc. A.*, 1959, **250**,147 (Wilkins Lecture)。

古老的漏壶与后来纯粹机械钟之间的缺失环节，已由公元 700 年到 1300 年之间制造的中国机械钟填补起来。自张衡时代以来，中国人就对制造水力运转的天象模型（天球仪等等）很感兴趣，正是这种对于赤道坐标的偏爱启发他们产生了这种构想。在欧洲机械钟的最早形式中（自 1300 年以来），用来分割时间的是立轴横杆式擒纵机构，立轴上的两个棘轮轮流擒住冕状齿轮的旋转，旋转的动力则来自于落锤，这样便产生了大家所熟悉的滴答运动，而整个系统被放慢到与天的视运动速率相同，后者当然是人类最早的时钟。不过，在此之前 600 年已经存在过另一种机械钟，尽管它只存在于中国文化区。

我们可以举《新仪象法要》中描述的仪器为例。该书是苏颂于 1092 年写的，记述了此前几年在开封建造的大钟塔。其总的复原可描述如下：钟塔内部右边是机械装置，左边是报时装置，木阁中的木偶人可以出动报时，摇铃击锣。报时系统上方有浑象，屋顶上有浑仪，皆自动运转。运转的主要驱动力不是落锤而是水轮，其后方诸轮再把水重新汲入蓄水池。计时的关键部分是一种联动的擒纵机构，和立轴横杆式擒纵机构截然不同。水从一个恒平水壶连续流入水轮的戽斗，但若不注满，则戽斗不下落。戽斗下落时会触动一对杠杆或桥秤（天衡关舌），它们通过联动装置松开水轮顶端的天关，让它由一个戽斗来移动。可以说，这种机械装置是以准确而迅速地称量源源不断的小量流体来分割时间。[1] 主要驱动轮转动了传动轴（天柱），传动轴则带动了所有的随转轮、浑象和浑仪。

① 这里使用的流体是水，但中世纪的一些中国时钟是以不会凝结的水银为流体。

在后来发展的第二代和第三代水力机械钟里，垂直轴已经被链传动所取代，几乎可以肯定，这是历史上已知最古老的链传动。这种能够准确计时的水轮联动擒纵机构的工作模型现已制造出来。①

就这样，中国的水力机械钟填补了漏壶与重锤/发条驱动的钟之间的空白。它不像漏壶那样完全依靠流体的持续注入来计时，因为其计时性能可以通过改变桥秤（天衡）上的秤锤（天权）来加以调整。水力机械钟的最初起源可见于密教徒一行和工匠梁令瓒于公元 725 年为唐代宫廷在集贤殿（皇家高等学府之一）建造的机械钟。② 此水力机械钟传统一直延续到明朝。一千年后，当 17 世纪耶稣会士来华时，此传统仍未衰亡，不过被更简便实用的文艺复兴时期的机械钟取代了（参见图 31）。

这一切对于欧洲有何重要性呢？当然，天文学成就对社会并无直接影响，这些成就只是并入了现代天文学体系而已，伴随而来的则是 17 世纪以来世界观的深刻变化。因此，中国间接影响了西方人，使他们从中世纪基督教幼稚的宇宙论中解放出来，这种宇宙论在但丁的著作中仍然能够见到。我们很快就会看到中国人的直接贡献是什么。时钟具有更为显著和直接的影响。虽然传播细节仍然不清楚，但完全有理由认为，13 世纪的欧洲知道并且也在使

① 例如 1961 年夏秋二季，我们的合作者约翰·康布里奇（John Combridge）先生分别在牛津伍斯特（Worcester）学院的科学史研讨会上和伦敦行星仪馆接待中国科学院科学代表团时演示过。

② 这种估计乃是基于语言学上的理由，即根据技术术语用法上的相似性。但如果术语发生了彻底改变，那么这项发明可以再往前追溯好几个世纪，因为我们有关于浑仪的大量描述，说这种浑仪可以用水力推动做精确的转动，但并没有给出机械结构的细节。

用中国的水轮联动擒纵机构。至少他们知道，机械计时问题原则上已经解决。时钟最早在欧洲出现之后便产生了一种工匠技艺，此技艺和磨坊师的技艺对于文艺复兴之后机械制造和工业生产的发展非常重要。此外，机械钟激发了欧洲人的灵感，因为它体现了机械钟由以起源的宇宙模型的性质。正如林恩·怀特(Lynn White)在最近出版的一本技术史名著中所说：

> 临近14世纪中叶，机械钟突然攫住了我们祖先的想象力。以前在建造教堂过程中萌生的自豪感，现在转移至极为复杂精密的天文钟建造。欧洲大众认为，如果没有办法在报时的同时让行星沿着本轮和均轮运动，让天使吹响号角，公鸡啼叫，使徒、国王和预言家来回行进，就会感到没有面子，抬不起头来。[①]

就这样，长期以来为中国皇帝和王公的宫廷增辉的机械太阳系仪开始为欧洲服务，没过多久，欧洲城邦终于冲破了束缚它们的封建制度锁链。与此同时，天象模型也继承了托勒密行星天文学的遗产，进一步激励了机械化。反过来，这些用动力推动的模型很快又成了科学复兴内在倾向的象征。用"机械论类比"来解释自然是导致现代科学成功的最基本概念之一，它取代了从有机生长、共感反感和人类技艺中衍生出来的较早类比。怀特进而指出，当机械计时问题在欧洲第一次得到解决时，一种新的冲力理论出现了，

① *Mediaeval Technology and Social Change* (Oxford, 1962), p. 124.

它成为亚里士多德理论和牛顿惯性运动理论之间的过渡。现在，

> 规律性、在数学上可预测的关系、可以定量测量的事实，都在人类的宇宙图景中浮现出来。大钟提供了这幅图景，这在部分程度上是因为大钟的神奇掩盖了它的冷酷无情，其机制也因其古怪而变得人性化。在伟大的教士和数学家尼古拉·奥雷姆(Nicholas Oresmus，1382 年去世时正担任利雪[Lisieux]主教)的著作中，我们首次发现了宇宙作为一座大机械钟的隐喻，上帝创造了这座大钟，并使“所有轮子尽可能地和谐运转”。这是一种很有前途的观念，最终该隐喻成了形而上学。[①]

除此之外，若再加上一个简单的事实：时间测量是现代科学绝对不可或缺的几种工具之一，我们便可看到，一行和苏颂的确开创了某种东西。

最后我们要表明，中国对世界图景的现代化做出了直接的贡献，前面已经顺便提到过这一点。简而言之，中世纪中国人的宇宙论(包括佛教徒的看法)要比中世纪欧洲的宇宙论“开放”得多。中国有三种古典天文宇宙论：古老的盖天说(与更早的巴比伦观念有关系)，正统的浑天说(只研究现象的几何关系)，以及宣夜说(认

---

① 关于这个问题，最近的一项清晰叙述可参见 Mary Hesse, *Forces and Fields: The Concept of Action at a Distance in the History of Physics* (London, 1961), pp. 30 ff.。

为恒星和行星是浮在无限空间中的未知发光体)。古代中国天文学家大都持第三种观点,它与佛教科学思想家所假定的无穷时空(包含无穷大和无穷小)非常一致。要把一个物体从佛教的一重天抛到另一重天,或者让它落到地上,需要不可胜数的时间;公元8世纪的唐朝人把太极上元定为从当时算起的一亿年前,这与18世纪欧洲主教所估计的创世日期——公元前4004年10月22日傍晚6点——形成了鲜明对比。中国天文学一直是赤道式的和计日的,而不是黄道式的和计年的,因此没有行星天文学,而希腊人则需要欧几里得几何学作为行星天文学的基础。但从另一方面来看,它也给中国人带来了一些好处作为补偿——中国人从未迷恋于把圆形看成最完美的几何图形,因此也从未成为同心水晶天球的俘虏,而西方人却认为有必要用这些天球来解释行星的运动和恒星的视旋转。因此,它们对欧洲人冲破这种牢狱产生了解放性的影响。我们不知道,像乔尔达诺·布鲁诺或威廉·吉尔伯特这些人是否受过中国的影响,因而能在16世纪结束前攻击托勒密—亚里士多德学说中的水晶天球,但我们确定50年以后,由于知道中国聪明的天文学家(欧洲的亲华时期刚刚开始)从未使用过水晶天球概念,欧洲思想家遂大胆采用了哥白尼的学说而放弃了天球概念。

六

现在我们可以把注意力从高高的天界下降到颇具独创性的中国人贡献给世界其他地方的一些更平凡的技术上来,比如马镫、有效挽具以及简单的独轮车。关于马镫曾经有过许多讨论，以前似乎有充分证据把发明马镫归功于西徐亚人、立陶宛人尤其是阿瓦尔人，最近的分析研究则倾向于是中国人。[①] 出土的晋朝(265—420 年)墓葬陶俑可以清楚地表明这一点(插图 6)，不久以后(公元 477 年)即有了最早的文字记载，此后的描述便不计其数了。此项发明无疑受到了印度的激励，起媒介作用的是佛教徒而不是游牧民族，因为公元前 2 世纪在桑吉(Sanchi)等地的雕刻上出现了趾蹬(只对在炎热气候下赤脚的骑士才有用)。直到公元 8 世纪初，西方(或拜占庭)才出现马镫，[②]但马镫在那里产生的社会影响却非同寻常。怀特说："很少有发明能像马镫那么简单，但也很少有发明能像马镫那样在历史上产生了如此巨大的催化影响。"[③]它特别导致畜力在冲锋战斗中的使用。骑士与马匹连成一个整体，这是亚洲的马弓手所不曾有的，因此他们只需引导方向，而无须用力攻击。这种新式的马上作战结合卡洛林王朝的长矛，并且逐渐用越来越严实的保护性金属盔甲来包裹身体，实际上造就了风行欧洲中世纪达一千年之久的封建武士制度。可以这么说，正如中国的火药在中世纪结束时帮助动摇了欧洲封建制度，中国的马镫则

① 见前引怀特卓越而详实的研究，pp. 2, 14 ff., 28 ff.。但我不能同意他把公元 147 年武梁祠的证据随便忽略掉(见 p. 141)。汉学家对这个年代没有什么争议，但一切要看 1821 年冯氏兄弟所作拓片是否可信，因为自那以后原件风化很厉害。无论如何，这个问题并不影响一般的论证。

② 和其他许多传播一样，没有人完全清楚马镫是怎样传到西方的。在这种情形下，就更需要那些主张独立发明的人去论证，但同一项发明两次出现的时间间隔越长，独立发明的可能性越小。

③ 同前引，p. 38。

在一开始帮助建立了欧洲封建制度。

一个更难处理的问题是，为什么中国没有发生这种变化？我们再次面临着中国文明惊人的稳定性。中国的平民气质极深，故不大可能有那种贵族的骑士制度。倘若马镫发明于战国的封建时代，即在官僚制度真正形成以前，情况也许就完全不同。这可能是因为，公元前 4 世纪就已出现于中国的马弓手传统太强了，以至无法克服。也许这种传统在军事学上终究比较有优势，因为当蒙古骑兵在 13 世纪终于与中世纪欧洲穿盔甲的骑士对阵时，欧洲骑士并没有占上风。蒙古人从西方撤退是内部政治事件所致，而不是由于西方的抵抗。

除了发明马镫，中国是唯一解决了给马类上有效挽具问题的古代文明。[①] 这方面的影响同样无法估量。给牛类上挽具比较容易，因为牛在解剖学上体形合适。其颈椎骨隆起成丘状，可以套轭于其上。但这对马、驴、骡等马类动物都不适用，因为它们没有颈椎骨隆起。自古以来解决挽具问题只有三种主要方法。一种是所谓的喉肚带挽具，通行于旧世界的各个地方，直到公元 5、6 世纪欧洲还在使用。与之相对的是现代的肩套挽具，将坚硬部分与柔软部分结合在一起，以使拉力来自于马的胸部。相反，若使用喉肚带挽具，则拉力来自马背，这会阻塞马的气管使其半窒息，结果只能发挥其牵引力的四分之一或三分之一。如果使用肩套挽具，则无

① 正是由于杰出的的列斐伏尔·德诺依特（Lefebvre des Noëttes）的著作，我才接触到了这些问题。他的经典著作 *L'Attelage et le cheval de selle à travers les ages*, Paris, 1931 首先提出了挽具的历史及其社会影响问题。

论是用挽绳还是车辕，马都能驾驭得很好。但还有一种方法可以达到这个目的，那就是使用胸带挽具。从绕在马肩隆的皮带上悬出一条挽绳，这样拉力也来自胸骨。

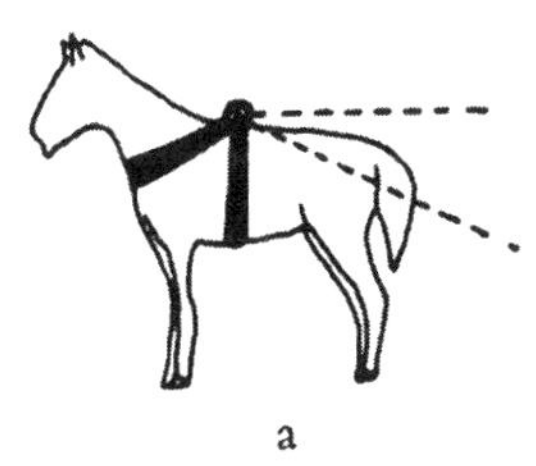

a

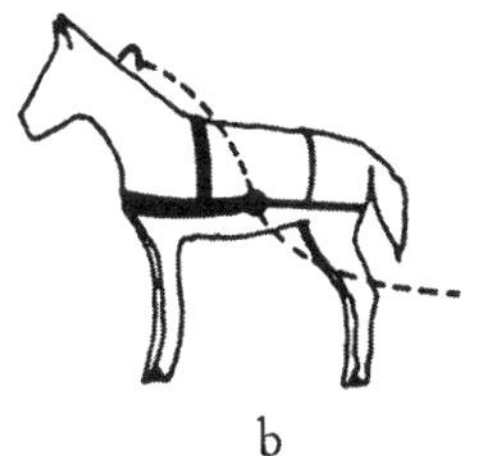

b

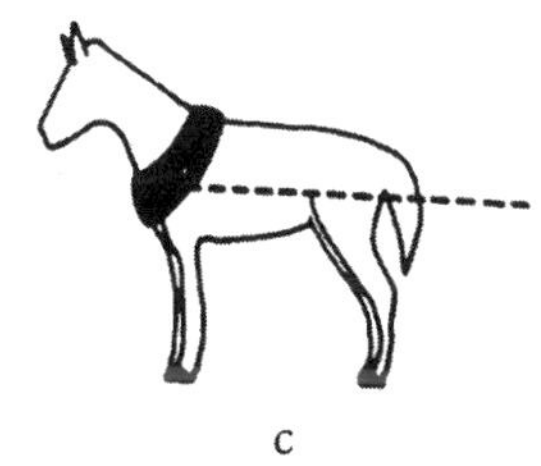

c

图 10：三种主要的挽具形式：(a)古代西方的喉肚带挽具；(b)古代中国有效的胸带挽具；(c)在中世纪早期的中国首次发展出来的肩套挽具。(原图)

这些挽具的年代当然十分重要。古埃及雕刻和希腊瓶画经常绘有典型的喉肚带挽具，罗马的资料也可表明这一点。[①] 欧洲最早的胸带挽具图样出现在公元 8 世纪爱尔兰的一座纪念碑上，不过据文字记载，在两个世纪以前，斯拉夫人和日耳曼人已经知道胸带挽具。但它在中国出现的年代还要早得多。在商代(约公元前

① 希腊化时期和高卢的罗马人似乎曾试验过其他类型的挽具，但大都没有留传下来。古印度的挽具形式也弄不清楚。对这些复杂问题的讨论可参见 *SCC*, Vol. IV, pt. 2, sect. 27 f.。

1500—前1027年)与秦统一天下(公元前3世纪)之间,大概在战国初年,胸带挽具已被普遍使用,汉代(公元前206年—公元220年)的雕刻和画像砖上常有其图样。公元147年左右的武梁祠浮雕上刻有两名主簿与主记所乘之战车,他们正在观看著名的桥上大战,车上则配有胸带挽具。法兰克人的微型画表明,欧洲的肩套挽具最早出现在公元10世纪初。在这方面,中国同样领先,因为从公元851年千佛洞里敦煌太守凯旋队伍的壁画中可以清楚地看到,太守夫人车队五匹马的车辕上接的就是肩套挽具(插图7)。如果仔细临摹放大,可以看到车辕与车辕之间有软垫肩套和轭状横木驾在马上。因此肩套本质上是一个软垫,用于代替牛的"肩隆",使横木可以抵于其上。千佛洞石窟里最早的车马图年代可以追溯到大约485—520年,虽然肩套本身未绘出来,但从驾车形式可以清楚地看到拉力是来自胸部,如果没有肩套,就没有地方可以固定"轭"。因此,我们有把握断定这是肩套挽具。之所以不可能是喉肚带挽具,部分是因为中国已经放弃它大约八百年了,部分是因为任何文明都没有把它与车辕结合起来过。[①] 也不可能是胸带挽具,部分是因为我们看不到胸带,而肩套的坚硬部分却露了出来。因此我认为,这些公元5世纪末、6世纪初的图画为肩套挽具提供了确凿的证据。而从这时到9世纪中叶,千佛洞中有更多的此类壁画。[②] 尤其有趣的是,今天在甘肃省和整个中国北方所使

---

① 在正常情况下从未使用过这种方法,不过在方才提及的罗马人的试验中可能尝试过。

② 李约瑟和鲁桂珍已在'Efficient Equine Harness: The Chinese Inventions', *Physis*, 1960, 2, 143中充分讨论过敦煌资料,并做了图片说明。

用的肩套挽具仍然包含两部分：环形垫（垫子）和放在前面的木架（夹板子），后者当然是由旧式的横木“軛”发展而来，并用绳子缚于辕端。在世界上其他地方也可以看到由两部分组成的肩套挽具，比如在西班牙，也许是阿拉伯人遗留下来的。至于环状垫的最初起源，文字记载表明是来自大夏骆驼的驮鞍。

当我们从有效挽具的考古学起源转到它被引入西方所产生的各种影响时，我们便进入了西方历史学家长期研究的一个领域，他们普遍认为这个领域对于封建（以及最终资本主义）制度的发展极其重要。从最近对西方中世纪技术的一项深入研究来看，可以说在北欧普遍采用重犁只是中世纪早期农业发展的第一阶段；下一步便是获得这种挽具，使马能在经济和军事上成为有价值的东西。[①] 马的牵引力虽然不比牛大，但天然速度要快得多，每秒钟可以多产生百分之五十的能量；此外，马的耐力较强，每天能多干活一两个小时。虽然在公元700年左右，西方已经能够看到中国的胸带挽具（如果东欧不是在公元500年左右的话），在公元900年左右，西方已经能够看到中国的肩套挽具，但用马来拉犁却很晚才发生。大约在公元860年，阿尔弗雷德大王从奥特尔（Ohthere）那里听说，在挪威仅有的地都是用马犁的，他感到很惊讶。但直到巴约挂毯（Bayeux Tapestry，约1080年）出现时才有了图像证据，那时有若干文本确证了这一点。有效挽具与许多变化联系在一起，

① 参见前面所引的怀特著作，pp. 57ff.，61ff.，67ff.。不过，很遗憾我不能接受他对欧洲最早出现肩套挽具的断代，也不能接受他对敦煌壁画、欧斯堡挂毯（Oseberg tapestry）、瑞典的“马肩套”和其他一些东西的解释。我在前引《中国的科学与文明》中陈述了我的观点。

包括农作物的轮作制以及人与动物营养水平的极大提高，不过这里我们只谈两种社会影响。一是陆地运费显著下降，因此商品作物的运输要比以前有效得多；此外还有运输工具的极大技术改进，特别是装有改进后的前轴、制动器和弹簧的四轮运货马车与载客马车。另一种社会影响更多是社会学意义上的，也就是对农村居住区进行一种原始的城市化。由于马比牛跑得快，所以农夫不再需要居住在田地附近，于是乡村的发展取代了农舍，城镇的发展取代了乡村。当然，在较大的居住区，生活会更有吸引力；较大的居住区更便于防御，有更多资金建造更大更好的教堂、学校和客栈，也更容易买到商品。如果发展到足够程度，它们也许会希望有一张特许状。事实上，它们正是后来在欧洲文化中极为重要的那些城市单位的前身。这样就产生了一个异乎寻常的悖论：一种没有城邦观念的封建官僚文明的发明却强化了西方封建制度内部朝着城邦文化发展的内在倾向，并最终产生了一种全新的社会秩序。

那么，这些影响为什么没有在中国产生呢？首先，中国没有城邦传统，任何人群的集结倾向都只会产生另一个行政中心，由文武百官为皇帝把持着。更重要的是，中国至少有一半地域主要不是用公牛或马来犁田，而是用水牛。在今天以汽油为燃料的耕作机械发明之前，中国人一直都用水牛来从事水稻耕作。中国的整个农业情况与西方大不相同，马的挽具不可能以同样的方式来影响它。挽具的确影响过陆上运输，但影响较小，因为自汉代以来，中国主要靠河流和运河来交通。在军事上，运河和灌溉渠也使中国农村不适合骑兵作战，从拓跋氏到蒙古人的许多游牧领袖都是吃过苦头才认识到这一点。因此在中国,马处于不利的地位,虽然始终是一种需要应对的因素,但无法像在欧洲那样深刻地影响文化生活。

我们可以只用一段话来论述独轮车。公元 13 世纪时,独轮车在建造中世纪大教堂的过程中无疑起过作用,但是在此之前,没有任何图片或其他证据表明它在欧洲为人所知。然而在中国,独轮车却与三国时期的蜀国名将诸葛亮(公元 3 世纪)联系在一起,因为他使用独轮车来搬运军需。不过有重要的文字证据表明,独轮车的年代可以追溯到汉代中期,即基督纪元开始之时。用一个轮子来取代双手抬运似乎是一种机械化,它看起来是如此简单,似乎任何文明很早都应该有它,但实际情况并非如此。至于独轮车演变的内情,我们也得不到证实,因为中国独轮车的轮子通常并非置于一端,而是处于中央,这就暗示我们,独轮车的发明是根据驮畜的特点而仿制出来的。于是又有了一个悖论:据说一向劳动力富足的中国,竟然是此项发明的产生之地。在欧洲,独轮车算得上是文艺复兴时期的低级机械,对当时正在发展的工业无疑有过帮助。但在中国却很难指出独轮车对于交通运输有何增进。此外,中国人还给独轮车配上了桅和帆,这启发了约翰·弥尔顿(John Milton)之名句:

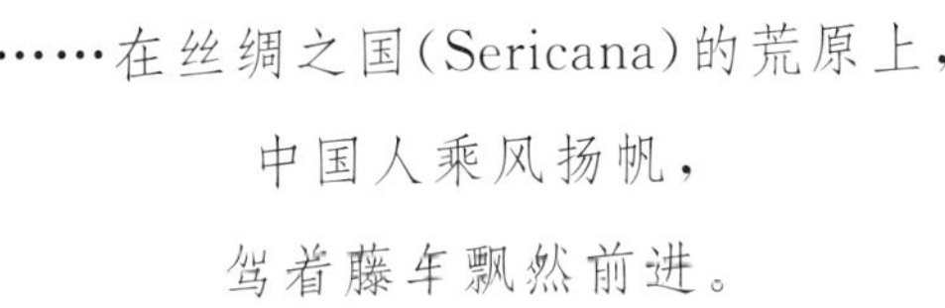
……在丝绸之国(Sericana)的荒原上,
中国人乘风扬帆,
驾着藤车飘然前进。

这体现了一种误解，以为中国人有四轮的帆车。16世纪时，西方的许多地图皆以此观念作装饰。此观念也直接启发了荷兰物理学家兼工程师西蒙·斯台文(Simon Stevin)，使他在荷兰北部的沙滩上成功地做了帆车实验。这些实验第一次向欧洲人表明，人类能以每小时40英里以上的速度旅行而不受什么明显伤害。于是，从景德镇运出瓷器的江西独轮帆车虽然在中国没有给人以特别的印象，却激发了现代科学创始人的想象力，不用多久，现代科学就会制造出时速400英里的飞机和4000英里的火箭(也源自中国)。

七

我们现在来谈谈第二组值得注意的技术发明。围绕着转磨的起源以及水力在转磨上的应用存在着一个谜，因为这两个在工程史上相当重要的步骤几乎同时出现于中国和西方。我们只能估计，前一技术主要集中在公元前4世纪到公元前2世纪，但后一技术则有相当准确的年代。西方第一座水磨属于本都(Pontus)国王米特里达梯(Mithridates)，时间约为公元前65年。中国第一批水磨大约出现在公元前30年，用来锤打和研磨谷物，出现在公元30年左右的水磨则用于为冶金鼓风。水磨在中西方出现的年代差距过小，因此不大可能在中西方之间直接传播，两地出现的水磨很可能出自某个中间来源，再向两个方向传播，但我们尚不知道源头是什么以及在何方。我们不知道西方最早的水磨到底是立式的(即“维特鲁维式的”[Vitruvian]，有正交传动装置的)还是卧式的(“挪

图 11:杰拉德·墨卡托(Gerard Mercator)描绘的中国帆车(1613 年)。

威式的"[Norse])。我们也不知道中国这方面的情况,只知道以把柄来运转机器的连杆肯定是卧式的(插图 8)。

更重要的是曲柄或偏心轮的发明,在这方面,中国的"遗产"表现得最强烈。因为除了有人描述过古埃及的深钻工具有不知形式的曲柄以外,有关曲柄的最早例证出现在汉代农家场院的赤陶模型中,其中有用曲柄操作的旋扇式扬谷机(插图 9)。[①] 很久以后欧

① 经过最近认真的分析,大家已不相信公元 1 世纪尼米(Nemi)湖的船只上装有汲水用的翻车曲柄把手。虽然在奥利巴修斯(Oribasius)甚至是阿基米德著作中的一些话似乎暗示他们知道和使用过曲柄,但文献证据尚不能提供令人信服的细节。

图 12:《农书》(1313 年)中描绘的飏扇,该原型后来在欧洲广泛使用。

洲才首次出现曲柄,即公元 9 世纪《乌得勒支圣诗集》(*Utrecht Psalter*)中出现的曲柄,用于磨刀石。[①] 像这样一种发明过于基本和简单,没有留下它在古代的传播痕迹。但是作为中国技术对整个旧世界技术的一项贡献,曲柄的重要性很难被超越。在 15 世纪的欧洲,由曲柄产生了曲轴,中国没有出现这样的发展。但与此同时,往复式蒸汽机的完整形态已经在中国产生。对此需要略作说明。

---

① 带有竖直把手的手推磨当然构成了一种原始形式的曲柄,但这种类型的手推磨在欧洲的出现不会早于公元 4 世纪,而中国自汉代(公元前 206—公元 220 年)以来就已经知道这种手推磨了。

除曲柄以外，自汉代以来中国已经在使用的另一种基本机器是双动式活塞风箱。中国的钢铁技术之所以早熟，部分正是因为这种机器能够强烈而持续地鼓风。此外，中国人早就使用了卧式水轮。双动式活塞风箱和卧式水轮都是蒸汽机最重要的祖先之一水力鼓风机的组成部件。它涉及机器运动学的一个基本问题。

对所有现代人而言，要想变旋转运动为往复运动，最明显的方法就是使用曲柄、连杆和活塞杆，这种简单的几何组合只需要适合的接头，用十字头等方式使活塞杆在回程的末端保持直线。在西方，达·芬奇在15世纪末设计锯木机时曾用过这种系统，但是在他之前，欧洲未有这种方式。若想寻找这种系统，则需要到旧世界的另一端即中国，因为它已经完整地出现在公元1313年王祯的一部农具论著中，王祯以水力驱动冶炼风箱的形式对它进行了描述。卧式水轮驱动同轴上的飞轮，飞轮再借助传动带旋转一个安装着曲柄的小轮，而后此曲柄再推动用曲柄摇杆连接起来的连杆和活塞杆（图13）。就这样，往复式蒸汽机的整个结构已经在中国预先成形了，但方向是颠倒的，因为中国的系统不是用活塞的往复运动来提供动力源和驱动轮，而是用轮子的旋转运动来驱动活塞。当王祯在13世纪末著书时，这种机器已经普遍使用，因此它不大可能是在之前不到一百年里产生的。于是我们可以有把握地说，在北宋时代，曲柄、活塞风箱和水轮合在一起组成了蒸汽机的基本结构。当时水力也被广泛用于驱动纺车（图14）。王祯在写作或构思《农书》时，与他同时代的马可波罗正好在中国，我想这很难说是一种巧合。我们发现不久以后，意大利卢卡（Lucca）等地的缫丝厂正在使用与中国极为类似的机器，所以我们猜想，这些设计可能是

当时来东方旅行的欧洲商人装在鞍袋里带回去的。

我们刚才提到了丝，也提到了传动带，两者之间不仅有一种表面的关系。早在公元前14世纪的商代，养蚕和丝绸业就已经发展起来了，这意味着当时只有中国人有极长的纺织纤维。一根单丝的平均长度可达数百码，根本不像亚麻或棉花那样短的植物纤维。亚麻或棉花的纤维只能以英寸计量，必须抽出来放在一起才能纺成纱。而蚕丝则是由蚕茧抽出，几乎可达1英里长，其抗拉强度约为每平方英寸65000磅，远远超过了任何植物纤维，已接近于工程材料的标准。于是我们可以理解为何中国人在发明纺织机械方面如此成功，遥遥领先于世界其他地方。例如，我们可以看看“缫车”或绕丝机。1090年秦观写的《蚕书》对其作了非常清楚的描述。把浸在热水盆中的蚕茧弄松抽出丝来，丝经由小引环(竹针眼)导上来，放在大卷架(大关车)上。大卷架由脚踏板来操作，但其轴杆也带动了套着传动带的滑轮，传动带又往复推动另一个滑轮上的曲柄，于是也带动了跳杆(送丝杆)，使丝均匀地绕在卷架上，这样就有了一种最简单的“飞轮”。从若干种角度来看，这是一种非常重要的机械，部分是因为它体现了转旋转运动为往复运动(尽管没有活塞杆部件)，部分是因为它是一种动力源为两种运动提供动力的同时运动组合的早期实例。[①]

纺车则是传动带的又一个为人所熟知的例子。我们尚不知道

① 通常大家都举奥内库尔的维拉尔(Villard de Honnecourt)的锯木机(约1235年)为例(参见前引怀特的著作，p. 119)，其中水轮不仅能带动锯子，而且能确保木材的输送。绕丝机至少要早两个世纪，但我们不知道它是何时开始以畜力或水力来操作的。

图 13:《农书》(1313 年)中描绘的水力鼓风机(水排,或水力往复机),用于为熔炉和锻炉鼓风。这是最早出现的以曲柄、连杆、活塞杆来改旋转运动为往复运动的装置,因此也是往复蒸汽机逆向的祖先。动力由卧式之水轮供应,其上有一飞轮。

纺车是如一般人所说起源于产棉国印度,还是起源于中国文化区,表现为在轮子上绕丝的纬车(quilling-wheel),因为这种装置在文献上可以追溯到汉代,图像证据则可追溯到 1210 年。发源于中国更有可能,[①]因为在各种文明的纺车图中,最古老的出自 1270 年宋朝的一幅绘画,它比欧洲最早的证据还要早一些(虽然并不很久)(插图 10)。在中国的许多纺车形态中,传动带一次驱动三个纺锤,纺轮由带有奇特万向接头的脚踏板来驱动。除了 1300 年左

① 我们不要以为纺车的产生必然与短的植物纤维有关,因为中国人绝不浪费任何东西,所以用纺车来纺从野茧或破茧中抽出的蚕丝,他们可能在很早之前就这样做了。

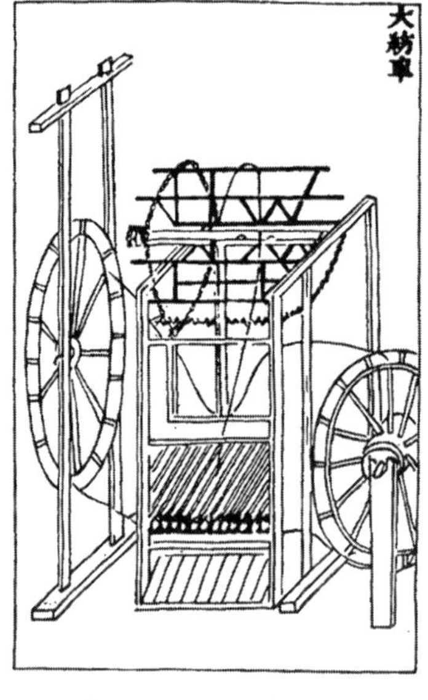

图 14:《农书》(1313 年)中描绘的水力驱动纺织机(大纺车)。右图描绘了提供动力的立式水轮。

右有文本提到纺轮外,15 世纪日耳曼人的军事工程手稿中也有对欧洲传动带的最早图解。因此,对于这种重要的动力传送形式,中国人相当领先。和往常一样,我们也没有充分的理由认为传动带是欧洲后来独立发明的。假如传动带果真是中国工匠发明的,那么传送动力的龙骨车很早出现于中国也就不足为奇了。事实上,我们已经清楚地看到了这一点,11 世纪末苏颂具有里程碑意义的天文钟里就有链传动车。此链传动车可能还不是他的新发明,而至少可以追溯到一百年前张思训类似的时钟装置。公元前 1 世纪亚历山大里亚的机械师当然很熟悉循环链(endless chains),但循环链从未被用来持续传送动力,一般来说更像是传送带。

所有这些发明和工程问题的解决对于文艺复兴之后欧洲技术

图 15:《蚕书》(1090 年)描绘的缫车。缫车上早期形式的飞轮(可能是我们所知最早的)由大卷架上的曲柄和传动带所带动,由"缝纫机"的脚踏板提供动力。一条条生丝正从左边热水盆中的蚕茧抽出来。此图出自 1637 年宋应星所著《天工开物》第一版,是这种机械现存最早的图示。

的影响是自明的,读者要问的唯一问题是,为什么这些发明没有在中国引起类似的工业主义浪潮呢?这里的回答只能是那个一般观察的一部分,即欧洲有资本主义革命(或者毋宁说是一系列资本主义革命),而中国没有。单单是技术创新本身,就像单单是商业活动或社会批判一样,都不能使社会结构发生根本改变。中国那些卓越技师的发明要想在国内充分发挥其影响力,就必须先有一套复杂的先决条件(这里我们无法分析)。正是这些发明作为中国"遗产"的一部分传遍了全世界。

八

第三组技术进步集中于对钢铁的控制上，但这也把我们引向了其他一些领域，有些是相当出乎意料的，比如造桥和深井钻探。儒勒·凡尔纳(Jules Verne)时代的美国乐观主义作家喜欢把当时的现代世界自豪地称为铁器时代，当时“铁马”[即火车头]正在大草原上疾驰，“铁甲舰”则开始在海上乘风破浪。如果他们听说在此之前有过一个铁器时代，但不在欧洲，而是在中世纪的中国，他们一定很惊讶。[①] 在14世纪末之前，欧洲人从未见过一块铸铁，而在大约18个世纪之前，中国人就已经掌握了熔化金属的能力。在我们的所有悖论中，这也许是最不寻常的一个，也就是说，那种先进的铁器加工技术本是西方工业资本主义的基本特色，却在中国官僚封建制度中存在了那么多个世纪，而不能将其推翻。[②]

铁相对较晚才引入中国，约在公元前6世纪左右，比小亚细亚西部的赫梯人于公元前12世纪发现铁要晚很长时间。但引人注目的是，中国人几乎一知道铁就懂得去铸。在两三个世纪的时间里，生吹炉的熟铁便让位于铸铁了。之所以进展迅速，一个原因无疑是双动式活塞风箱能够连续鼓风(前文已提到)，含磷高的矿石

---

① 读者可以参考李约瑟的 *The Development of Iron and Steel Technology in Ancient and Medieval China* (London, 1958, repr. Heffer, Cambridge, 1964)(Dickinson Lecture)。

② 参见最近发表的一篇有趣论文：R. Hartwell, ‘A Revolution in the Chinese Iron and Coal Industries during the Northern Sung Dynasty (960 to 1126)’, *Journ. Asian Studies*, 1961, **21**, 153。

可能也是一个原因，它可以使铁的熔点降低约200度。此外，我们不要忘记中国人也许是古代最伟大的青铜器铸造者，因此第一批铸铁者有许多熔炉方面的经验可以利用，这些经验不仅得自于铜器铸造者，也得自于他们的先驱即陶工。[①] 再则，中国出产优质的耐火黏土，因此中国人很早就开始用一种方法将堆放在煤里的坩埚中的铁矿石还原，此法肯定不会晚于公元4世纪。考古挖掘已使公元前4世纪以来的众多铸铁工具重见天日，这些工具在今天中国的许多博物馆里都能看到，比如锄、犁铧、镐、钺、剑等等。在战国晚期的墓穴中也可找到铸铁的模子，不过我们还不能确定这些模子到底是用来制造铸铁工具，还是用来制造铸铜工具。汉代的一两幅浮雕（约公元前100—公元100年）保留了下来，使我们对古代采用的原始高炉和风箱有了认识。公元1334年的《熬波图咏》中有典型中国小高炉的最早图样，[②]而最为人所知的一张图载于1637年的《天工开物》中。[③] 这些插图展示了生铁从高炉里流出而被引至搅炼槽上，以变为熟铁（图16）。在许多农村地区，这种小型高炉一直沿用至今，它们的照片以及坩埚法的照片都能看

① 参见N. Bernard, *Bronze-Casting and Bronze Alloys in Ancient China* (Canberra and Tokyo, 1961)(*Monumenta Serica*, monograph series no. 14)。Bernard怀疑在铸铁法出现之前，中国是否有过生产熟铁的生吹炉阶段。更早阶段（当然是与其他方面的发展相比较而言）的迹象着实很少，但也是存在的。

② 《熬波图咏》是陈椿的一部制盐论著。盐和铁总是有着密切的关联，这部分是因为在古代世界里那种自给自足的社群中，盐和铁是只能在特定的地方生产且需要运输的两大商品，因此它们在汉代被“国有化”了；另一个原因是浓盐水的蒸发需要大型的铸铁锅。

③ 《天工开物》对技术与工业做了一般描述，作者宋应星有“中国的狄德罗(Diderot)”之称。

得到。

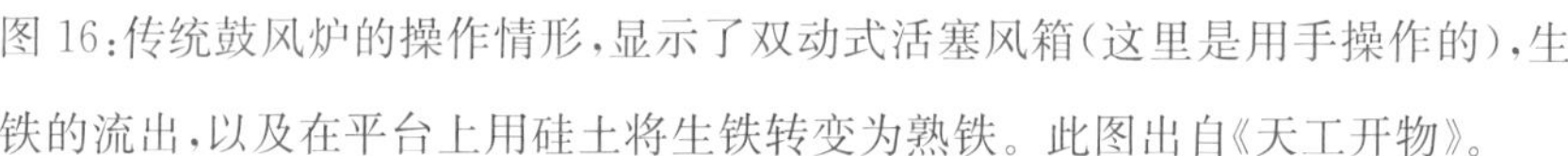

图 16:传统鼓风炉的操作情形,显示了双动式活塞风箱(这里是用手操作的),生铁的流出,以及在平台上用硅土将生铁转变为熟铁。此图出自《天工开物》。

博物馆内外的许多物品都证明古代和中世纪的中国曾经大量使用铁器。用生铁铸成的精美汉代雕像和器皿早已为人所知。接着有三国时期(公元 3 世纪)墓葬内著名的陪葬用炉灶,其材料第一次使西方考古学家认识到,铸铁工业在中国已有悠久的历史。然后是从公元 4 世纪到 8 世纪有许多铁铸的佛像,往往刻有年代,显示出工匠们高超的技艺和艺术品位。沧州铁狮子是世界上最大的铁铸器物之一,有三个人那么高,是北周皇帝郭威于公元 954 年为纪念对辽(契丹)作战胜利所建。宋代还建有许多铁塔,至少有两座完整地保存至今(插图 11)。明朝时东岳泰山顶上那些庙宇全部用铸铁瓦片铺顶,以抵挡横扫山顶的强风。这一切都作和平用途。但钢铁当然是历代中国军队胜利的基础,无论是击退匈奴人或倭寇的进攻，还是征服新疆、西藏。装甲主要为船而不是为人提供防护，这在朝鲜海军将领李舜臣率领的装甲舰队（龟甲船）（1585—1595 年）那里达到了顶峰。我们现在更敢于相信世界第一支铁铳是中国人发明的，虽然证据尚未确凿。

钢的生产决不落后于铁。和古代西方一样，中国最早的钢可能也是用渗碳法制造出来的，也就是把锻铁放在木炭里去烧，以取得所需之碳。但是当铸铁愈来愈多时，事实证明，小心地氧化生铁（即西方所谓的精炼）要更为方便，在成钢阶段停止氧化，使之具有中间含量的碳。然后在公元 6 世纪出现了具有独创性的发明——共熔法，这是今天西门子—马丁开炉炼钢法的前身，大概是道家锻剑师綦毋怀文所创；所谓共熔法是将锻铁条和铸铁屑放在专用炉里加热，铸铁熔化后将糊状的锻铁覆盖住，从而发生碳的交换，加以锤炼后即可获得优质的共析钢。中国古代的一些技术方法（因为有效）至今仍在使用，1958 年我本人在四川还能看到当地人在成功地使用一种由共熔法衍生出来的极为类似的炼钢方法。

冶铁技术在古代和中世纪的中国产生了一些重要的技术成果。自古以来，主要交通干线都要靠悬索桥来跨越流经中国西部峡谷的许多河流。这些悬索桥本来是用竹缆做的，等到优质的锻铁链可资利用之后，悬索桥技术便发生了重大改进，竹缆被铁链取代。文本证据和考古学证据都表明，隋代（589—619 年）第一次有了铁链悬索桥来跨越二三百英尺的山涧。但铁链悬索桥无疑在宋、元、明时期才被普遍采用。在欧洲，主教兼工程师的福斯图斯·维兰提乌斯（Faustus Verantius）大约在 1595 年第一次提议建造铁链悬索桥，但一直到 18 世纪中叶（1741 年）才成功造出第一座这样的桥。维兰提乌斯极有可能是从早期葡萄牙旅行家那里听说这种中国桥梁的，而费舍尔·冯·埃尔拉赫(Fischer von Erlach)则确实是根据中国的资料于1725年对铁链悬索桥进行描述和推荐的。

还有另一种造铁桥的方法也是(而且更能肯定是)在隋代就有的。当时正是极为卓越的工匠李春的活跃时期。他第一次在河谷间架起了一座拱肩中开有减重拱的弓形拱桥。这座质量极高的拱桥至今仍然屹立在赵县，最近曾彻底翻修过，很像19世纪70年代以来用石块或钢筋混凝土建造的雄伟铁路桥。这座拱桥以及中国北方的相似拱桥必定影响了欧洲最早弓形拱桥的建造，比如佛罗伦萨的维琪奥桥(Ponte Vecchio，1345年)及其后继。李春这项大胆的设计是在组成桥拱的25个平行拱的石块间置以铁夹(插图12)。

我们已经提到过铁与盐之间的关联，盐水的蒸发需要用到大型铸铁锅。但两者之间还有一种更为奇特的联系。人们很早以前就已发现，在离海2000英里的四川红盆地地下深处蕴藏着大量天然盐水和天然气。由文本和考古证据(画像砖)可知，至少从汉初(公元前2世纪)开始中国人就在开发这些矿藏。这里的一个限制因素是能否用良钢来制作钻头和钻具，有了这些东西之后，钻孔很快便可达地下2000英尺。钻孔方法在文献中常有记载；一群人在采架上跳上跳下，以产生上下运动，另一群人则转动钻绳。钻孔过程可能要持续好几年，孔钻好后，把一根装有阀门的长竹管送下去，像吊桶一样把盐水汲上来。[①] 从另一个钻孔收集的天然气可

① 请再注意一下天然竹管对于中国技术的重要价值。

以用来蒸发盐水。几乎没有疑问，这些方法从中国传播出去，促使公元 1126 年在利莱尔(Lillers)附近钻了第一口自流井。我们更加确信，美国西南部诸州的第一批石油井正是用中国古法钻成的，这种方法在那里被称为“换挡”(kicking her down)。

图 17：汉代以来四川采用的深井钻探技术，用来获取盐水和天然气。在钻井操作中，竹枪或钻具柄正在被小心翼翼地放下。(《天工开物》，1637 年；清代绘图。)

除此之外，我们还要补充一个确定的事实。公元 1380 年左右，铸铁开始从欧洲的第一批高炉中流出，产地大多在佛兰德斯和莱茵兰。我们还知道，渴望铸造铁炮是欧洲人采用这种新技术的一大驱动力。鉴于中国人在制铁尤其是铸铁方面已有悠久的历史，我并不倾向于认为铸铁方法是欧洲独立发明的；与此同时，我们对于相关知识和经验的传播媒介知之甚少或一无所知。有人怀疑是土耳其人，因为欧洲最早的一批炼铁师是跟他们学习的。还有人怀疑是波斯人，但给不出什么确凿证据。另一个突出问题当然是，既然出现了一种可以震撼整个欧洲的金属，中国社会何以能保持如此稳定呢？首先，我们不要忘记，中国的铁器加工在公元前3世纪帝国第一次统一之前就开始了。齐国靠铁（和盐）积攒了不少财富，而征服六国的秦国可能有一种更严格地服务于军事用途的冶金政策。西方的古代历史学家把铁称为"民主金属"，[①]因为铁矿分布广泛，城邦和乡野村夫都可以取来使用，以反抗旧的统一君主政体。铁制兵器比铜制兵器优越得多，这件事很重要。但是在东亚，中国文化对整个城邦观念都很陌生，统一的秦帝国径直接受了在所谓的封建诸侯国里已经形成的反贵族、反贸易的官僚精神气质。而在公元4世纪之前，帝国内外的蛮族部落都在其控制之下。曾在齐国讨论过的铁（以及盐和酒等）的"国有化"[②]终于在稳定的汉朝实现了。公元前120年左右，所有的铁都是在分布于整个帝国的49家国有工厂里生产的。[③] 虽然以后的朝代不再统制

---

① 参见 V. Gordon Childe, *What Happened in History* (London, 1942; American ed. 1946), p. 176。

② 参见 Than Po-Fu, Wen Kung-Wen, Hsiao Kung-Chüan & L. Maverick, *Economic Dialogues in Ancient China: Selections from the Kuan Tzu Book* (New Haven, 1954)。

③ 大家应该读读桓宽于公元80年左右写的《盐铁论》，因为 E. M. Gale 的节译本早已出版(Leiden, 1931)。E. M. Gale, P. A. Boodberg 和 C. Lin 在 *Journ. Roy. Asiat. Soc* (North China Branch), 1934, 65, 73)中又增译了几章。它几乎逐字逐句地报告了具有封建思想的儒家学者与官僚关于"国有化"工业的讨论。其中提出的一些问题，比如备用配件的标准化问题，听起来相当现代。进一步的评注参见 *Chinese Social and Political Review*, 1934, 18, 1 中 Chang Chun-ming 的文章。

铁业，虽然在诸侯割据时代有些国家会占有钢铁之利，但个体铁厂主和其他商人企业家一样，无法挑战士大夫的官僚统治。火药发明之后，情形也是如此。总之，中国文化就像传说中的鸵鸟一样，可以消化铸铁而不受其干扰，而欧洲一消化不良就几乎要脱胎换骨了。

九

最后一组要考虑的技术发明与海洋有关。中国人一直被称为非海洋民族，这真是太不公平了。他们表现在海事方面的独创性并不比其他方面少，其内河船只数目之庞大，中世纪和文艺复兴时期的西方商人几乎不敢相信。公元 1100 年至 1450 年间，中国海军无疑是世界上最强大的。

这一切都始于竹子。竹子有浮性，可用于制造船只。中国很早就在使用竹筏，时至今日，中国南部、印度支那半岛沿岸和台湾仍在使用。事实上，3000 年来，竹筏对于捕鱼和贸易一直很重要。通常认为，西方的所有造船术都来源于独木舟。独木舟两侧装上侧板即可制成带有龙骨、船头柱和船尾柱的木船。典型的中国船并没有这些部件，中国船似乎是以原来的竹筏为基础，从一种长方形箱子的形状发展而来的。中国船的最大特色是箱形，船头和船尾皆为横材，这样便产生了分段结构，用防水隔板来划分船舱。我们知道，19 世纪初的欧洲人在采用这种防水隔舱时很清楚之前中国的做法。由方形的艉横材引出了另一个引人注目的后果。虽然中国船没有船尾柱，但船尾或靠近船尾的防水隔板是竖直的，可以安装一个“船尾”舵。若干年前，我和我的合作者根据文献记载提出了一个详尽的论证，表明船尾舵来源于中国文化区。后来，广州墓穴里出土的陶船模型（公元前1世纪到公元1世纪之间）惊人地印证了我们的结论。1958年我们参观广州博物馆时高兴地看到了这些陶船模型（插图13、14）。后来到了1180年左右，船尾舵第一次出现在欧洲，这个时间与欧洲出现和采用磁罗盘的时间几乎相同。前面我们在引用培根的格言时曾说，磁罗盘对于发现环绕非洲的航路和新大陆非常重要，但航海史家一致认为船尾舵的重要性不在磁罗盘之下。

至此我们已经谈了船的结构和导航，但推进力问题也同样重要。值得强调的是，整个中国历史从来也不知道地中海地区由奴隶划的多桨帆船是什么，而它在文艺复兴时期和希腊航海史上占有突出的地位。虽然把船拉向大河上游或通过激流险滩历来都是由一群纤夫来做的（不过就封建官僚家族社会中的任何人都可以被称为自由的而言，这些纤夫算是自由人），但大体而言，从洞庭湖到桑给巴尔岛（Zanzibar）的中国船一般都把帆作为推进方法。此外，除了希腊化世界偶尔还使用过撑杆帆，我们从公元3世纪的文本记载中得知，当时中国的水域第一次出现了纵帆。中国人大力提倡斜桁四角帆，且大量使用竹子做桅杆，因为四角帆是用竹片和芦苇编成的席帆，在空气动力学上非常有效。50年前在南肯辛顿科学博物馆和格林尼治国家海洋博物馆陈列的五桅山东商船模型使我们可以想象，15世纪初郑和下西洋时那些载有上千人的船队应该是什么样子（图18）。当时中国海军在堪察加半岛和马达加斯加岛之间来回访问。我们对于帆的物理和数学原理还了解得不够,也许比对机翼的了解还少,但可以肯定,中世纪的中国帆船可以逆风行驶得很好,而欧洲汉萨同盟或加泰罗尼亚的方帆小船却无法做到。许多现代的竞赛用快艇都采用了改良的中国席帆,特别是哈斯勒(Hasler)的“耶斯特”(Jester)号快艇于1961年由一人操作横渡大西洋。谈起机翼,我们会想起,抗失速翼缝(anti-stalling wing-slots)这项著名发明据说受到了中国帆船多孔舵的启发。因为中国的航海家与内河帆船船主很早就发现,其优点不仅在于舵的平衡(部分舵在舵柱之前),还在于舵上打了孔。

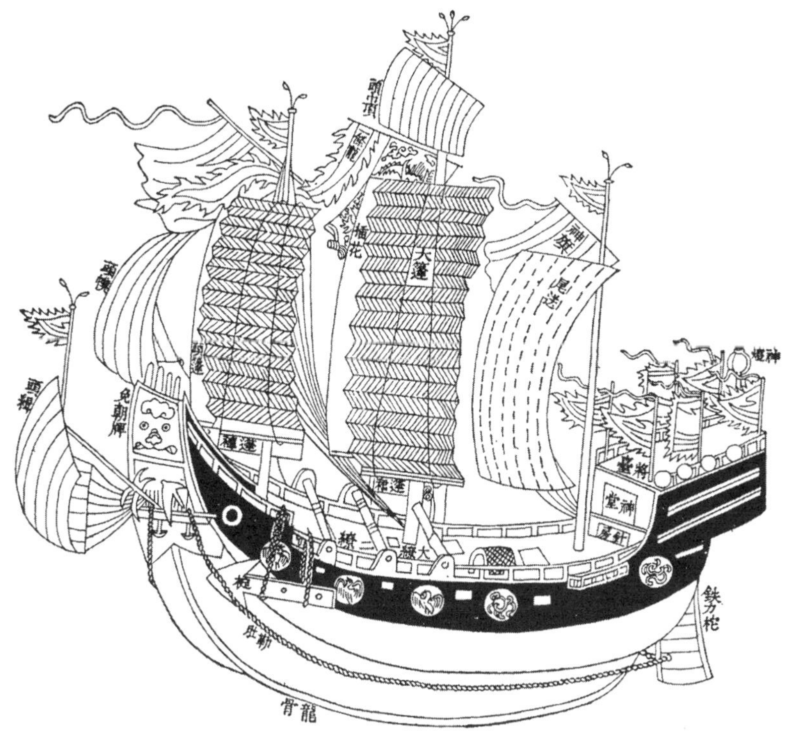

图18:18世纪绘制的三桅海船,取自1757年的《琉球国志略》。

还要提到最后一项发明，即桨轮船（车船）。公元5、6世纪的中国文献中开始出现用踏车操作的桨轮船的描述。可以肯定，公元8世纪时，中国人就在建造桨轮船，且常常用它在湖上和河上进行水战，当时唐曹王李皋建造并率领了这样一支船队。公元12世纪，开封被金人攻占，宋室退至江南，此时中国开始大力发展海军，桨轮战船便盛行起来。由于铁轮难以制作，又得不到足够的动力源，桨轮的数目便增多了。1130年左右，在镇压杨幺领导的农民起义时，政府军战船的桨轮多达23个（两侧各11个，船尾1个），这些船是由船匠高宣制造的。不久高宣被起义军俘虏，并答应为起义军造船，战事便持续了很长时间，而且使用了很多火药弹和毒烟。最后结束这场战争的是忠臣名将岳飞，他把起义军的船只诱入一个河口湾，那里漂流的水草和树枝缠住了这些船的桨轮，遂登船与起义军战斗。但桨轮战船仍然十分重要，凭借这种战船保卫了长江一个半世纪，金人无法南侵，过江也不可能。后来蒙古人征服中国，桨轮船的时代便衰落了，因为蒙古人更热心于海战（他们曾试图征服爪哇和日本），如果没有像蒸汽之类的东西作动力，桨轮是不适合的。我们同样不知道这种桨轮船的传统在多大程度上影响了欧洲的第一批试验（1543年在巴塞罗那进行）。这种传统在中国肯定传下来了，因为在鸦片战争期间（1839—1842年），中国派出了大量踏车操作的桨轮战船去抗击英国船，尽管无力扭转战局，但证明了自己的实力。[①] 一

① 参见 Lo Jung-Pang, 'China's Paddle-Wheel Boats: the Mechanised Craft Used in the Opium Wars, and their Historical Background', *Tsinghua Journ. Chinese Studies*, N. S., 1960, **2**, 189。

向自鸣得意的西方人还以为这些船是模仿他们的桨轮船而建造的，但如果研究了当时的中国文献就会知道，根本就不是那么回事。更有趣的是，在公元 4 世纪的拜占庭还有人建议用牛转绞盘来驱动桨轮船，但没有证据表明曾经造过这种船。由于这份手稿是在文艺复兴时期才发现的，所以它不可能影响中国的造船师。至于这份手稿对巴塞罗那的试验影响有多大，我们尚不能确定，因为在 15 世纪的德国工程手稿中曾有过造桨轮船的建议，而这些船可能是在遍布欧洲的立式水磨启发下而做的重新发明。无论如何，虽然是拜占庭人首先提出建议，但首先将其实现的无疑是中国人。

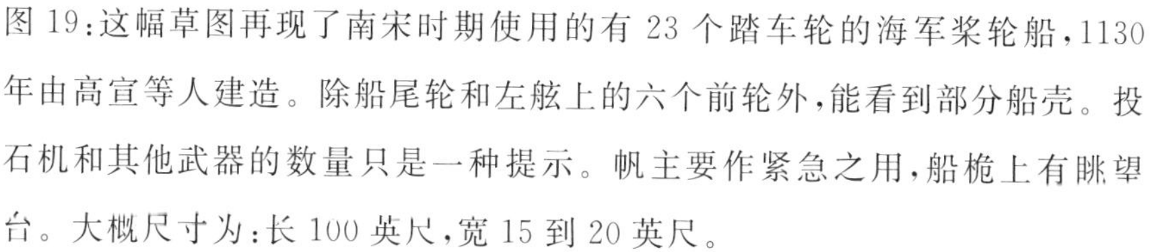

图 19：这幅草图再现了南宋时期使用的有 23 个踏车轮的海军桨轮船，1130 年由高宣等人建造。除船尾轮和左舷上的六个前轮外，能看到部分船壳。投石机和其他武器的数量只是一种提示。帆主要作紧急之用，船桅上有眺望台。大概尺寸为：长 100 英尺，宽 15 到 20 英尺。

十

这样便可以结束我们对中国“遗产”的考察了。在讨论从中产生的主要悖论之前，我们必须注意一个也许有重要意义的奇特事实，即至少在技术领域，我们可以区分出来自亚洲、主要是中国的创新，特别是我所谓的“成簇”(clusters)搭配。比如在公元4世纪与6世纪之间，绫机与胸带挽具传了进来。8世纪时，马镫产生了异乎寻常的影响，不久卡丹环出现了。到了10世纪初，马的肩套挽具连同火炮领域简单的抛石机传了进来。11世纪时，印度数字、位值制和零的符号传播开来。到了12世纪末，磁罗盘、船尾舵、造纸术以及风车的构想成簇传入，接踵而至的还有独轮车和对重抛石机；这是托莱多星表(Toledan Tables)的时代。到了13世纪末和14世纪初又来了另一簇发明：火药、缫丝机、机械钟和弓形拱桥；这是阿方索星表(Alfonsine Tables)的时代。再后来传入了铸铁用高炉、木版印刷和活字印刷，不过这仍然属于第二次涌入的一部分。15世纪时，旋转运动与往复运动相互转换的标准方法在欧洲确立起来，此时还出现了其他一些东亚工程主题，比如叶轮、竹蜻蜓、卧式风车、球链飞轮、运河船闸等。16世纪时还传入了风筝、赤道式枢架与赤道坐标、无限空间学说、铁索悬桥、帆车、脉诊、音乐声学中的平均律，等等。到了18世纪则传入了人痘接种（疫苗接种的前身）、制瓷技术、旋扇式扬谷机、防水隔舱以及后来传入的医疗体操和科举考试制度，等等。

这张传播清单虽然很不完整，但也清楚地显示了欧洲在接受

东亚发现和发明过程中的历史变迁。一般来说，我们无法追溯一张“蓝图”或某个启发性观念的传播路线，更没有把握说某个问题已经得到成功解决，但在特定时间内有助于传播的一般境况已经清晰地展现出来——对于12世纪的成簇传播而言有十字军东征、新疆的西辽国等；对于14世纪的成簇传播而言有蒙古和平（Pax Mongolica）；对于15世纪的成簇传播而言有欧洲的鞑靼奴隶；对于16世纪以后而言有葡萄牙旅行家和耶稣会士，等等。早期的传播较为模糊不清，需要进一步研究才能阐明，但我们可以清楚地看到一幅总体图像，那就是世界得益于东亚，尤其是得益于中国。

最后我想总结的第一个悖论是，一般认为，中国从来就没有什么科学技术。根据前面所述，大家可能会奇怪为何一般人会有这样的看法，然而当我开始研究这些问题时，这正是我之前那些汉学家的印象，他们还把这种印象郑重其事地写进了许多名著。对中国日常生活作肤浅考察的一代代学者对中国文献一无所知，往往人云亦云，以致连中国人自己最后也相信了。中国大哲学家冯友兰在40多年前写了一篇题为《为什么中国没有科学》的论文，[①]他在文中说：

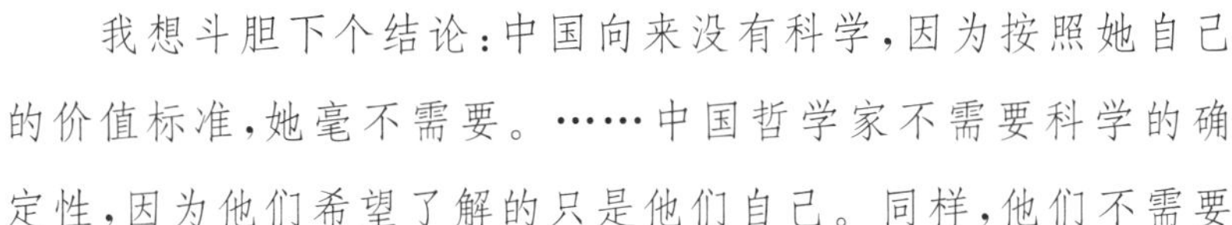

我想斗胆下个结论：中国向来没有科学，因为按照她自己的价值标准，她毫不需要。……中国哲学家不需要科学的确定性，因为他们希望了解的只是他们自己。同样，他们不需要

① *International Journ. Ethics*, XXXII, 1922, 32 (no. 3)，重印于他的文集《中国哲学史补》（上海，1936年）。

> 科学的力量,因为他们希望征服的只是他们自己。对他们来说,智慧的内容不是理智的知识,智慧的功能也不是增加外在财富。

当然这话也有一定道理,但只是有一点而已。它可能受了这样一种感觉的影响:中国以前似乎没有的东西,就怎么也不值得有。[①]与冯友兰年轻时的悲观主义相反的是阿诺德·汤因比(Arnold Toynbee)同样不公正的乐观主义:[②]

> 无论能否把西方的机械潮流朝着西方历史的根源进行追溯以及能够追溯多远,我毫不怀疑爱好机械是西方文明所特有的,就像爱好审美是希腊文明特有的,爱好宗教是印度文明特有的一样。[③]

① 与此论题相关而又时常被大家提到的说法是,在传统的亚洲文化中,"让人适应自然要比让自然适应人更容易"。此话引自 Alan Watts, *Nature, Man and Woman* (London, 1958), p. 52。该书出色而富有洞见,但中国两千年来的科学技术史证明这一论点是错误的。

② A. J. Toynbee, *A Study of History* (6 vols.; London, 1935—1939), vol. iii, p. 386.

③ 与此论题相关的一个版本即为人们通常所谓的诺斯罗普(Northrop)论题(特别参见他的 *The Meeting of East and West: An Enquiry Concerning Human Understanding*, New York, 1946)。根据他的说法,希腊人通过理性假设和科学假说发展出了认识自然的方式,而中国人自古以来只是通过直接观察、移情和审美直觉来接近自然。这种观点和其余观点一样是站不住脚的。持同样观点的阿贝格(L. Abegg)有一种更粗糙、更具种族主义色彩的表述,见于他那本富有启发但完全不可靠的书:*The Mind of East Asia* (London, 1952), cf. pp. 233 ff., 294ff. etc.。

今天已经很清楚，没有任何民族能够垄断哲学上的神秘主义、科学思想或技术能力。中国人并非如冯友兰所说，对于外在自然不感兴趣；欧洲人也绝不像汤因比所说的那样富有原创性和发明才能。之所以会有这种悖论，部分是因为“科学”一词的含义出现了混乱。假如我们把科学仅仅定义为现代科学，那么科学的确只起源于文艺复兴晚期，兴起于16、17世纪的西欧，以伽利略的时代为转折点。但这与整个科学不是一回事，因为在世界各地，古代和中世纪的各个民族一直在为即将耸立的大厦奠定基础。我们说现代科学是在伽利略时代的西欧发展起来，此时我们主要是指，仅仅在那里产生了把数学假说应用于自然这一基本原理，以及把数学用于相关问题，总之，仅仅在那里出现了数学与实验的结合。但如果我们承认文艺复兴时期发现了发现的方法，我们就必须记住，在此突破之前已有数百年的努力。至于这为何只出现于欧洲，则一直是社会学研究的主题。这里我们无须预先判断这种研究会揭示出什么就可以看得很清楚，只有欧洲才经历了文艺复兴、科学革命、宗教改革和资本主义兴起的联合变革。这也是社会主义社会和原子时代到来之前，不安定的西方所发生的最不寻常的现象。

但这里又出现了第二个悖论。由上所述可以清楚地看到，从公元前5世纪到公元15世纪，在利用自然知识方面，中国的官僚封建制度要比欧洲蓄奴的古典文化或以农奴为基础的军事贵族封建制度有效得多。中国的生活水平往往比较高；众所周知，马可·波罗曾认为杭州是天堂。如果总体上说理论较少，那么实践肯定较多。如果士大夫有系统地压制商业资本的萌芽，那么压制创新似乎并不符合他们的利益，因为这些创新可以用来改进他们所辖州县的生产。如果说中国似乎有近乎无限的劳动力资源，那么仍然有这样一个事实：迄今为止我们尚未碰到因明显惧怕技术失业而拒绝使用某项发明的情形。事实上，官僚制度的精神气质似乎以许多方式帮助了应用科学。例如，汉代使用地震仪，以便在地震消息到达都城之前发出地震的信号并确定地震的方位；宋代则建立了一个监测雨量和雪量的网络；唐代曾派考察队测量从印度支那半岛到蒙古1500多英里长的子午线弧，[①]并绘制了从爪哇到南天极20度内的星图。“里”在“公里”出现之前100年就被定为天地的长度标准。我们不要轻视当时天朝的官吏。

于是我们终于来到了悖论中的悖论——“停滞的”中国馈赠给西方那么多发现和发明，它们在西方的社会结构中起着定时炸弹的作用。有关停滞的陈词滥调乃是出于西方人的误会，从来就不真正适用于中国；中国缓慢而稳定地前进着，文艺复兴之后才被现代科学的指数式发展及其各项成果所超越。如果中国人能够知道欧洲的转变，那么在中国人眼里，欧洲定会像一种永远在发生剧变的文明。而当欧洲人开始认识中国时，中国似乎总是老样子。也许西方最典型的愚不可及的陈词滥调就是相信：虽然中国人发明了火药，但他们很愚蠢（或者很智慧），只用它来放焰火，而只有西方人才充分发挥了火药的威力。[②]唉，我们也许不愿否认西方有某种对于枪炮制造的癖好，但隐藏在这

① 参见A. Beer, Lu, Gwei-Djen, J. Needham, E. Palleyblank, and G. I. Thompson, ‘An Eighth-Century Meridian Line ... ’, *Vistas in Astronomy*, 1961, **4**, 3的详细论述。

② 中国并非没有内乱、改朝换代和外敌入侵，但其基本的社会生活形式则一直相对稳定。

句老生常谈背后的想法当然是，没有西方，这些伟大或具有创造性的东西就不可能实现。中国人一定要使墓穴朝向正南方，而哥伦布却发现了美洲；中国人设计了蒸汽机的结构，而瓦特却把蒸汽用于活塞；中国人使用旋转扇，但只用来给宫殿提供凉风；①中国人懂得选种，却只把它限于珍奇金鱼的饲养。② 可以表明，所有这些虚幻的对照在历史上都是错误的。中国人的发明和发现大都有广泛应用，只是在一个相对稳定的社会的控制之下而已。

毫无疑问，中国社会有某种自发趋于稳态的倾向，而欧洲则有一种内在的不稳定性。当丁尼生写下关于“变化的深槽”和“欧洲五十年胜过中国一甲子”的名句时，③他感到不得不相信，剧烈的技术革新必定总是有利的，我们今天可能不会如此确定了。他只知其果，不知其因，而且在他那个时代，生理学家尚未了解内部环境的恒定性，④工程师也不曾建造自我调节的机器。⑤ 中国一直在自我调节，如同一

① 这当然出现在前引阿贝格的著作中(p. 235)，但持有类似说法的人很多，他只是其中之一而已。

② 他们的确这样做了，但更重要的是稻米和其他重要谷物的改良过程，这种改良工作在中国已经进行了数个世纪，而且是在官方非常有意识的监管与鼓励之下。

③ 丁尼生是否可能知道中国人有所谓六十年一甲子呢？他想到的更有可能是“劫”和“大劫”。但如果是这样，这个错误倒是对本文的主题有奇妙的启发。

④ 我们现在知道，生命有机体能够保持内部状态的恒定，包括其体液组成的恒定，并能自动调节体温、压力、酸度、血糖，等等。越是进化的动物，就越能做到这些。正如我以前常常指出的，把生物学的类比运用于社会现象总是很危险的，参见 *Time, the Refreshing River* (London, 1943), pp. 114 ff., 160 ff.; *History is on Our Side* (London, 1946), pp. 192 ff.。尽管如此，在目前的情况下，我认为用缓慢变化的“稳态”这一精确可用的观念来取代错误而无意义的“停滞”观念，会使我们关于传统中国文化的思想更为清晰。

⑤ 从历史来看，这并不十分正确，因为到了丁尼生时代，风车的扇尾形齿轮和蒸汽机的球形调节器早已得到应用，但其哲学意义几乎未被注意，直到迥异于动力技术时代的电讯时代来临之后，人们才会想起自我调节的机器。

个缓慢改变平衡的生命有机体，或者一个恒温器——事实上，控制论概念大可用于这样一种文明，它经历了各种天气的考验而保持稳定，仿佛装有自动导向器或反馈装置，各种动荡过后即恢复原状，甚至是那些重大发现和发明所带来的动荡。从旋转的磨石迸出的火花点燃了西方的火绒，而磨石则岿然不动，毫无磨损。因此，一切控制论机器的祖先指南车竟然是中国人发明的，这多么具有象征意味。[①]

中国社会的相对"稳态"并没有什么特殊的优越性。在许多方面，中国都很像古埃及，后者的绵绵若存令年轻而富有变革精神的希腊人感到惊奇。内部环境的恒定只是生命有机体的一种功能，虽然必不可少，但不如中枢神经系统的高级活动复杂。形态变化也是一种完全生理的过程，在某些生物中，身体的一切组织甚至可以完全分解和重新形成。也许文明就像不同种类的生物一样，其发育期长短不一，形态变化程度也各不相同。

中国社会的相对"稳态"也没有什么特殊的神秘性。[②] 社会分析肯定会指向农业性质、早期需要大型水利工程、中央集权、非世袭的文官制度，等等。但毫无疑问的是，这与西方模式截然不同。

那么，欧洲不稳定的理由何在呢？有人认为是永不满足的浮

---

① 中国人最晚到公元3世纪就已经发明了指南车。车上载着一个人，不论车子朝哪个方向移动，他都永远指向南方。我们确定这是用机械实现的，可能是用简单的差动齿轮，其发明者很可能是马钧。

② 我在本文中也许过分强调了中国社会的连续性和统一性。正如吉本所说，拜占庭社会似乎同样是"完全统一的整体"，但现代研究已经表明，其结构在不同时期有很大变化。中国社会在"高倍显微镜"下也会呈现出结构细节的变化，但这里只能简化处理了。

士德灵魂所致。但我宁愿从地理方面的因素来说明。欧洲实际上是一个群岛,一直有独立城邦的传统。这种传统以海上贸易和统治小块土地的军事贵族为基础,欧洲又特别缺乏贵金属,对自己不能生产的商品,尤其是丝绸、棉花、香料、茶叶、瓷器、漆器等等有持续的欲望。拼音文字具有内在的分裂倾向,于是产生出许多征战的民族,方言歧异,蛮语纷杂。相比之下,中国是一大片连起来的农耕陆地,自公元前3世纪以来就是统一的帝国,其行政管理传统在现代之前无有匹敌。中国有极丰富的矿产、植物和动物,而由适合于单音节语言的坚不可摧的表意文字系统将其凝结起来。欧洲是海盗文化,在其疆界之内总觉不安,神经兮兮地向外四处探求,看看能得到什么东西——亚历山大大帝到过大夏,维京人到过维尼兰(Vineland),葡萄牙人到过印度洋。而人口众多的中国则自给自足,19世纪之前几乎对外界无所需求(因而有东印度公司的鸦片政策),一般只满足于偶然的探险,根本不关心未受圣贤教化的远方土地。[①] 欧洲人永远在天主与"原子和真空"之间痛苦徘徊,摇摆不定,陷于精神分裂;而智慧的中国人则想出一种有机的宇宙观,将自然与人,宗教与国家,过去、现在、未来之一切事物皆包含在内。[②] 也许正是由于这种精神紧张,欧洲人在时机成熟时才得以发挥其创造力。无论如何,直到如此产生的现代科学与工

① 这话绝不能夸张。不要忘了,是中国发现了欧洲,而不是相反。公元前138年到公元前126年,张骞途经中亚抵达了希腊的大夏。此外,中国也有从事航海伟业的时代,例如郑和在15世纪初率领明朝船队的探险。

② 因此中国人没有发展出超自然的立法者制定自然法这一相当素朴的观念。但在现代科学的早期阶段,这种观念无疑极具启发价值。

业的洪流冲毁了中国的海堤,中国才感到有必要进入这些伟大力量正在形成的世界。就这样,中国的遗产与所有其他文化的遗产正在联合起来实现世界合作联邦。

3. 科学与社会变迁①

一

1944 年前后，在中国工作的人是极为孤立隔绝的。事实上，我的工作中有一大部分内容就是要帮助打破对中国科学家、技术家与其他同盟国同事之间交往的封锁。在写作此文时，我正陷于纯粹的真空之中。山岩崩裂使我失去了与外界的一切联系，我没有电报或电话，只等待道路清理。不过，这倒使我有机会为一本讨论社会组织的文集写点东西。事实上，若不是有几天意外得闲，战时的繁重工作是不允许我写作此文的。

在《时间，清新之河》(*Time, the Refreshing River*)和《历史在我们这边》(*History is on Our Side*)之类的书中，我曾试图概述我们周遭世界中各种整合层次(integrative levels)的特点，以及正确地认识它们会对人的世界观和社会活动产生什么深远影响。在此过程中，我们的感受是相当混杂的，因为层次观念虽然极为明

---

① 1944 年 9 月写于云南瓦窑，当时滇缅公路发生山崩而交通阻断。此文系为 C. C. Lienau 所编文集而作。原载 *Science and Society*，1946，**10**，225。

显，但有才智的人所秉持的许多哲学和世界观似乎完全没有考虑世界在过去和未来的发展。当然，这些观念并非本文作者的独创。在马克思和恩格斯的辩证唯物论，怀特海的有机机械论（organic mechanism），伍杰（Woodger）的公理生物学（axiomatic biology），塞拉斯（Sellars）的进化自然主义（evolutionary naturalism），劳埃德·摩根（Lloyd Morgan）和塞缪尔·亚历山大（Samuel Alexander）的突生进化论（emergent evolutionism）以及斯穆茨（Smuts）的整体主义（holism）中都可以找到这些观念。这些哲学家各自强调了不同方面，但有些更加值得我们赞扬，因为他们大胆得出的结论适用于我们实际生活世界中的个人活动。

然而，为了阐明本文观点背后的东西，有必要再次对我所谓的整合层次加以概述。这些层次有两种形式，一种是包含（envelopes），一种是相继（successions）。在空间上，较小的有机体包含在较大的有机体中。物理粒子包含在原子中，原子包含在分子中，分子包含在胶质聚合物中，胶质聚合物包含在活细胞中，细胞包含在器官中，器官包含在生命体中，最后，生命体包含在社会聚集体（social aggregates）中。于是又有聚集体的聚集体、有机体的有机体，直至我们所能设想的最高层次。各种有机体都可以在这种安排中找到自己的位置——昆虫社会、生态群丛（ecological associations）、体外移植的细胞群、决定与非决定性的移植器官、聚合物分子、液晶、受轰击而正在分裂的原子、遭轰炸但仍在运行的城市、血管或公路干线的运输、科学协会的会议、未来世界合作联邦的愿景。

根据怀特海的不朽格言，物理学研究较为简单的有机体，生物学则研究更复杂的有机体。但这种观点的另一个角度是时间上的。这些不同层次有时间上的相继。物理粒子在原子之前，简单原子在不稳定的大原子之前，分子在活细胞和原生质之前，游离的生命粒子或细胞在复细胞动物和复细胞植物之前，原始的动植物则在最复杂、最活跃的动植物之前。

组织层次的提升（不论其中有什么倒退）是贯穿这一系列秩序阶段的唯一明显主线。身为一名生物化学家，作者曾尝试在生物学领域专门定义它。比如我在《时间，清新之河》中说，[①]随着我们沿着进化的阶梯从病毒和原生动物上升到社会性的灵长类，(1)有机体的各个部分与包含物的数目不断增多，有机体的形态和几何关系越来越复杂；(2)整个有机体对其功能的控制越来越有效；(3)有机体愈发独立于它的环境，有机体的活动范围也变得越来越大和多样化；(4)有机体越来越能有效地实现其求生和生殖的目标，包括塑造环境的能力。当然，在某种意义上，阿米巴虫的组织与人的组织并无两样，因为阿米巴虫也能实现吸收、生殖、新陈代谢等各种功能。但区别在于阿米巴虫实现这些功能的条件以及对其生活类型的限制。在另一种意义上，能在进化的变迁中成功存留下来的所有动植物物种都是同样成功的。但这并非成功的唯一标准。单纯的存留固然必不可少，但我们也得考虑这种存留是在何种变化的环境下发生的，以及有机体是如何利用其存留的。帽贝(limpets)的植物式生活显然要比狐狸不屈不挠的觅食或人类建造金门大桥简单多了。

① p. 211.

在发表于这本刊物的一篇论文中，罗特卡(A. J. Lottka)在评论《时间，清新之河》中的一篇文章时指出，[①]有机体进化的方向是要使通过有机体系统的能量之流达到最大。如果我没有误解他的意思，那么这种观念与他在前一段话中尝试表达的“更丰饶的生命”(life more abundant)观念类似。他说：“这种猜测基于一个事实，即具有合成代谢性质的植物在遍布于地球时，倾向于增加有机体在单位时间内吸收的能量，而具有明显分解代谢活动的动物在出现和扩张时则倾向于增加单位时间内耗散的能量。这就好像在水量丰富的河流中置一蓄水池，把蓄水池的进口和出口放大就增加了流量。”运用这样的方法就可能对递增的组织层次作定量表述。必须把有机体进化的法则表述成这样的形式：整个进化系统的某个函数正在接近最大值。如果把整本《时间，清新之河》读完，我们也许更能判断罗特卡说法的可行性。

但要注意，罗特卡的表述是热力学统计学家的表述，而我的则是生物化学家的表述。两者都没有考虑涉及物理粒子、原子、分子的那种宇宙性的(cosmic)、前生物学的(pre-biological)组织提升(increase of organization)，我们在前面描述“包含”和“相继”时曾提到这一点，亨德森(L. J. Henderson)在《环境的适应》(*Fitness of the Environment*)和《自然的秩序》(*Order of Nature*)这两本书中也思考了很多。要想涵盖整个范围，似乎需要比罗特卡的能量表述更具几何学、拓扑学或形态学含义的表述。

整合层次观念所引出的另一个非常重要的结果也许是彻底解

① *Science & Society*, 1944, **8**, 168.

决一切“活力论与机械论”类型的争论。争论某一整合层次的科学是否可以“还原”为另一整合层次的科学是无用的。每一层次的科学都应当用适合该层次的概念、工具和法则来研究。例如在遗传学和胚胎学中，我们知道有许多规律性是不会被生物化学的任何新发现所影响的。但另一方面，只有借助于生物化学的发现，这些规律性才能获得完整的意义和重要性。同样，化学独立于物理学，但只有从物理学的角度看才能意义完整。社会学与生物学也是同样的关系。适合于较高或较粗糙层次的法则不能通过对较低或较精细层次的观察来阐明。我们不能通过较低或较精细的层次来解释较高或较粗糙的层次，更不能用较高或较粗糙的层次来解释较低或较精细的层次。但只有成功找到了两个相邻层次各种行为之间的关系，才能揭开宇宙的奥秘。整个主题非常重要，忽视它可能会导致社会学上的异端邪说，比如纳粹法西斯主义者决定把纯生物学标准用于人类社会，或者把物理化学概念用于这些高等有机体（与帕累托［Pareto］的名字相联系）。

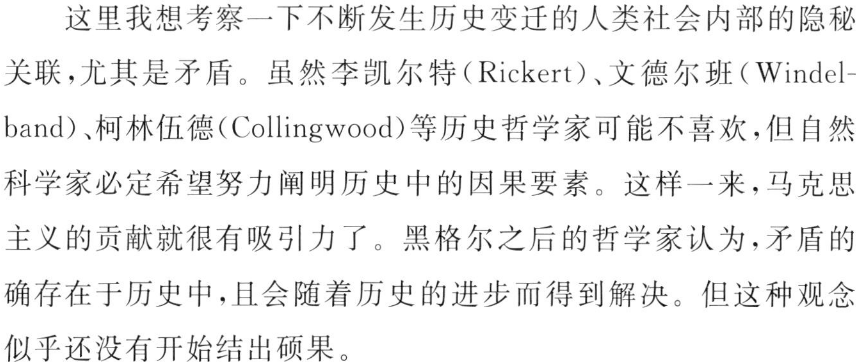

这里我想考察一下不断发生历史变迁的人类社会内部的隐秘关联，尤其是矛盾。虽然李凯尔特（Rickert）、文德尔班（Windelband）、柯林伍德（Collingwood）等历史哲学家可能不喜欢，但自然科学家必定希望努力阐明历史中的因果要素。这样一来，马克思主义的贡献就很有吸引力了。黑格尔之后的哲学家认为，矛盾的确存在于历史中，且会随着历史的进步而得到解决。但这种观念似乎还没有开始结出硕果。

我们可以先看看如何表述低于社会层次的矛盾。最明显的矛盾莫过于旧的衰败因素与新的形成因素之间的对立。正如卢克莱修(Lucretius)所说：

……一切都在运动，
万物皆因本性而变，或不得不变。
此物趋于崩溃、虚弱，
彼物渐而成长、涌现。[①]

斯大林(或他的一位同志)曾经写道："一切自然现象皆蕴含着内在矛盾；新旧之争、生死之争，构成了发展过程的内在内容。"正如前苏格拉底哲学家所指出的，一般而言，在一切自然层次上都有排斥力或离散力，吸引力或聚合力。后者通常较新。后者战胜前者，但其胜利虽有决定性，却从未完全。旧的排斥力仍被纳入新的结构。例如在蛋白质分子的构造中，既有维系整个结构的较为明显的价键，也有拆散原子之力。同样，在胚胎结构中，起作用的既有形成整体的聚合力("组织的亲和力")，也有不同组织之间强大的推斥力("组织的不相容")。近年来，霍特弗雷特(Holtfreter)已经开始对其进行卓越的分析。任一较高层次上的新综合都会体现较低层次上对立双方的要素。这是一切高组织层次的秘密。于是在神话中，希腊的复仇女神被引至卫城之下的洞穴，而中国的龙则封了官。

正如贝尔纳(Bernal)在其《辩证唯物论面面观》(*Aspects of Dialectical Materialism*)一书中所指出的，自然过程从不会百分

① *De Rerum Natura*, v, 810—833.

百有效。除了主反应过程，还总有剩余过程或副反应。副反应如果是循环的，或者对主反应起辅助作用，倒也没那么重要。但副反应可能是敌对的和累积的，因此很长时间之后会产生新的情况，反题会反对正题。在随之产生的不稳定事态中，便可能出现一个较高的组织层次。贝尔纳用这些观念来解释行星的形成、水圈和大气的出现，等等。这本刊物中霍尔丹(Haldane)也以类似的观点来讨论进化论。[1] 他以遗传为正题，以自发突变为反题，变异则可说成是二者的综合。再以变异为正题，选择(自然选题或性选择)为反题，进化则可说成是二者的综合。最适应个体的性选择或其他种内竞争选择与物种适应性的丧失之间也可以找到一种矛盾，二者的综合则是没怎么显示出种内竞争的那些物种幸存下来。

恩格斯和马克思早年坚信(比如在《反杜林论》、《自然辩证法》、《空想社会主义和科学社会主义》等著作中)，整个自然过程是以一种客观的辩证方式进行的，它所针对的完全是维多利亚时期科学家们的静态观念。这些科学家没有料到，科学将不得不面对大量悖论和矛盾，比如在相对论和量子论中，他们也没有认识到，较高组织层次的出现可以克服对立僵局。赫胥黎(T. H. Huxley)时代的大多数科学家仍然受制于形式逻辑系统，尽管在中世纪，库萨的尼古拉(Nicholas of Cusa)等人已经挑战过这套系统。著名的质量互变律(比如脂族烃链的长度增加，或者静电荷堆积至绝缘击穿发生)、对立统一律(比如在氢离子浓度公式中)和否定之否定律(比如在变形现象中)均已成为科学思想中的老生常谈。霍

① *Science & Society*, 1937—1938, 2, 473.

尔丹曾在《马克思主义与科学》(*Marxism and the Sciences*)一书中指出了这一点。然而,马克思主义者尚未充分阐明每一个新的大组织层次(辩证层次)是如何产生的。欧帕林(Oparin)的《生命的起源》(*Origin of Life*)成为这方面研究的先导,在生物化学界已被广泛接受。

关于肌肉收缩的新知识里有一个例子可以表明,最近的一项科学进展带有明显的辩证思维痕迹。第一次世界大战结束时我还是个学生,当时我们对肌肉收缩本性的认识几乎并不比博雷利(Borelli)《论动物的运动》(*De Motu Animalium*,1684)的时代更先进。但1930年von Muralt和Edsall发现,肌肉的主要蛋白质粒子(肌球蛋白,是一种球蛋白)是杆状或纤维状的。后来,Astbury、Meyer和Mark用X射线来分析肌肉,表明肌球蛋白纤维的收缩,比如角蛋白纤维或纤维素的收缩,是真正的分子收缩。只有肌球蛋白的收缩才是"可逆的",而其他纤维的收缩则不是这样。与这些发现相类似,Meyerhof、Embden、Parnas、D. M. Needham等人的工作使得关于磷酸化循环的大量信息积累起来。在磷酸化循环中,碳水化合物燃烧分解所产生的能量在分子间转移,同时总是伴随着磷的转移,直到形成三磷腺苷,能量则从三磷腺苷直接传到肌肉纤维本身。然而,关于磷酸化的、能量转移的化学反应链与纤维的物理收缩功能之间的关系,仍无线索可循。不过到了1937年,莫斯科的Engelhardt和Liubimova在寻找肌肉中分解三磷腺苷从而释出能量的酶时,发现这种酶正是肌球蛋白这一收缩性蛋白质本身。其他国家的研究者也证实了这项发现,人们检验了试管中三磷腺苷对肌球蛋白的影响,发现这种物质会使杆状的肌球

蛋白粒子立即缩短，然后在酶的作用下使磷从三磷腺苷释出后又慢慢伸长。J. Needham、D. M. Needham、S. C. Shen、A. Kleinzeller、M. Miall 和 M. Dainty 报告了这一结果。这样我们便接近了“收缩性酶”的观念。酶作用物一出现，酶蛋白质就只能作用于它，但是在此过程中，它自身的物理构形会发生根本改变。随着酶作用物的消失，构形变化会反过来。也许可以把这种观念拓展，以解释胚胎分化方面的很多事情，但在这里，构形变化必定是不可逆的，正如纺织纤维的收缩是不可逆或近乎不可逆一样。这套观念让人想起了“人被生活所改变，但还不够快”这句话所体现的辩证原则；与此相关联，我们现在要来谈谈物质技术对人类思想和人类社会所产生的影响。

迄今为止，我们还没有谈到社会发展中的矛盾。但历史上的矛盾举不胜举。非马克思主义的历史学家完全承认它们，比如巴特菲尔德(H. Butterfield)在《历史的辉格解释》(*The Whig Interpretation of History*)中便是如此，他反对对历史冲突采取说教态度，因为每一方都代表某些要素，这些要素将在随后的综合中体现出来。17 世纪的英国内战便是一个明显的例子，表明一个新的社会“阶段”的出现会打破矛盾僵局。正在兴起的商人中产阶级同小乡绅联合起来，与皇室、贵族和英国国教主教所代表的封建制度形成尖锐对立。封建保皇主义在共和政体时期激进的清教共和主义，特别是(陆军中校约翰·利尔本[John Lilburne]所领导的)平均派(Levellers)和(温斯坦利[Gerrard Winstanley]所领导的)掘土派(Diggers)的先进观念那里找到了反题。后面这些派别都希望建立一个我们今天所谓的社会主义国家，他们的纲领显然来自萨宾(Sabine)编的《温斯坦利著作集》和三卷本的《论清教革命中的自由》(*Tracts on Liberty in the Puritan Revolution*),但思想成熟的时机未到。克伦威尔战胜了右派(长老会教友)和左派(平均派和掘土派),确保伦敦城的商人们拥有共和政体的控制权。至于王政复辟本身则是一种综合,它结合了君主立宪制(或某个必定会明确终结的制度)与内战中得利的中产阶级所控制的国会。1688年的新教徒政变和《1832年改革法案》只是完成了这一过程而已。

其他革命也显示了类似的发展。法国大革命期间,封建君主制与革命的雅各宾派形成对立,雅各宾派胜利后,巴贝夫(Baboeuf)领导的团体代表极左派。但他们根本无法领导革命运动,结果是后拿破仑时代的资产阶级在统治。美国革命也是如此:丹尼尔·谢司(Daniel Shays)这样的人代表左派势力,但由此导致的综合却是走向资本主义的绅士统治,由于北美大陆蕴藏着丰富的天然资源,在这种异乎寻常的条件下,资本主义直到今天还在不无成功地统治美国。辩证过程也许解释了革命的典型特征,即革命似乎总是"退一步进两步"。即使是俄国革命也无法完全摆脱这条规则。虽然根据之前的模式,上台的本应是资产阶级的克伦斯基政府,但由于世界历史已经进入了更高阶段,列宁的政党得以做出那次著名的"革命性跳跃",跳过了多年的商业民主政体。不过在俄国革命早期,许多方案,比如"无钱记账"(moneyless accounting),都试图完全消除民族主义感情,也尝试取消许多惯常的社会限制。随着成长中的苏维埃社会找到了自己的道路,拥有了巨大实力,不仅可以继续存在,而且可以赢得这场世界大战,这些尝试都被放弃了。

在历史和社会学书籍，尤其是那些多多少少用唯物主义观点写成的书籍中，很容易找到关于社会层次上的隐藏关联和矛盾的其他例子，这里无须赘述。从国际性的或者毋宁说是前民族国家的(pre-national)、讲拉丁语的中世纪竟然产生了民族主义与资本主义的平行发展，这本身就是极为奇特的矛盾。由单个商人组成的竞争性的新原子社会与现代欧洲语言的分化是一起发展的——彼特拉克和乔叟与福格尔(Fugger)和格雷欣(Gresham)一样塑造了资本主义欧洲。最后，在现代宣传策略的帮助下，经济竞争将民族主义激发至狂热，并以战争而告终，此时，现代的民族国家必须把工人武装起来，以反对"外来的"民族主义或帝国主义。但正如我们在俄国革命中清楚地看到的，这乃是武装了它自己的敌人。步枪和机关枪对两面神(Janus)而言是神圣的，沙皇制度支持者的制服上也许会戴上红臂章。由这些不可避免的必然结果，我们难道看不出有某些历史的因果机制在起作用吗？

殖民地的发展也体现了矛盾。帝国主义的典型方针大概是使殖民地永远是"剥削地"(*région d'exploitation*)，也就是把殖民地人民纯粹当作本国产成品的消费者，把殖民地的全部矿产资源转移到本国或其他地方加工。但这种事态不可能持续。不用多久，本国的一些资本家就会认识到，殖民地国有更廉价的劳动力可以利用，他们会在该国建厂生产消费品，从而摧毁本国工业，兰开夏郡的纺织工业就是这样毁掉的。"当地"资本家也会加入他们，这些资本家可能出身买办阶级，没有这个阶级，当初就不可能征服这个国家。然后，随着生活和教育水平的提高，需要整个国力来维持这个处于殖民地阶段的国家，遂有必要招募和武装"当地"军队。

于是，上一段话所描述的恶性（或良性）循环将再次开始运作。

我们已经谈到的民族主义也许是个人主义的一种表现，因此民族主义与资本主义单子论之间存在着历史关联。但只要涉及个人主义，就会出现另一个矛盾。在现代科学之初，某些科学家个人可以做出重要发现，但随着科学的发展，程度越来越高的合作成为必需，到了我们这个时代则需要把个人努力吸收到团队的事业中。不过这并不容易做到，因为它违反了资本主义竞争性文明的精神气质。于是就产生了一个悖论，只有改变文明的形式才能解决这个悖论。

教育矛盾无疑是资本主义社会阶段的最大矛盾之一。比如在英国内战期间，并没有真正的无产阶级，两方雇用的人数比较少，极少有人有足够的教养或认识能够理解平均派和掘土派的号召。从理论上讲，资本主义企业家喜欢使用一些既无技术又无思想的劳动力，比如一百年前英国煤矿的女工和童工，或者今天在云南开采锡矿的那些人。但科学技术是随资本主义一起发展的。更有远见的资本家会极力支持“工艺与农事的改进”，这正是早期皇家学会的口号。于是，受教育的无产阶级变得越来越有必要。毫无特殊技能是不行的；除了“手”，还需要脑与匠心。我们已经提到的17世纪英国金融家托马斯·格雷欣爵士（Sir Thomas Gresham）曾经建立了三个慈善基金会：一个是伦敦的皇家交易所，它是商人与早期实业家的聚会场所，其意义是显然的；另一个是伦敦的格雷欣学院，有前途的学徒和年轻机敏的商业冒险家在这里学习天文学、航海、数学和一切“有用的技艺”；第三个是诺福克郡（Norfolk）霍尔特（Holt）镇的格雷欣学校，为少年提供同样的训练。随着时间的推移，一个庞大的技师阶层发展起来，与无特殊技能的劳工相平行。直到今天，除了在装配线、看管机器等方面，无特殊技能的劳工几乎完全被技师取代。然而，这些技师永远不愿做纯粹工资的奴隶，那只是资本主义制度对他们的理论假设。因此，从资本主义制度转变为苏联那样的经济制度是不可避免的，在苏联，每个人的工作尊严是完全被认可的，参与管理工厂和国家也是被承认的。

资本主义社会自然会反对这种转变。不经过斗争，世袭的权力和特权阶层是不会把他们的所有物拱手相让的。所以作为最后一着，只好用纳粹法西斯主义的理论来挽救正在衰败的社会结构。该理论用荒诞的非理性神话来代替理性（这一直是正在兴起的社会阶级所打出的旗帜），宣传“日耳曼种族的神秘血质”，“个人意志在受天感召的领导人意志中的神秘体现”，“日耳曼民族或大和民族统治所有其他民族的神圣使命”等这样一些观念。然而另一方面，虽然在纳粹法西斯主义的庇护之下，现代资本主义制度保障了利润，消除了罢工，但如果不能有效地控制自然，这种制度就无法继续下去（无论在和平时期还是战争时期），这就绝对需要科学理性。因此，在纳粹－法西斯－神道教的社会结构中会出现一种精神分裂症。法西斯社会中的金工，虽然其测量精度可达一毫米的千分之一，却必须相信斯拉夫的金工是披着人皮的魔鬼。神道教－法西斯社会中的生物化学家虽然可以用蚕的蛋白质来配制军用干粮，却必须相信他的天皇真是从太阳降生的，纳粹的无线电技术员则必须相信，希特勒的每一个动作都具有直接的感召力。他遭遇的挫折越多，这种信仰便越难以维持。最终，只有理性社会才能要求科学技师的忠诚，这正是我们讨论科学与民主的关系时所

持的论点。

二

科学只有在民主环境中才有可能，这样说也许是老生常谈。但一经认真考察，老生常谈也许会大错特错，即使这句话是对的，若不经详细考虑，也不可贸然断定。不过我相信，科学与民主之间有一种基本关联，它是与前面讨论的矛盾相对应的那些隐秘关联之一。

首先，从历史上看，科学和民主都产生于西方文明。对于这一事实，无论是马克思主义学者还是其他学者都没有质疑。当然，我这里指的既不是原始科学，也不是中世纪的经验技术，而是现代科学。现代科学把理性与经验结合起来，把经受住受控实验检验的关于外在世界的假说系统化。我们已经提到英国内战和共和政体时期，但这只是从 15 世纪到 18 世纪的伟大运动的一部分，在这场运动中，封建制度被摧毁，资本主义制度取而代之。宗教改革、文艺复兴和现代科学的兴起都是同一变化的其他方面。

为什么现代科学会与这些变化相关联，仍然有待充分阐明。这里我只要说，早期的商业冒险家、极有远见的人以及支持他们的王公贵族都对事物的性质感兴趣，因为只有依靠这些性质，贸易经济和定量经济才能发展起来。在历史上，如果没有资助，科学研究从来都是不可能的。在古代，科学必须获得王公贵族的援助；巴比伦天文学是国家的一个部门；希腊物理学和数学依赖于独立城邦的支持；亚历山大里亚的生物学则依赖于托勒密王朝。在资本主义之初，商人和早期实业家为化学家做实验提供资金，无论渠道有多么间接。战胜了共和政体之后，国王查理二世的赞助在王政复辟时期的宫廷促成了许多科学技术实验；“机械仪器的噪声响彻白厅”。事实上，商业开始变得可敬，科学紧随其后。贵族的幼子们急着要到繁荣兴旺的商业界、矿业界和工业界当学徒。我们从约翰·格朗特(John Graunt)引人入胜的故事中可以看到之前封建制度排他性的衰落迹象。格朗特是生命统计学的创始人，他第一次把数学方法应用于“死亡率表”。皇家学会不确定是否应当准许他成为会员，因为他只是城里的一个小商人，遂征求国王意见，国王回答说：“皇家学会自当准许格朗特先生入会，若能找到更多这样的商人，亦当立即准许入会。”

这种判断就是我们所谓的对民主原则的肯定，即在科学和学问方面，门第或出身是无关紧要的。事实上，倘若正在兴起的商人阶级想要鼓励科学的发展，则他们的政治口号必定是各种形式的民主。当然，人人都知道，严格意义上的民主起源于古希腊，但当时的民主制度总是建立在奴隶的基础之上，要不是因为基督教神学强调个体灵魂在上帝面前的重要性，民主根本不可能发展起来。正如独裁主义思想家所意识到的，那些看重个体灵魂的人最终必定会看重灵魂拥有者的意见，不仅在精神方面，最终也在世俗方面。1641 年，国会的右派分子埃德蒙·沃勒(Edmund Waller)曾把局势描述得恰到好处：

> 我把主教制度视为城池的外岸或外护墙。假如这座外护墙被民众攻占了，因而主教制度的秘密被揭露了，则我们必不

> 能阻止他们的军队进城。接下来，我们就得费力去保卫我们的财产了，就像我们最近把财产从皇家的特权中夺回来一样费力。假如倍增的人手和请愿使民众获得了教会事务上的平等，那么他们接下来也许就会要求世俗事务上的平等。我确信，只要希望均分土地和财物，就可以在《圣经》中找到许多看起来有利于这种要求的文字，就像现在据称《圣经》中有许多文字是反对高级教士或教会中的升迁一样。至于说到虐待，如果现在有人告诉你，某个穷人曾受过主教的虐待，则人家还可以举一千个例子，向你证明穷人受过地主的虐待呢。

这段话真是富有启发性。沃勒代表的是中产阶级，事实上，这个阶级的确打赢了内战，缔造了18、19世纪，从封建王权手中夺回了财产（这是最关键的词），但并未把它交给平均派和掘土派所希望看到的社会主义国家。

但民主乃是"资产阶级"革命的天然口号。如果左派对民主的解释太过彻底，那也没有什么关系，因为实际力量在中间派。然而，尤其是在内战初期，这句口号却是那支帮助中产阶级击败对手、随即自身又被清算的军队的一个激励人心的重要口号。1648年左右的一天晚上，一个右派的布道家正在牛津基督教会学院的讲坛上痛斥新模范军的骑兵那种不加鉴别的布道。他走下讲坛时，一个身着步兵军官红外套的彬彬有礼的年轻人站在那里对他说了这样的话："你声言反对士兵的布道，但请你想一想，倘若他们不能布道就不愿去打仗，我们会怎样呢？最近数月凭借上帝的帮助攻下25座大城市、打赢五场大战的那支军队又会怎样呢？我不知道还有没有其他后果。”

资本主义、民主和现代科学无疑是一起成长的。问题是，民主和现代科学本质上并不依赖于资本主义。今天的许多观察者都认为，资本主义已不再像过去那样是民主与现代科学的母体了。这里没有足够篇幅来评价这种论断，但各种迹象表明，唯一放弃资本主义制度而发展到社会主义制度的国家苏联肯定没有压制科学。恰恰相反，论国家收入中对科学的投资比例，苏联比其他任何国家都高，贝尔纳《科学的社会功能》(*Social Function of Science*)一书所提供的数据表明了这一点。就民主而言，除了传统上与代议制相关的那些制度，可能还有其他方式来表达民主。这正是韦布夫妇(Webbs)《苏维埃共产主义》(*Soviet Communism*)一书的要旨。

不过，现在让我们谈谈科学与民主之间的哲学关联，而非历史关联。

首先，自然并不考虑人。如果有人想在科学家面前报告所做的观察和实验、形成的假说或完成的计算，那么此人的年龄、性别、肤色、信仰、种族等情况是绝对不相干的。相干的只有他作为观察者、实验者或计算者的专业能力。科学基于观察者和实验者所组成的合作共同体的活动，该共同体从根本上说是民主的。它无疑预示着被我们视为社会进化之必然顶点的那个世界合作联邦。允许格朗特先生成为皇家学会会员，象征着一切有能力的自然观察者都能享受到绝对的平等。正如基督教教父神学家会强调每一个个体灵魂的重要性，现代科学各个阶段的领导者也会承认每一个个体观察者的重要性。对于那些在特定时代得到广泛认可的科学工作者，他们照理说应当给予更大的信任才是，但科学史上有太多忽视或迫害个人的例子，比如天文学上的伽利略，遗传学上的孟德尔，病理学上的塞梅尔魏斯(Semmelweis)，物理化学上的维拉德·吉布斯(Willard Gibbs)和沃拉斯顿(Wollaston)等许多科学家都是在后来才被证明极为正确的，因此今天人人都能获得公平的申辩机会。能干的观察者就是能干的观察者，无论他的基因导致其肤色是欧美人的粉白色，中国人的黄褐色，非洲人的蓝黑色，印度人的深棕色，还是白化病患者的白色。希腊人和阿拉伯人，犹太人和皈依犹太教的人，每个人都记得这段名言："卡帕多利亚(Cappadocia)和帕姆菲利亚(Pamphylia)的人，还有从昔兰尼附近的利比亚来的人，都在用我们的语言谈论上帝的伟大功绩。"

如果说科学在"种族"特征方面是民主的，那么它在年龄方面也是民主的。在科学上，不论年龄多大，经验有多丰富，任何科学工作者都没有资格轻视年轻人的贡献，即使后者还没有什么经验。在这一点上，大家很容易做错。最近沃丁顿(Waddington)在《科学的态度》(*The Scientific Attitude*)一书中出色地论证说，科学引人注目地解决了权威与自由这个老问题。权威需要维护，因为科学宇宙观的结构稳固地建立在上百万研究者合作成果的基础之上，因此不容易推翻。但与此同时，自由也得到了规定，因为任何个体思想家只要有能力，都可以坚持对科学宇宙观进行修正。如果是爱因斯坦那样的人，这些修正可能非常基本。倘若人类社会也能以类似的理性方式加以组织，倘若没有统治阶级对既得利益提出不合理的要求，那么社会层次的问题也许可以用类似的方式加以解决。

由于科学与年龄无关，那些过分尊师敬老的文明必定会做出调整以适应现代世界，就像西方文明推翻了经院亚里士多德主义的权威一样。

我们也可以看看300年来的科学发展所导致的对人的判断。它当然不是我们这个时代的极权主义哲学家对人的判断。人并非生来就是机械性的奴隶，只适合不加违抗地执行某个等级自封的领导者的命令。人从根本上说是理性的存在者，每个人都有生活、恋爱、劳动和幸福的权利，每个人对集体的福祉都有其独特的贡献，每个人都有权对集体的形式、法律和活动发表意见，每个人都有责任保卫集体的财产，维护其正当的法律。正如詹宁斯(Jennings)在《人性的生物学基础》(*The Biological Basis of Human Nature*)一书中所说，生物学事实非常清楚地表明，人类的集体是“一种可以产生专家的民主制度”。纳粹－神道教－法西斯主义的种族主义虽然号称有生物学基础，但其实是最大的科学诈欺，只是公众没有足够的批判能力，才使他们有了作恶的机会。

但詹宁斯在前面那句话中提到的专家指谁呢？他们当然不是坐在安乐椅、办公室或图书馆的掉书袋或书呆子，只知道在古人的观点中翻找对今日需要有用的东西。他们是在实验室、工作台、染房、钢铁厂和医院病房里有实际经验的人。这里我们又遇到了科学与民主的另一种隐秘关联，即弥合学者与工匠之间的鸿沟。

这一对立贯穿于整个历史，在最早的文明中便可找到它的踪迹。从一开始，哲学家、数学家和原始科学家便与所有掌握了读写能力的人以及执行君主、贵族命令的书记员和公务员联合了起来。而工匠，比如古埃及那些懂得化学和熔炼过程的人，罗马晚期的紫贝染工，中国的玉工，或者制作羽袍的阿兹特克人，都被认为属于低等的“技工”阶层，有身份的人不愿与之交往。这样一来，理论科学思想与人类技术实践之间便出现了一道鸿沟，长达数千年之久。亚里士多德和伊壁鸠鲁的思辨，比如原子论，一直没有对实际技术产生任何影响。而中国的学者，虽是表意文字的专家，却与本国的技术工匠相当疏远，直到最近还在喋喋不休地谈论着阴阳五行的原始理论。事实上，希腊人有理论与实践之分，理论适合有身份的人，实践则不适合，中国人也有学与术之分，与希腊人的区分完全相应。只有一些伟大人物才能突破这些边界，比如亚里士多德在撰写其不朽名著《论动物的产生》和《动物志》之前曾与渔夫和牧羊人交流，希波克拉底曾与医生交流，阿基米德曾与军事工程师交流。在中国，宋代的沈括放弃了儒家那种孤芳自赏的态度，把各种自然奇迹认真记录下来，比如第一次记录了磁罗盘。道家的出世学者也是如此，其进入西方世界的炼金[丹]术乃是一切现代化学的基础。

然而，随着资本主义的来临，一切都改变了。封建时代那种对弄脏手来实际操作的厌恶态度已经不再流行。现在确立基调的是商人。他们不仅想处理仓库中可资利用的存货，考察油和蜡、动植物产品以及矿物和金属的性质，而且还想彻底研究一切可研究之物。这样便激起了对传统工艺和技艺的新兴趣，这些工艺和技艺是自远古以来经由上百万工匠的辛勤劳作而逐渐发展起来的。结果，18 世纪出现了插图精美的书籍，描述东西方的各种工艺和农事。

这种新的推动力是非常民主的。从此以后，学者与工匠开始接触，并最终结合在一起，到了今天，像巴甫洛夫和朗缪尔（Langmuir)这样的大实验家已经完美地融合了两者,手脑不分地工作了。学者由君王的助手变成了工匠的忠实伙伴。因此,大家有时可能会注意到科学家与律师之间存在着些许张力。律师往往代表着古代学者,他们会花时间维持现存秩序。身为律师的埃格斯顿(Eggleston)在《寻找一种社会哲学》(*Search for a Social Philosophy*)中写道:"无论有何反对意见,我认为法律的首要功能是阻止不可避免的变化发生。虽然这无疑是必要的,但我不能同意那些要我们视法律为崇高原则的人。"而科学家则是社会变迁的显著因素,虽然迄今为止他们并不总能控制社会的变迁。他们肯定不是维持现存秩序的因素。

在心理学上,科学与民主之间也有强大的隐秘关联。科学头脑与民主心态之间存在着一种实际的亲缘关系。二者都有一种基本的怀疑态度——实验者的怀疑态度反映在选举人的怀疑态度之中。皇家学会的座右铭是"言不足信"(*Nullius in Verba*):谁的话都不要相信,自己去看;这也是民治、民有政府的座右铭。这虽是一种难以照办的好建议,却为科学与民主奠定了心理学基础。科学家研究自然,民主制度的公民参与管理国家,都要确定可用的证据,亲自决定目标,从各种角度来衡量事实。他们不让别人为自己决定目标,不靠别人评价证据,不盲目相信特殊人物的上级领导。科学工作者和民主制度下的公民要心胸宽广,平等交换意见,待人宽容。旁人不在时也要遵守规则,这不也把科学工作者与公民统一起来了吗?即使在研究深奥难解的课题时,虽然科学工作者的成果有可能终生都得不到检验,但他以荣誉担保不会假造,他不知道此举会导致什么后果。同样,民主制度下的公民在没有通常的一切约束时也要遵守规则。(有一天我看到一位司机半夜三更在费力地绕行,当时周围数英里外并无其他汽车在行驶。)他之所以这样做,是因为他在内心深处承认这些规则是好的和理性的。一个理性社会的法律既写在法典里,也写在其公民的心中。

接下来我们谈谈客观性。独裁主义理论把机械刻板的军纪制度带入了整个生活。但自然并不服从权威。客观事实就是客观事实,与领袖的意志没有关系。我们看到,在纳粹德国,比如科学的人类学可以被打破,可以遭到驱逐,但不会屈服。民主思想也是如此。主观评价或可盛极一时,但个人的幸福或苦难这些无情事实很快就会以无可置疑的清晰性向公民指出其兴趣所在。主观和非理性都是反民主的,都是专制的工具。

独裁专制思想同样总是倾向于分割和分离,而科学的基本动力则是形成一幅统一的宇宙图像,所有现象在其中都有固有的位置。汤姆森(Thomson)的《埃斯库罗斯和雅典》(*Aeschylus and Athens*)讨论的是希腊文化和希腊民间传说的人类学起源,以及由此兴起的希腊戏剧和文学,书中清晰地指出了这种关联。如果考察爱奥尼亚科学(尤其是阿那克西曼德[Anaximander]的贡献)和俄耳甫斯(Orpheus)的神秘神学,我们就会发现,"贵族思想的倾向是分割,使事物保持分离",而"通俗思想的倾向则是统一"。在俄耳甫斯教中,爱意味着把已经分离的东西重新结合在一起。最早的贵族力图使他们凭借狡计或勇敢而赢得的圈地与公共土地分隔开来,遂自然会导致分割。在整个历史上,一切专制政治、贵族政治或寡头政治的社会秩序的基本目标始终是维持差异,尽管有时差异是相当虚幻的。反过来,联合、共有、中国思想中的"大同",则是民主的目标。我们前面看到，既然在整个进化过程中，无论是生命界还是无生命界，联合、吸引和聚合的原则总会胜过分离、排斥和分解的原则，因此在人类社会层次上，民主潮流显然有着光明前景，独裁主义潮流则气数已尽。

因此，在某种意义上几乎可以说，科学是理论，民主是实践。

三

于是，我们也许可以对科学与民主之间的隐秘关联作一概述。现代科学和民主共同兴起于诞生了现代社会的激进岁月，这绝非巧合。在与种族差异、性别差异和年龄差异的关系上，科学是相当民主的。科学最终解决了那个一直困扰着神学家的老问题，即权威与自由的问题。科学对人类社会秩序的判断是可以产生专家的民主制度。这些专家最终弥合了学者与工匠之间的旧有鸿沟，把手与脑的最高人类成就集于个人身上。最后，科学和民主的心理态度也大体相同。两者都倾向于联合、吸引和聚合，从而导向更高的组织层次。

如果说科学与民主之间存在着一种关联，那么科学与一切专横的非理性专制、独裁主义和极权主义之间一定是对立的。今天的矛盾是，最近以高度发达的垄断形式表现出来的资本主义比以往任何时候都更需要科学，因为如果没有科学，那么迄今为止在技术上无可匹敌的生活标准就不可能得到维持或提高了。然而，由于资本主义已经不再能够吸引理性的人，它越来越倾向于诉诸非理性的独裁主义制度。因此，虽然资本主义与民主是共同成长的，但不用多久，两者中的某一个就必定会消亡。由于科学是未来一切人类文明所必不可少的，因此在劫难逃的是资本主义，而不是民主。

因此，假定这些论点是正确的，那么一直痛苦地生活在第二次世界大战期间的我们，难道不希望看到对它们的某种证实吗？战争初期的形势对全世界极为不利，因为轴心国喜欢把科学用于作战。纳粹、法西斯主义者和神道教—法西斯主义者都相信防御科学(Wehrwissenschaft)的原则，即认为科学只有用于战争才有价值。在战争初期，全世界震惊于纳粹战争机器的高效，这部机器似乎能够预先想到一切可能的偶然情况。但几年以后，战事变得如何呢？客观地说，事实证明在每一条战线上，在陆海空的每一个战场上，民主国家的技术都要比法西斯国家的优越。即使在英国的战役中，英国飞行员的勇气和英国飞机的设计共同决定了纳粹空军的噩运。后来，民主国家认真研究两栖作战，美国人将其成功地用于太平洋战争，同盟远征军也将其成功地用于北非和法国的战场，这表明在两栖作战方面，民主国家的技术也胜过了轴心国。如果不在高级技术上努力，是无法把纳粹法西斯军队赶出非洲的，因为他们曾为沙漠作战做了精心准备。因此，在各个方面，包括许多特殊发明，比如无线电定位装置、穿雾灯、无线电信标、电视定位器、架桥机械、坦克通讯、携带坦克的滑翔机、喷射推进、爆炸理论、燃气轮机、涡轮增压器、射击预测器和计算机等，民主国家极少逊于轴心国家，甚至连终点弹道学、真菌消毒学等新的科学分支也发展起来；而航空学和应用蛋白质化学等其他分支也取得了进展。在代表民主国家把科学应用于战争方面，苏联科学家和技术家无

疑起了巨大作用，其重要性将被铭记于战争技术史。

我们也不应忘记所有这些的消极方面。新的武器和设计固然重要，但能对抗敌人的新武器也很重要。魔高一尺，道高一丈。有时候，比如敌人发明了磁性水雷，我们就得迅速找到新的防御方法。在这方面，民主国家的科学家同样不是等闲之辈，等到时机来临，就可以看到许多英勇事迹，比如未爆炸弹、定时地雷等装置的研究者的事迹。最后，除了新武器和新武器的防御方法，民主国家可以最有效地利用已经拥有的武器。民主国家的青年科学家在战场上充当“科学政务官”，实施和解释必要的实验。总而言之，这场战争显然可以清楚地表明科学在民主国家的优越性。

也许可以这样说，轴心国做了一个伟大的社会实验，想看看科学能否成功地为独裁专制服务。结果表明不能。

四

现在我们要考虑一个特例，这是社会历史层面的一组极为复杂的现象。事实上，我对这组现象感兴趣，是因为在中国做战时服务。这组现象有两个方面，一是现代科学起源于闪米特—西方(欧美)文明，二是现代科学未能在中国文明中产生。由前所述，也许可以大胆地说，倘若科学与民主真有如此密切的关联，我们就无须进一步考察科学为什么没有在中国产生了。这种说法虽然不无道理，但却歪曲了事实，因为中国文明同样包含有许多民主要素，尽管在形式上与西方有所不同。本文作者拟在战后以充足的证据提出以下论点，这里只能略微暗示一下。几乎没有人会怀疑这个问题值得研究。事实上，它堪称文明史上最大的问题之一，因为除印度文化以外，在文化的范围和复杂性方面，只有中国文化堪比西方。

首先我们要说，哲学家冯友兰的著名论文《为什么中国没有科学》的标题是不正确的。中国有大量古代哲学、中世纪科学技术，只是缺乏现代科学（直到西学东渐）。我们先要确立这一事实，这并不难。关于古代哲学，我要说中国人和古希腊人一样有思考自然的能力。大家通常把建立科学世界观的荣誉全都归功于古希腊人。当然，儒家只对社会正义感兴趣，但道家（老子、庄子、管子）、墨家（《墨经》）和名家（公孙龙）都有关于自然的思想，其深度绝不亚于希腊人的思索。在实践方面，（现在已经确定）道家是炼金［丹］术的创始人，而炼金［丹］术可能是由阿拉伯人传到欧洲的。墨家则对物理学和光学显示出强烈兴趣。所有这些活动都是在基督纪元之前的第一个500年里进行的，在时间上与希腊的爱奥尼亚科学和雅典科学类似。基督纪元开始后，科学哲学也没有停止。东汉时期的王充是全世界最伟大的怀疑论者之一。宋朝的朱熹领导着整个理学学派，他有时被称为维多利亚时代之前的斯宾塞，其哲学是彻底自然主义的。是他第一次认识到了化石的真正本性，早于西方的达·芬奇400年。明清之际的王船山则被称为恩格斯之前的一位马克思主义者。

这一切都证明，中国人完全有能力思索自然。此外，从其中世纪的技术成就可以看出，中国人完全有能力以经验方式做实验。众所周知，中国人的发明改变了世界历史的进程。倘若没有造纸、印刷术、指南针和火药，西方如何可能从封建制度过渡到资本主义制度？中国人公元1世纪发明了造纸，8世纪发明了印刷术，11世纪则发明了活字印刷术。在11世纪之前很久，中国人就已经知道铁针可以被磁石磁化，不过是宋代的沈括才第一次表述了磁极性（和磁偏角）。火药可能是道家炼丹术的产物，最早出现在晚唐，五代时（公元10世纪）被用于战争，又过了四个世纪，西方才有类似的应用。

除了这些影响力巨大的发明和发现以外，还有一些东西同样有趣。这里我们只能提到少数几种：元代（14世纪）就已经知道营养缺乏症和种痘；瓷器和丝绸技术在一千多年的时间里逐渐改进；发展出种植柑橘等特殊农艺，制备漆等天然塑料和虫白蜡等特殊产品；冶金技术的发展，用锻铁链来建造悬索桥，发明运河水闸，编纂本土药典，其中一些药物为今天的世界医疗做出了宝贵贡献。

大家尽可以承认，经过一段时间之后，中国技术进步得非常缓慢，而受到现代科学激励的西方技术已经远远超过了中国技术。有句名言说得不错：欧洲农民用木犁耕田时，中国农民在用铁犁耕田；欧洲农民用钢犁耕田时，中国农民仍然在用铁犁耕田。例如在解剖学上，著名的《五组解剖图》（*Fünfbilderserie*）可能最早来源于中国。唐代时，这些图领先于任何欧洲解剖图，但是到了清代，这些图仍在复制，主要是在法医书籍中，供地方法官使用，此时欧洲解剖学早已超前得遥不可及了。化学工业的情况也是如此。参观过四川自流井著名盐场的人，可能会以为踏进了16世纪阿格里科拉的《论矿冶》（*De Re Metallica*）或者与之对应的《天工开物》的书页中，那里使用的方法非常忠实于传统。

这样我们便遇到了那个根本问题：为什么现代科学没有在

中国产生？问题的关键可能在于四种因素：地理因素、水文因素、社会因素和经济因素。例如，所有通过儒家哲学的统治而进行的解释一开始就可以排除，因为它们只会引出另一个问题：为什么中国文明会受儒家哲学的统治？吴大琨、冀朝鼎、魏特夫(Wittfogel)等经济史家告诉我们，虽然中国与欧洲的封建制度并非不相似，但是当封建制度在中国衰落时，取代它的却是一种与欧洲任何制度都完全不同的经济社会制度：不是商业资本主义制度，更不是工业资本主义制度，而是一种特殊形式，或可称为"亚细亚官僚制度"或"官僚封建制度"。前已看到，商人阶层掌权以及他们的民主口号是西方现代科学兴起的必要条件。但是在中国，士大夫及其官僚封建制度始终有效地阻止了商人阶层掌权或执政。

在地理上，中国是一个以农业为主的大陆国家，而不像欧洲那样一直是多岛地带，从事海洋贸易的城邦众多。此外，中国的降雨受季节影响很大，且因年而异，因此需要远比西方庞大的灌溉工程、蓄水工程、江河治理、排水系统和内河航行。有些人已经看到，亚细亚官僚制度之所以产生，是因为需要对从事这些巨大工事的大量人力进行控制，但更有可能的原因是，庞大的工程突破了各个封建诸侯的疆界，因此一种灌溉文明破坏了封建制度。于是，封建诸侯的权力不可避免会被皇权并吞，公元前3世纪末秦始皇统一全国之后，封建诸侯不断衰落，直到重要性不复存在。而帝国官僚制度则变得重要起来，不仅阻止了封建制度复生，而且也绝对阻止了商人的崛起和资本主义的产生。

只有在这个背景上才能说，中国没有现代科学是因为没有民

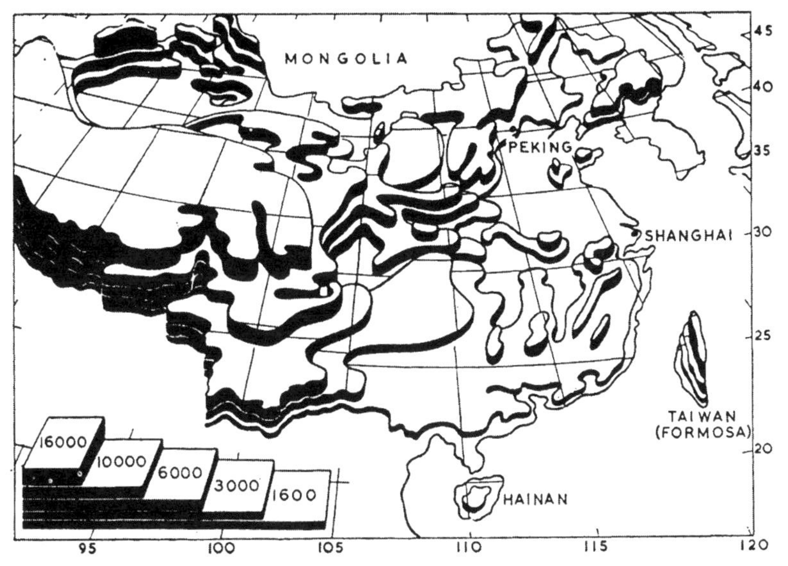

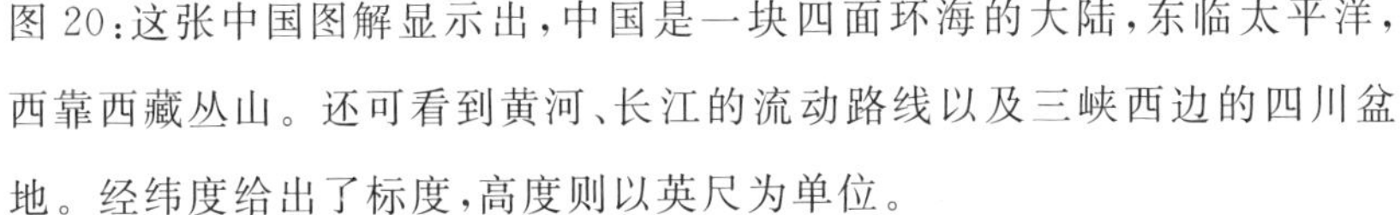
图 20：这张中国图解显示出，中国是一块四面环海的大陆，东临太平洋，西靠西藏丛山。还可看到黄河、长江的流动路线以及三峡西边的四川盆地。经纬度给出了标度，高度则以英尺为单位。

主制度。中国有某种形式的民主制度，因为(至少在许多朝代)一个男孩不论出身如何，都有可能成为一位大学者(他的乡下邻居也许会凑钱为他请一位老师)，从而在官僚制度中占据高位。此外，中国的贵族地位没有世袭，中国人无论在过去还是现在都有平民心态，士农工商四种“阶层”彼此之间有很大流动性，这些都有民主的意味。这解释了为什么中国人完全没有其他东方民族所具有的那种奴性。但那种与商人阶层掌权相联系的特殊民主制度，那种与技术变迁意识相联系的革命性民主制度，那种基督教的、个体主义的代议制民主制度及其煽动活动——它刻画了新模范军、马赛军、义勇军、海盗船、殉教者爱德华、巴黎公社社员、因弗戈登与喀琅施塔得的水兵、夺取冬宫的机动车营等——中国直到今天才知道这些东西。

简而言之，我认为中国文明中存在着抑制现代科学生长的因素，而西方文明中则存在着有利于现代科学生长的因素。甚至可以说，倘若欧美与中国的环境条件能够互换，那么其他一切都要互换——科学的英雄时代中所有那些鼎鼎大名的人物，如伽利略、马尔皮基、维萨留斯、哈维、波义耳，都将是中国人而不是西方人的名字。今天，为了深入探讨科学的遗产，西方人必须要学中国的表意文字，就像现在的中国人必须学习字母语言一样，因为大量现代科学文献都是用字母语言写成的。

五

最后，让我总结一下。科学是对社会起作用的人类心灵的一项功能。科学向我们揭示了宇宙中的组织层次。但心灵和科学本身都是社会层次的产物，也许可以像其他任何现象那样，在适合于它们的层次上进行研究。本文提出了一些论题，比如组织层次的概念，组织层次之间的辩证转化问题，社会层次上的关联和矛盾，科学与民主的关系作为社会层次的现象，以及科学和民主出现在西半球而非东半球这一特例。

本文仅仅是想揭示历史中的一些因果要素，以及潜藏在背后的使某种历史发展成为不可避免的矛盾，并试图回答为什么科学出现在某时某地而非彼时彼地，为什么科学适合一种社会制度而非另一种社会制度。如果说，这项任务对于一个生物化学家和胚胎学家来说过于胆大妄为了，那么我所能找到的借口是，我要尽自由公民的义务，我对另一个半球另一种文明的热爱不亚于对自己文明的热爱，而对那种文明的体验又异常亲近。

4. 中国古代的科学与社会[①]

在本次演讲中，我想试着勾勒一下中国社会的组织形态。在座的如果关注社会生活中的理性主义、伦理学和宗教问题，就一定会对其中一些内容感兴趣。我之所以这样做，是因为我在思考这些主题时，总是倾向于研究我所认为的文化史和文明史上最重大的问题之一，即为什么现代科学技术兴起于欧洲而不是亚洲。对中国哲学了解越多，就越能意识到它具有浓厚的理性主义特征。对中世纪的中国技术了解越多，就越能意识到，不仅是那些众所周知的发明，比如火药、造纸、印刷术和磁罗盘，中国还有其他许多发明和技术发现改变了西方文明乃至整个世界的进程。我相信，大家对中国文明了解越多，就越会对现代科学技术没有在中国发展起来感到诧异。

首先，我想谈谈中国文明的起源，也就是从公元前1500年左右发展起来的中国封建制度的起源。不要忘了，中国文明与其他伟大文明总是有很大差别。我们知道，美索不达米亚和埃及的河谷文明很早就有了紧密联系，印度河谷的古代文明与巴比伦文明

① 1947年5月12日在伦敦康维堂(Conway Hall)发表的康维纪念演讲，后刊登于*Mainsteam*，1960，**13** (no. 7)，7。

也有联系。与这些文明没有紧密联系的大河谷文化只有黄河文明。黄河尤其是其上游地区成为中华民族的摇篮。事实上，正如我在后面想要强调的，黄河文明与欧洲的青铜时代由若干线索联系着。但尽管如此，黄河文明的独立发展要多于与西方的联系。

中国社会这个最初形态的起源很重要，因为我们可以看到，中国哲学可以追溯到这里。法国汉学家葛兰言（Marcel Granet）等大学者已经表明，中国城市的起源可能与开始制造青铜器有关，这无疑是因为最早的冶金家必须有复杂的设备，而这些设备需要保护，以应对原始部落社会乡村生活的变迁和偶然事件。葛兰言追溯了封建社会之前的原始社会如何转变成为中国青铜时代的城镇式封建社会。

例如，我们知道《诗经》中有很多诗都是古代的民谣。我们今天从这些诗中仍可看出，这些民谣是当时青年男女所唱，他们在春秋两季举行的团圆节上载歌载舞以寻找配偶。人们从各个村落涌来相聚于此。早期封建诸侯捕捉到这些聚会之所的神圣性，将其变成封建“邦国”的圣坛或神庙，最早的城镇便是从这里产生的。在所谓的中国封建盛期，即公元前 8 世纪到公元 2 世纪，封建诸侯门下有一批谋臣策士，这些人后来成为儒家。

因此，儒家原是封建诸侯的谋臣，此学派（不仅是孔子本人，还有他的伟大弟子孟子和后来的荀子等许多人）的主要特征是一种理性主义的伦理进路，体现了对儒家所理解的社会正义的深刻关切。孔子有许多生平事迹可以谈。有一次孔子乘舆出游，欲渡一河，他和众弟子找不到渡口，遂派一个弟子去向附近的隐士问津。但隐士们讽刺地回答说：“你的老师那样聪明睿智，无所不知，他一定知道渡口在哪里。”弟子把这话转告了孔子，孔子很难过，说：“他们不喜欢我是因为我想改造社会。但如果我们不同我们的同胞一起生活，我们能同谁生活呢？鸟兽不可与同群。假如天下有道，我就不想去改革了。”

因此，儒家哲学的一般特征完全是社会的——当然是一种封建伦理，但无疑是极其关心社会的。儒家确信有必要改造人类社会，以在封建习俗之下提供最大的社会正义，他们认为社会应当这样组织。因此，儒家不同于对人类社会及其组织方式不感兴趣的其他哲学学派。我方才提到的那些隐士可能就是后来所谓道家的早期代表。我认为中国思想的两大潮流是儒家与道家。

道家自称遵循“道”。所谓“道”无疑是指自然的秩序。道家对自然感兴趣，儒家对人感兴趣。可以说，道家骨子里相信，除非更多地了解自然，否则就不可能合理地组织人类社会。道家留给我们不少重要而深奥的典籍，著名的《道德经》便是其中之一，此外还有庄子等哲学家的著作。这些作品流传至今，像一切古代作品那样，可能多多少少有所篡改，但其思想仍然清晰可循。

为沉思自然而从人类社会隐退的道家隐士固然没有任何科学方法来研究自然，但他们试图用直觉和观察的方式来理解自然。倘若他们对自然的兴趣真如我所说，那么我们应当可以发现，道家与科学的某些早期开端有关。事实上的确如此，因为中国最早的化学和天文学都与道家有关。现在大家承认，炼丹[金]术——我们可以称之为寻找哲人石(philosopher's stone)或长生不老药的方术——可以追溯到中国最早的帝国甚至更早。关于炼丹术的最早记载出现在公元前 130 年左右的汉武帝时期，方士李少君向武

图 21:明代早期《道德经》版本中的插图,显示老子骑牛西行,遇到边吏关尹。虽然这两个人都是半传说式的人物,但大家认为《道德经》是老子所作,而较晚的一本哲学书《关尹子》则是关尹所作。

帝进言曰:“祠灶则致物,致物而丹砂可化为黄金,黄金成以为饮食器则益寿。”这或许是世界史上关于炼丹术的最早记载,祠灶就等于我们今天所说的“如果你支持我的研究,我将……”据记载,公元2世纪出现了科学史上已知最早的一部炼丹术著作,即魏伯阳在公元140年写的《参同契》,它的年代比欧洲炼金术早了大约600年。

现在我可以向各位引述道家著作中的几段话,而我愿意引述《道德经》以显示其内容。关于道家有一件奇特的事情,那就是它强调女性，这使我们想起了歌德的“永恒的女性”(ewig weibliche)：

谷神不死，
是谓玄牝。
玄牝之门，
是谓天地根。
绵绵若存，
用之不勤。

(第六章)

可以认为，这种对女性的强调象征着道家所特有的对待自然的容受态度。对待社会组织的封建态度是高度男性的。道家研究自然所持的态度是女性的，即研究者不能以先入为主的观念来对待自然。“圣人法天地，大公无私。”道家懂得这种没有偏见的中立态度，他们以谦卑的态度提出问题，以谦卑的精神面对自然，并谈到“为天下溪”。我相信道家已经意识到，科学家必须以谦卑顺从的精神来对待自然，而不是使用儒家那种由男性发号施令的社会学规定。下面是一段很有趣的话，其中说生命的至善境界就像水一样：

上善若水，
水善利万物，
而不争，

处众人之所恶，
故几于道。

（第八章）

知其雄，守其雌，
为天下溪。
为天下溪，
常德不离，……
知其荣，守其辱，
为天下谷。
为天下谷，
常德乃足，
复归于朴。

（第二十八章）

《庄子》中有一个很精彩的故事，可以表明道家所说的"道"或"自然秩序"是什么意思。庄子的弟子们想知道他认为什么是"道"，就问："道肯定不在瓦砾中吧？"庄子答："道在瓦砾。"弟子们问了一连串这样的问题，最后说："道肯定不在屎溺中吧？"庄子答："道无所不在。"我们可以在一种宗教神秘论的意义上来解释这段话，认为指的是一种普遍运作的创造力。但我认为，道家与科学开端的关联表明，我们应当用一种自然主义方式来解释它，即自然秩序渗透于万物。

懂得了这个观念，我们还可以注意到《庄子》中的另一个故事——魏王与庖丁的著名故事。魏王看庖丁解牛，庖丁挥了三斧就把牛解开了,他就问庖丁是如何做到的。庖丁回答说:“因为我终生都在研究牛之道。研究了动物之道以后,我就能三下将牛解开,而我的斧子还和以前一样好。别人要五十下才能将牛解开,斧头也砍钝了。”这里有一种对原始解剖学的暗示,是理解万物本性的开端。

为了向各位表明道家哲学包含着前科学要素,我提到过炼丹[金]术、天文学,现在又提到了解剖学。但我们对于道家与儒家之间的完整区别还不十分清楚。接下来,我想着重强调这一点,因为我认为这对于理解中国的原始社会(封建社会之前和封建社会)至关重要。

在《道德经》中可以找到一些似乎反智的段落。比如第十九章中有:

绝圣弃智,
民利百倍。
绝仁弃义,
民复孝慈。
绝巧弃利,
盗贼无有。
此三者以为文不足,
故令有所属。
见素抱朴,
少私寡欲。

(第十九章)

“绝圣弃智”听起来当然很奇怪，因为道家也属于最早的思想家之列。

但是在欧洲中世纪晚期，我们也看到了同样的故事。科学史家佩格尔（W. Pagel）已经表明，在17世纪和伽利略时代，基督教会中的神学家可以分为两大阵营，即理性主义神学家和神秘主义神学家。对于伽利略等人发展出来的新科学，他们的态度也判然有别。我们还记得，理性主义神学家拒绝透过伽利略的望远镜去观看，因为他们说：如果看到的是亚里士多德著作中所写的东西，就不需要透过望远镜去看。如果看到的不是亚里士多德著作中所写的东西，那它就不可能是真实的。这是一种非常儒家的态度。伽利略其实颇似道家，对自然有一种谦逊的态度，渴望不带先入之见去观察。现在，神秘主义神学家倒有利于科学，因为他们相信，如果人们动手去做，就会有事情发生。神秘主义神学家在某种意义上是落后的，因为他们相信魔法，不过他们也相信科学，因为在早期阶段，魔法与科学是密切相关的。

假如我相信，制造出主席的蜡像再钉上几根针就可以使他中邪，那么这种信念是没有根据的，但无论如何，我的确相信动手操作的效力，因此科学是可能的。理性主义神学家和儒家都反对用手。事实上，这种理性主义的反经验态度与行政官员那种由来已久的优越感之间总是存在着密切关联。高等人士坐着读书写字，低等工匠人则动手干活。正因为神秘主义神学家相信魔法，他们才促进了现代科学在欧洲的兴起，而理性主义者则阻碍了它。

中国古代也有同样的故事。《道德经》所“绝”之“圣”乃是儒家之圣，所“弃”之“智”乃是儒家之“智”，即社会知识。《庄子》中有几段话说:“王侯与马夫之间有何区别呢?我不会让我的弟子们去作这种荒谬的区别。”于是我们这里遇到了一个政治要素。我想提出我的看法。在古代道家学说中,“绝圣弃智”意味着抨击儒家在伦理上的理性主义,抨击封建诸侯谋士们的知识,而不意味着摒弃自然知识,因为这正是道家希望获得的知识。当然,他们不知道如何做到这一点,因为他们没有发展出科学的实验方法,但他们希望有自然知识。

这样我们便遇到了一个引人注目的政治因素。在进一步讨论它之前,我想再强调一下前面的论点,因为关注伦理学史和神秘主义历史的人会对此感兴趣。

我们不能说在整个历史上,理性主义一直都是社会中的主要进步力量。有时它无疑是,但另一些时候则并非如此,比如在17世纪的欧洲,神秘主义神学家对科学家有许多帮助。毕竟,自然科学在当时被称为“自然魔法”。因此在古代中国,儒家在伦理上的理性主义显然不利于科学发展,而道家的经验神秘主义则有利于科学发展。当他们谈论道、“守一”等观念时,宗教与科学几乎不可分,因为这里的“一”可以是宗教神秘主义中的“一”,也可以是我们在科学意义上理解的普遍“自然秩序”。它可能兼指两者,因为这里是科学与宗教的开端。冯友兰对此有很好的表述,他说:“道家哲学是世界上仅见的从基本上并不反科学的神秘主义体系。”

现在让我们进一步考察这个政治要素。我们已经看到,像“绝圣弃智”这样的话可以解释成“我不希望我的弟子们了解王侯与马夫之间的那些荒谬区别”,即阶级区别。道家是反对封建社会的,但并不明确支持某种新东西。他们支持某种旧东西,希望在封建制度之前回到原始的部落社会，用他们自己的话说就是回到“大道废”之前（第十八章）。在“大道废”之前、“有大伪”之前，没有任何这种阶层区分。我们只要稍读《庄子》，就能看到他说得是多么直截了当。他实际上在说，小贼受罚，大贼却成了诸侯，儒家学者很快便群聚其门，希望成为他的谋臣！道家无疑是封建社会的敌人，我想他们追求的是武士、诸侯和庶民阶层划分之前的原始部落社会。

例如在“绝圣弃智”一段中有言：“如果百姓觉得生活过于朴实无华，就给他们看纯朴的东西，让他们抱着未经雕琢的木头。”［见素抱朴。］这些话很奇怪。有一天我在思索这句话时，突然想到它可能并不像欧洲译者通常认为的那样意指宗教神秘主义的“一”，而是意指阶层分化之前原始社会的纯一状态。有了这条线索，其他一些非常有趣的线索就会接踵而至。除了“未经雕琢的木头”［朴］，道家还常常使用其他象征同质性的字——“式”、“橐”、“杌”、“橐籥”（铸铜时必不可少的风箱）以及“混沌”等。整个道家思想都会给人一种感觉：社会已经腐坏而“大乱”，人应当回到原始的纯朴，也就是回到阶层分化之前，回到最早的封建诸侯出现之前。“大制不割”（第二十八章）。

这里要注意一件非常奇特的事。我们在阅读《山海经》、《尚书》、《左传》、《国语》等一些记载有中国最古老传说的典籍时，会发现尧、舜等许多传说中的先王据说都和人或怪（不清楚是动物还是人）打过仗。但异乎寻常的是，他们作战和摧毁的东西的名字属于同一类——驩兜、梼杌等。这是一个奇特的巧合，因为它暗示，这些先王的作战对象其实是抗拒阶层分化的原始部落社会领袖——

必须予以镇压的大反叛者。我们还可以看到“三苗”、“九黎”等名字,这暗示在那个原始社会中可能有部落同盟。此外,据说所有这些早期的反叛者都精于金工。最早的君王或封建诸侯似乎都认为,青铜冶炼是封建势力战胜新石器时代小农的基础,因为炼铜可以制造优良的兵器,所以他们重视金工技术。封建制之前发展了金工技术的集体主义社会似乎不肯变成阶层分化的社会,由传说中的名字我们或许可以看出抵制这种变化的社会领导者是怎样的人。除了这些奇特的说法,我们还可以看到另外一个短语:“归根。”这曾在宗教意义上被译出,但我不确定它是否有双重的政治含义,因为我们在《尚书》中看到“根受抑制,不能发芽”,旁边则是关于鲧的军队逃跑的一句评论。鲧是这些早期反叛者中最著名的一位。

现在让我们把注意力转向道家哲学的政治意义。中国自古以来就有各种秘密教派,小农型的方士——当然是秘密结社——即使在今天,中国的秘密结社仍然很重要。整个中国历史上一直可以打趣地说,“中国的文人学者得意时是儒家,失意时是道家”,因为中国学者总是在官场上进进出出。即使后来道家成了一种带有繁复礼拜仪式的有组织的宗教,道家也总是与反政府运动有关联。在唐、宋、明等各个朝代,道家都有重要的政治意义。我希望大家特别注意这一点,因为研究道家的许多西欧学者很少重视它。

像《道德经》这样一部著作,由于是用古汉语那种优雅简洁的文体写成的,因此可以作多种解释。也许是受到了像王弼这样的古典注家的影响,西方学者总是采用神秘主义解释,但有趣的是,一位懂得政治解释的现代中国学者对这段话作了不同的解释。这里我举《道德经》第十一章为例，先是根据神秘主义理论翻译，然后根据政治理论翻译：

［原文：三十辐共一毂，当其无，有车之用。埏埴以为器，当其无，有器之用。凿户牖以为室，当其无，有室之用。故有之以为利，无之以为用。］

（一）

三十根条辐制成轮子，
轮子中间一无所有；
这样才有车的用处。
用黏土制成陶器，
陶器中间一无所有；
这样才有陶器的用处。
开凿门窗以做房屋，
房屋中间一无所有，
这样才有房屋的用处。
因此“有”有其便利，
“无”有其用处。

（修中诚［Ernest Hughes］译）

（二）

三十根条辐制成轮子，
当没有私产时，
才有车的用处。
用黏土制成陶器，

当没有私产时，
才有陶器的用处。
用窗和门来盖房，
当没有私产时，
才有房屋的用处。
故有私产导致利，
无私产导致用。

（侯外庐译）

所有这些都明显与早期道家对自然科学的兴趣有关，因为正如第尔斯（Diels）和法灵顿（Farrington）等诸多学者在考察西欧古代（比如希腊人）时所表明的，对自然科学感兴趣的人必定持有民主态度，在商人得势时尤其如此。因此，爱奥尼亚的自然科学与地中海东部的商业之间存在着一种联系。在专制或某种官僚制度下，对自然现象、自然科学的兴趣似乎不会开花结果。我将在本次演讲结束时回到这一点。

关于中国古代的封建时代，还有许多东西可说。我们已经提到，中国的青铜时代与欧洲的青铜时代之间有一种连续性。中国的武器和器皿与欧洲哈尔施塔特（Hallstatt）、拉坦诺（La Tène）文化的武器和器皿有相似的设计。现在大家通常会把中国的封建时代与欧洲中世纪的封建时代进行类比。但令人不解的是，为什么封建制度在欧洲开始于公元 3 世纪左右，结束于公元 15 世纪资本主义、文艺复兴和宗教改革兴起的时代，而中国的封建时代却要早很多，即从公元前 14 世纪到公元前 2 世纪。事实上，中国封建制度与西欧封建制度之间的类比并不恰当。我们不应把中国的封建制度与中世纪盛期的封建制度相比较，而应与罗马时代之前的欧洲社会相比较。

我认为，中国古代的封建制度类似于欧洲青铜时代的社会状况，或者青铜时代正让位于铁器时代时的社会状况——在罗马征服高卢之前，即公元前 300 年左右。考古学家称那种社会为准封建社会。它有多位首领，可能有一位至尊王(High King)——有点像爱尔兰国王的康那楚尔(Conachur)——然后是分成等级的各位首领，每位首领又有发誓在战时集合在首领周围的武士。被高卢人征来抵抗罗马人的军队便是靠这种准封建制度征募的。那种社会并没有大规模的奴隶制度。因此也许可以说，欧洲的封建制度和中国一样，也是从公元前 1000 年左右开始，一直持续到公元 15 世纪，只不过中间有两三个世纪是罗马帝国形式下的城邦帝国时期。

至关重要的是，中国古代并没有大规模的奴隶制度。关于这一点存在着某些争议，但证据似乎表明，地中海文明(埃及、巴比伦、罗马或希腊)中的奴隶制度并未出现于中国。这是一个重要事实。中国社会的基础从来都不是奴隶，而是自由农，这对所有中国哲学(无论是儒家还是道家)的人道主义特征都有很重要的影响。初看起来，这一点的原因并不明显，因为似乎没有任何理由可以阻止古代中国人从战俘中获得大量奴隶人口，比如北方的蒙古人或匈奴人，西边的藏人和西夏人。

这个重要的问题把我们带到了伦理学领域。当然，我们可以说奴隶制度不符合儒家伦理。但这种解释并不很让人满意。我们想要寻找某种更具体的东西。一般说来，哲学是不能脱离包括许多技术因素在内的具体社会背景来研究的。根据研究中国青铜时代的大师顾立雅(H. G. Creel)的成果,我想提醒大家注意,统治阶层的军事技术水平与民众之间的关系很重要。以西欧中世纪骑士这一极端情况为例,他们从头到脚都穿有钢制盔甲,手持长矛和剑,骑在裹着甲胄的马上。他们可以冲到一堆农民中将其全部击倒,而不会遭到反抗。我们在中学时就知道一个常识:中国人偶然发现的火药传到欧洲之后,消除了武士阶层的军事优势,从而粉碎了封建势力。

那么中国古代的情形如何呢?中国人先于世界其他地方几百年就发明了极具威力的武器——弩。我们知道,中国古代(我指的是公元前800年到公元前300年)封建诸侯招募的武士装备有强弩。但在当时,防护甲胄还没有怎么发展。考古学家劳佛(Laufer)写过一部很好的论著讨论中国的甲胄。防护甲胄出现很晚,早期甲胄只不过是用竹、木制成的保护衣。《左传》中记载了许多封建诸侯被箭射杀的故事。倘若老百姓拥有强大的攻击性武器,统治阶层又没有出色的防御方法,则可看出此社会中的权力平衡不同于罗马帝国早期,因为训练有素的罗马军团配备有相当精良的铜制和铁制保护甲。奴隶人口之所以能够形成,是因为奴隶既没有罗马军团的武器和甲胄,也没有强弓。罗马人的主要武器始终是长矛和短剑。我们知道,当奴隶偶尔获得大量武器时会闹出怎样的乱子来,比如在斯巴达克斯起义中。中国的情形则有所不同,因为中国老百姓早就有弩,而封建诸侯的防护甲胄很脆弱。果真如此的话,中国的老百姓就只能被劝服,而不能用武力去胁迫,因此儒家很重要。在公元前4世纪的宋、吴、楚等国,国君所依

赖的老百姓很可能会在战场上突然潜逃而投奔对手。必须让他们确信其事业是正义的。为此，需要有一个“智者”阶层向老百姓宣扬封建诸侯的行动和德行，以使之获得拥护。这个“智者”阶层后来则成为儒家。

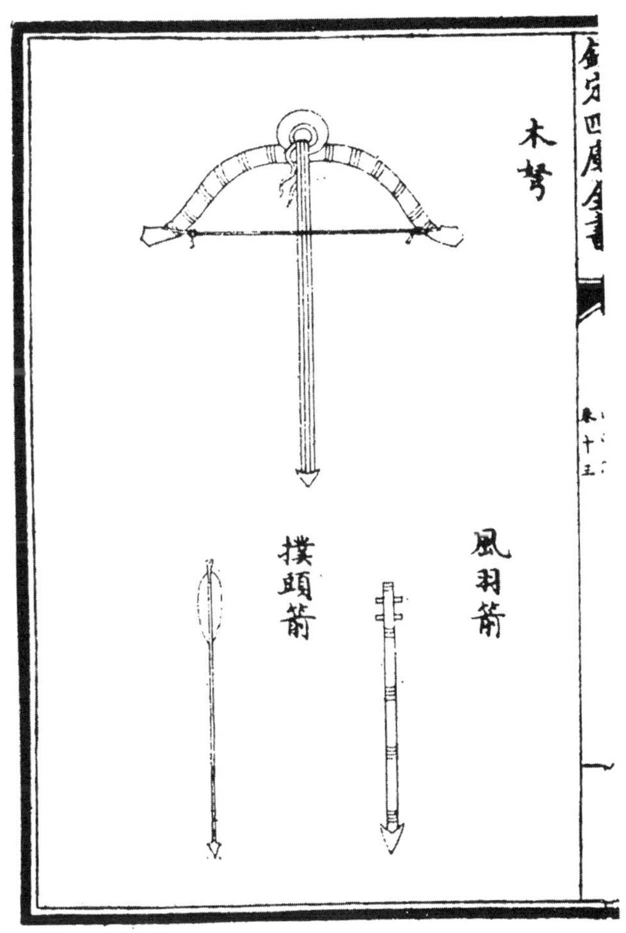

图 22：中国的弩和箭，此图出自曾公亮 1044 年所著《武经总要》。

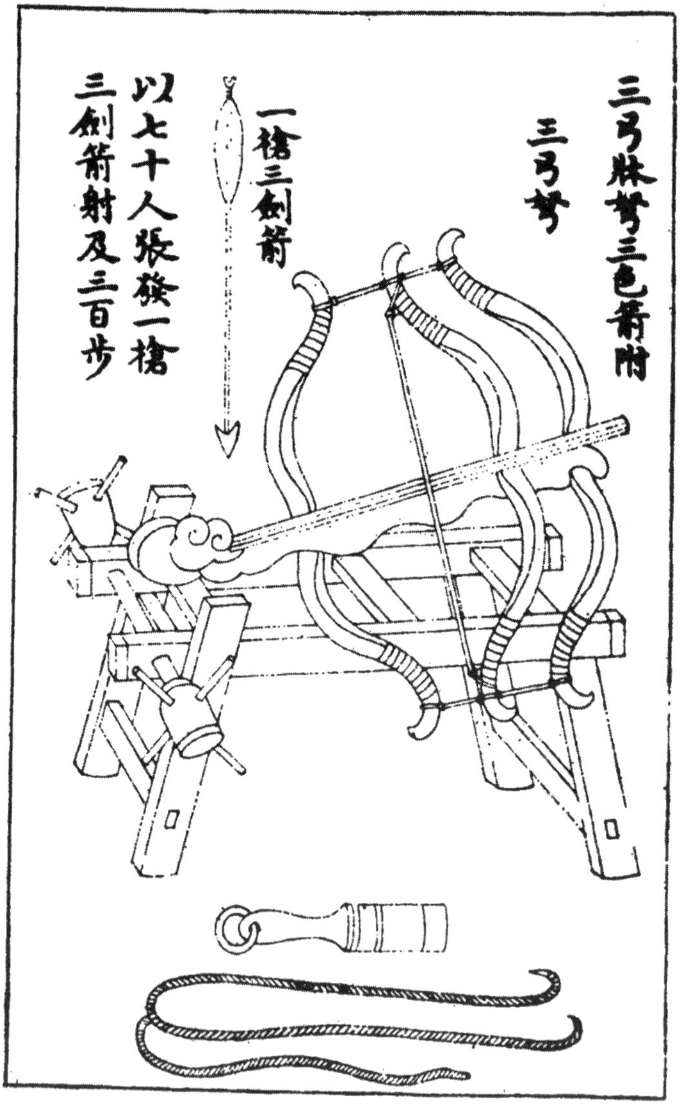

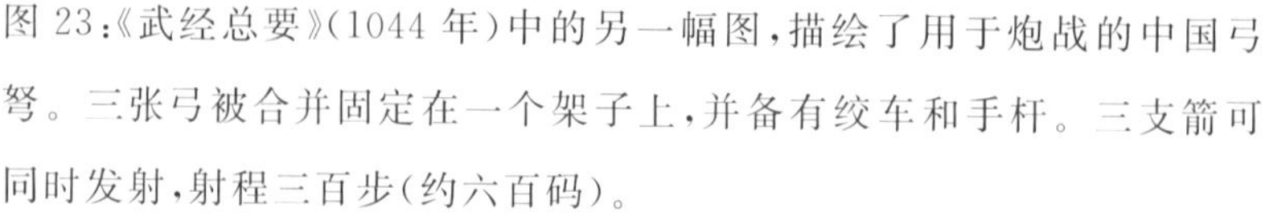

图 23:《武经总要》(1044 年)中的另一幅图,描绘了用于炮战的中国弓弩。三张弓被合并固定在一个架子上,并备有绞车和手杆。三支箭可同时发射,射程三百步(约六百码)。

如果是这样，我们就更能理解儒家的人道主义和民主特征了。孟子是历史上最早主张民众有权推翻并杀掉暴君的思想家之一。厌恶诉诸武力便可能与这些事实有关，这是中国社会的一个很特别的特征。中国没有奴隶制，只有某种家奴制；中国没有地中海诸文明中的那种群众奴隶制；狄奥多罗斯（Diodorus Siculus）描述过一大群人搬运石头以修建埃及和巴比伦的纪念碑，或者在西班牙矿山上劳动，或者在罗马帝国晚期给大庄园（latifundia）配备的人手。由于中国没有奴隶制度，我们能否认为这与中国技术对于外部世界的重大意义有关呢？

德国著名考古学家第尔斯以及其他许多科学史家都曾指出，早期地中海文明之所以未能发展出应用科学，正是由于奴隶制度的存在，因此没有劳动问题，也没有发明省力机械的必要。这是一种常识看法。

倘若中国的情况并不完全是这样，那么当时中国的社会状况与技术上的领先地位之间就可能有一种关联。今天的欧洲人仍然受到 19 世纪一些思想的支配，没有意识到如果回到三四百年前，中国要比欧洲更适合居住。在马可·波罗时代，与威尼斯或欧洲其他肮脏城镇相比，杭州宛如天堂一般。孟高维诺（John of Monte Corvino）等早期旅行家也有同样的说法。那时中国的生活水平要高于欧洲。

一般都承认（我想是正确的），火药、造纸、印刷术和磁罗盘的发明都是从中国传到西欧的。还有其他许多同类发明，大家还不太熟悉。现在我想谈谈其中最重要的一项发明。

牲畜挽具史对于社会制度史极为重要，因为如果有奴隶制度，就不需要有效的牲畜挽具。如果有有效的牲畜挽具,就不需要奴隶制度。埃及人若是有有效的牲畜挽具,可能会用牲畜来搬运大量石块去建造金字塔。不过他们没有。由大英博物馆收藏的许多雕刻品可以知道,他们用人来从事这种笨重的劳动。

图 24:晚清的一幅插图,解释了公元前 9 世纪《尚书》中的名言"天视自我民视,天听自我民听"(《皋尧谟》,取自《书经图说》)。图中一些人在争吵,另一些人在押解罪犯;所有这些社会问题都需要统治者来决断。统治者如果公平正义,上天的赞赏就会由人民表现出来。否则就会被推翻,被另一朝所取代。

故事是这样的。从公元前3000年最早的苏美人图画中出现的挽具，一直到公元1000年欧洲出现的挽具，唯一已知的挽具就是我们所谓的“喉肚带”挽具，拉车是靠肚带与喉带联结点的轭进行的。这种挽具效率极低，因为套上这种挽具的牲畜最多只能拉500公斤东西。理由很明显，因为主要拉力来自喉部，马会有窒息的危险（参见图10）。

现代挽具就不同了。现代挽具是“肩套”挽具，牲畜可以使出其全部体力，因为肩套在肩上。很难相信，欧洲直到公元1000年还在使用古代挽具。这里我要谈谈这些事实是如何发现的。有一个颇具独创性的法国退役军官名叫列斐伏尔·德诺埃特（Lefebvre des Noëttes），他擅长提出无人能够解答的简单问题。一次，他问有没有人知道现代的肩套挽具起源于何时。没有人答得上来，于是他就亲自到博物馆看各种文明的动物雕刻，到图书馆看抄本插图。从最早的苏美尔文明和巴比伦文明一直到公元1000年（中世纪早期），欧洲都在使用效率低下的“喉肚带”挽具，而从那以后，欧洲就采用了“肩套”挽具。但只有中国是例外。中国人使用的是我所谓的“胸带”挽具。牲畜两侧都有皮带挽过的痕迹，拉力则来自肩上。中国战车不像罗马或希腊战车那样有直线车辕，但有系在胸带一半处的曲线车辕。我们也可以把这种挽具称为“御者”（postillion）挽具，因为今天法国南部仍在使用这种挽具，并且称之为“御者套车”（attelage de postillion）。拉力来自正确的位置，牲畜就不会窒息，且能负重致远。因此汉代浅浮雕中的中国战车有欧洲战车的三四倍大。战车上不是站着两个人（御者和主人），也不是单独一个巴比伦或希腊的武士，而是一个完整的客车，大约有

四五个人甚至七个人坐在车里，车上甚至还有曲线车篷。这和西方战车完全不同。现在我们可以清楚地看到，“肩套”挽具与“胸带”挽具有相当密切的关联，因为如果你想象肩套是柔软的而不是坚硬的，那么在产生拉力时，它将占据胸带挽具的位置。

这种挽具是何时发明的呢？胸带挽具至少可以追溯到公元前200年的汉朝初年，而在封建时代之后的整个中国历史中都可以找到。此外，当肩套挽具第一次在欧洲出现时，胸带挽具在欧洲的历史才只有两百年。另一项重要事实是，大约在公元5世纪末，中国西北部的佛教壁画和雕刻中兼有“胸带”和“肩套”挽具，这似乎清楚地表明，有效挽具是在公元600年至公元1000年之间传到欧洲的。有些人认为一切好东西都来自欧洲，认为“伟大的白种人”是地球上最神奇的民族，认为他们的智慧与生俱来。这些人稍微研究一下历史，就会知道欧洲许多引以为豪的东西根本就不是来自欧洲。我想有效的牲畜挽具就是其中之一。至于哪些社会条件能使有效挽具传到欧洲则是另一个问题，也许建造大教堂需要用这种挽具来搬运沉重的石料。当时古代地中海的奴隶制度已经不复存在，封建时代来临了，因为封建社会比衰落的罗马帝国社会及其大庄园制强大得多。由于奴隶制度在欧洲不复存在，当然就需要一种有效的牲畜挽具，而获取此挽具的地方则是世界上从未有过奴隶制度的地方——中国。

希望本次演讲没有让在座各位感到不满意。我没有任何专门的论点要带给各位，而只是试着概述了某种社会形态（中国的封建社会），并且提到了它与西欧社会的关系。我相信由此得出的一些论点，必是思考伦理学、理性主义和整个文化的人所感兴趣的。我们已经看到，理性主义并非总是最能促成社会进步的力量。我们也看到，军事技术的状况可能深刻影响着社会哲学的定型。我们还看到，像奴隶制度这样的道德问题可能与技术因素密切相关。哲学思想和伦理思想从来不能脱离其物质基础而存在。

最后，如果要给现代科学技术的兴起这个更大的问题作个结论，我可能会这么说：我没有时间证明，但我相信，尽管中国古代哲学很卓越，尽管后来中国人的技术发现很重要，但中国文明从根本上不允许产生现代科学技术，因为封建时代之后形成的中国社会不适合现代科学技术的发展。当欧洲封建制度在16世纪左右衰落时，资本主义制度取而代之。欧洲商人势力崛起后，先是带来了商业资本主义，然后带来了工业资本主义。但是在中国，当青铜时代的封建制度衰落、帝国时代来临时，根本不存在一个像罗马那样的帝国城邦来暂停封建制度。完全不同的事情发生了。中国的古代封建制度被一种特殊的社会形态所取代，这种社会形态在西方没有对应，它曾被称为“亚细亚官僚制度”。在这种制度下，所有诸侯都被清除，只剩下一个天子即皇帝，通过庞大的官僚制度来治国和征税，组成官僚机构的官吏是儒家。两千年来，道家一直在为维持集体主义而战，直到今天社会主义的到来才证明他们的努力是正当的。所有这些西方都一无所知，需要专门深入研究，但官僚制度的确产生了很大的影响——阻止商人阶层掌权。追问为何现代科学技术在欧洲社会而没有在中国发展起来，就等于追问为何中国没有产生资本主义，没有文艺复兴，没有宗教改革，没有产生15至18世纪剧变时期的所有那些划时代现象。

这正是我想在这里说明的。最后，我很愿意把我深入考察中

国哲学典籍以及中国技术发展进程的体会分享给大家。它非常令人兴奋,因为中国文化其实是唯一与我们西方文化具有同等复杂性和深刻性的伟大思想体系——至少有过之而无不及,但肯定是同等复杂;印度文明虽然很有趣,但毕竟是西方文明的一部分。我们的语言属于印欧语系,源于梵文。我们的神学体现了印度的禁欲主义。英文的宙斯神(Zeus Pater)源于梵文 Dyaus Pithar。除了可见的方面,印度文明与欧洲文明之间还有更多共同之处。我过去常常想,当我走在加尔各答的街道上时,要是能把许多[印度]人的皮肤色素去掉,则他们的相貌将非常像我在英国那些亲戚朋友们的相貌。而中国文明却具有完全不同的、难以比拟的美,只有这种完全不同的文明才能激起我最深挚的爱和最深切的学习渴望。

5. 论中国科学技术与社会的关系[①]

在所谓的比较科学史领域中，最吸引人的问题之一涉及中国和印度这两大亚洲文明没有自动发展出现代科学技术。不幸的是，它们对古代和中世纪科学的贡献没有得到更好的评价，只有了解了这一背景，才能理解为什么数学化的自然科学单单在欧洲出现。在公元14世纪以前，欧洲几乎完全是从亚洲接受而不是给予，特别是在技术领域。对于造成了中国这些成就和失败的社会背景，我们应当如何评价呢？

毫无疑问，中国早期确实有封建制度，也许可以称之为"青铜时代"的原始封建制度。它大致从公元前1500年延续到公元前220年左右，此时中国第一次实现了帝国的统一。但从那时起，"封建制度"一词的使用似乎越来越不确切，因为虽然中国最早的封建制度与欧洲中世纪的封建制度有些相似，但后来却与之迥然不同。中国出现的社会制度被称为"亚细亚官僚制度"，一些中国学者则倾向于称之为"官僚封建制度"。换句话说，中国第一次封建制度的终结并没有产生商业资本主义和工业资本主义，而是产生了官僚制度，而中国社会又失去了贵族和世袭制。几乎可以说，

① 原载 *Centaurus*，1953，**3**，40。

属于中间阶层的个体封建诸侯已经不复存在，只剩下皇帝这一个大封建主，他通过庞大的官僚机构来统治和征税。

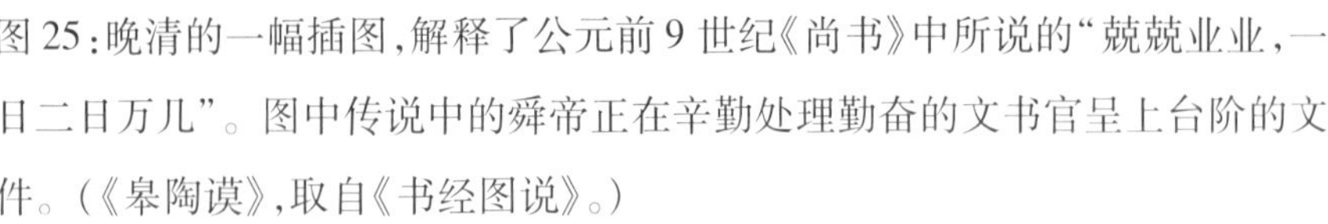
图 25：晚清的一幅插图，解释了公元前 9 世纪《尚书》中所说的“兢兢业业，一日二日万几”。图中传说中的舜帝正在辛勤处理勤奋的文书官呈上台阶的文件。（《皋陶谟》，取自《书经图说》。）

此官僚机构的成员并没有完全形成一个世袭集团。因此,如果联系欧洲社会“class”一词的常用含义,他们并不构成一个阶级,而仅仅是一个阶层或等级。官僚流动性很大,所谓宦海沉浮。事实上,官僚是有学问的精英。众所周知,后来中国读书人进入官场需通过科举考试,科举制度始于汉朝,即公元前1、2世纪,但直到公元7世纪的唐朝,科举制度才真正盛行,然后一直持续到1912年民国诞生。此外大家都知道,科举考试完全以文学和文化主题为根据,而不包括所谓的“科学”主题,[①]但试题仍然相当难。考虑到中国的语言和文学极为复杂,甚至可以说试题非常难。但在不同的时代和时期,多少总有避开科举而进入仕途的途径。所谓“荫子”,即官僚的子孙要比外人更容易进入官场。但总体上说,就个人而言,官僚阶层是流动的,各个时代的家族在宦海上浮浮沉沉。我们也知道,在某些时候,农家子弟进入仕途的机会很大,农民有时会凑钱为某个特别有前途的年轻人聘请老师,以使他能够进入仕途。这种投资的目的是希望他将来能够造福乡里。

如果我们研究对中国社会影响巨大的官僚制度的起源,就会碰到几个因素:地理的、水文的和经济的。魏特夫(K. A. Wittfogel)是最早研究中国经济史的西方人之一,他认为官僚制度起源于中国社会很早就开始兴建的宏伟的水利工程。我在中国的时候发现,中国学者广泛接受这种观点,但侧重点有所不同。在中国历史上,灌溉与蓄水工程的重要性的确是无可置疑的。也许世界上没有哪个国家有如此众多关于治水英雄的传说,比如传说中的帝

① 偶尔也有例外,比如宋朝王安石当政时。

图 26:晚清的一幅插图,解释了公元前 9 世纪《尚书》中关于大禹的传说。大禹是中国古代的水利工程师和文化英雄。大禹说:“我开始(从事治水)时,便在涂山娶妻。(但后来我回去只住了四天,便匆忙赶回去履职。)”(“予创若时,娶于涂山,辛壬癸甲。”)他的妻子正抱着他们的儿子启。(《益稷》,取自《书经图说》。)

王大禹便是中国历史上“治水”的第一人。中国属于季风区，因此降雨的季节性很强，且每年差别巨大。中国中部和南部的水稻耕种以及北部黄土区的耕作都需要大量灌溉，中国也需要蓄水技术以防止持续的洪水泛滥，因此灌溉和蓄水工程极为重要。我们知道，这些工程在封建时代（公元前5世纪）就已经开始了。中国的治水系统之所以至关重要，还有第三个理由：它提供了一种运输方式。由于税收和军需品都是以实物偿付的，而不是货币，所以就需要一种运输重物的方式，比如用运河上的漕船将稻米和其他谷物运送到京城。于是，灌溉、蓄水和谷税运输这三种需求使水利经济应运而生。西方学者主张，中国“官吏制度”（mandarinate）的起源可以追溯到兴修水利时对数百万人的控制，但根据我的耳闻目睹，许多中国学者都认为，中国社会之所以会被一种“文官制度”（civil service）所统辖，是因为总是存在着一种把控制变为中央集权的倾向——换句话说，兴修水利往往会超出封建诸侯的封地界限。事实上，写于公元前81年的《盐铁论》一书早已对此作了详细说明。

《盐铁论》这部卓越的著作读起来就像是政党会议记录（应该说是保守党会议记录）。事实上，它的确戏剧性地记载了一次有关盐铁业国有化的会议讨论。早在公元前400年就有人建议将盐铁业收归国有，并于公元前119年实施。御史大夫在某次发言中说，我们都知道，小的地方诸侯或地方长官可以管辖少量的土地，但河流、运河和水堰的治理必须交给中央政府。他这段话所表达的乃是中国社会的一个永久特征。事实上，西汉官吏的最早努力之一就是把盐和铁收归国有，因为盐和铁是在城镇之间运输的最重要可能也是唯一的物品。其他东西都可以在原地制造，无论是纺织品还是粮食制品都可以在农庄或当地城镇制造，但盐和铁却是从原始的工业中心向四处运销。盐来自海滨或盐田，铁来自铁矿石产地，因此这两种货物最适合控制和“国有化”。饶有趣味的是，无论是批评汉朝官僚的儒家学者还是汉朝官僚本身，都猛烈抨击商人。事实上，有大量有趣的证据表明，在秦始皇统一中国、建立第一个中央集权朝代（公元前 220 年）时，商人群体正在成长壮大。《史记》中单辟《货殖列传》来讨论当时的商人。有些商人极为富有，有些是冶铁工场主，有些则从事盐业。他们的势力很快就遭到早期官僚的打击，从此一蹶不振。政府对其颁布禁奢令，并课以重税。

入仕的观念如此深入人心，世界上大概没有其他文化能与中国想比。我第一次到中国时对此一无所知，但在中国，这种观念随处可见，甚至在民间传说中也有。欧洲的故事讲的往往是男女主人公变成国王和公主，中国的故事却总是不离金榜题名、升官晋爵或嫁与高官。当然，这是唯一的致富之道。俗话说（现在仍然流行），要想积累财富，就必须做大官（当官发财）。在中国的西方人常常会描述让人怨声载道的“贪污”、“压榨”等现象，其根源正在于当官发财。但西方人的态度有先入之见，因为在欧洲，宗教和道德上的正直与中国所阙如的定量簿记和资本主义有历史关联。西方人认为付给官员适当的薪水是理所当然的，但在中国历史上从来不是这样。虽然历代政府都在努力这样做，并一再颁布法令，但从未真正做到，这大概是因为中国人从未有过健全的货币经济。

前面已经说过，税收必须以实物缴纳，并通过河运送达中央政府。这些贡物不可避免被“从源头征税”（从皇帝的角度看），中文里有许多词来表达这种事情，其中有一个非常贴切的叫“中饱”，意思是：农民不满意，因为他们实际缴的税比应缴的多，皇帝也不满意，只有中间的官员心满意足，他们可以在每一个阶段层层“盘剥”。描述这种现象需要一个不含道德含义的专门字眼，以表明这是中国中世纪社会的一个自然特征。任何官吏，无论是府官、州官还是管辖八府的状元，都聚敛钱财。除用于挥霍享受（这在任何大官家中都是非常自然的）外，这些钱财必定会用来购置田地，因为这是唯一的投资方法，结果便是佃农数目逐渐增长。国民党被推翻以前，中国农民中有百分之四十或五十是佃农，其农田大都小得可怜。

我现在要转到官僚制度影响的另一方面，它总是针对商人的。歧视商人是中国思想由来已久的特点（这与阿拉伯人的观念截然相反）。传统上把社会阶层分为士农工商四等，士列第一，然后是农，第三等是工，第四等是商，商人被认为社会地位最低。当然，中国没有任何类似于种姓制度的东西，甚至没有正统意义上的阶级体系，但商人作为一个社会阶层在社会上无疑最不受尊敬。不错，中国的商人最终也形成了行会，但它们到底是什么样子还需要更仔细地加以考察。我对此略知一二，因为我曾住过属于商业行会的大房子。例如，厦门大学在战时曾把图书馆设在长汀的一座有许多院落的大宅子里，这座宅子过去曾是到福建经商的江西商人的会馆。商业行会的确存在，但正如一些有用的书籍所描述的，它们在许多方面都不同于欧洲商业行会。它们更像是互利团体、为防止货物在运输过程中遭受损失的保险机构，或者诸如此类的组织。但它们从未在商人住过和做生意的城镇里取得真正的控制权,也从未把他们的小生产作坊组织起来。

因此,中西方的商业行会就像中西方的城市一样存在着本质差异。也许我们可以总结说,在中国的文化与文明以及由此衍生的文化中都没有城邦的概念。[①] 与欧洲的城邦不同,中国城市有高耸的城墙,周围环绕着许多村庄,村民们来城里购物、做生意。城里有由朝廷任命的府官或州官的衙门,他们只对官僚等级制度中的上级部门负责。此外还有军政官员,民政与军政官员的办公室都设在城内。在某种意义上,中国城市是地方官"为皇上守卫"的一座筑有围墙的城市。在中国历史上,没有任何东西类似于mayor(市长)、burgomaster(荷兰的市长或镇长)、aldermen(市参议员)、councillors(议员)、行会的 masters(师傅)和 journeymen(学徒期满的熟练工人),或者在西方城市建制的发展过程中起重要作用的那些市民。中国人对这些东西一无所知。西方的城市让人想起一个短语:"城里的空气使人自由"(*Stadtluft macht frei*),即一个人只要进入城市,得到居留和工作许可,就会变得自由。这在中国社会中是无法设想的。另一个德语短语是"自治城镇的法律保障"(bürgerliche Rechtssicherheit),即欧洲商人在其城镇中自由联合起来,从他们周围的封建社会取得各种许可和好处。这与中国文化和思想的本性相异,从约翰·普拉特爵士(Sir John Pratt)讲述的一件事情中可见一斑。他说1880年左右,上海的一些商人向朝廷请愿,希望得到某种城市特许,让他们可以选举市

① 然而,如爱伯哈特(W. Eberhard)所说,城邦概念也许可以适用于中亚的某些小国家。

长、市议员等等，也就是建立与西方城市类似的各种制度。可以想象，请求呈到北京后，朝廷大惑不解。当时双方就是如此缺乏了解。

现在我们可以看到，现代科学之所以没有在中国社会兴起，很可能是因为中国商人阶层未能形成气候。当然，现代早期科学与商人之间的确切关系尚未得到充分阐明。似乎并非所有科学都与商业活动有同样直接的关联。例如，在中国达到相当高水平的天文学之所以被视为“正统”科学，是因为统治者特别关注制定历法。自古以来，接受皇帝颁布的历法一直是向其臣服的标志。由于对自然现象的“预示”非常敏感，中国人针对西方根本未曾研究的对象（比如极光）积累了大量观测资料。中国人还保存了太阳黑子的记录，他们必定是透过薄薄的玉片或某种类似的半透明材料进行观测的，而西方人很久以后才推测太阳黑子存在。中国人也保存了日月食的观察记录，日月食被认为对国事有或凶或吉的影响。

此外，中国还有“非正统”科学，比如总是与道家有关的炼丹术和化学。不过，在中国的环境里，天文学和化学都没能进入现代科学阶段。

除了在实际运用磁罗盘方面有过出色的发展以外，中国的物理学特别落后。在西方，商人似乎与物理学联系特别紧密。这也许是因为商人需要精确度量，否则就很难做生意。他必须关心他经手货物的实际性质，必须知道商品的重量、用途、长度、大小以及需要用何种容器来装，等等。循着这样的线索，我们可以探究商业文明与精密科学的关系。不过，除商品以外还有运输。凡是与航海工程和航海效率有关的东西，欧洲城邦的商人向来都有兴趣。

如果情况确实是这样，那么正是由于商人受到抑制，现代科学技术才未在中国文化中发展起来。此外还有一个贯穿于各个时代、各个文明的老问题，即劳力与劳心的对立。在希腊有“理论”(theoria)与“实践”(praxis)的对立，在中国则是“学”与“术”的对立。在科学工作中，手脑并用是至关重要的，但是除了商人阶层，好像还没有人能够完全打破这一传统，没有人能够手脑并用，把它们成功地结合起来。只有商人阶层成功地使周围社会接受了自己的思想方法。这在中国简直是不可能的。中国的技术还局限在原始技术的水平——例如他们用木头而不是用金属制作齿轮。

不过这里我们遇到了一个历史上极不寻常的悖论。迄今为止，很少有人意识到基督纪元以后的 1400 年间，欧洲在技术上是多么得益于中国。虽然在技术创造性方面，古代中国官僚社会肯定比不上欧洲文艺复兴时期的社会，但却远胜于欧洲封建社会或之前希腊化时期的奴隶社会。中国贡献了有效挽具、缕机、船尾舵、第一部自动控制机、最早的种痘，甚至是像独轮车那样简单的工具——所有这些发明都是自东向西传播而不是相反。如果我说得不错，那么由于社会性质的原因，中国没有像欧洲文艺复兴早期和资本主义兴起时那样发展出一种社会状况，使铁成为第一次统一世界文明的基础，但中国人早于西方 1300 年就精通了复杂的铸铁工艺，这真是极为奇特的悖论。我们知道在公元 14 世纪以前，铸铁在西方非常罕见。罗马人可能偶尔制造出过铸铁，但早在公元前 1 世纪，中国人就曾大规模使用铸铁。事实上，铸铁是中国的一项古老工艺，铁制的犁头和犁板也是如此，都是从东方传到西方。中国是最早使用犁板的民族——中国社会发明了这一切，却没能达到后来欧洲社会先进的冶金水平。

如果有人问，是谁最先认识到了亚洲社会和西方社会之间的这种差异，那么我们可能会回答，是弗朗索瓦·贝尼埃(François Bernier)。他是法国旅行家，莫卧儿帝国晚期皇帝奥朗则布(Aurangzeb)的御医。他的书中有一些话很值得玩味。我在加尔各答时有幸得到了一本，我永远记得当初阅读它时的那种兴奋。该书大约写于1670年，书中提到这样一个问题："假如国王拥有一切土地，没有我们之间的那种你我之分，那么这对国家有利还是有害？"他的结论是，如果一个国家的社会形态是我们所谓的亚细亚官僚制度，则是"有害的"。关于印度类似于官吏制度的东西，他谈了很多。印度其实并没有严格的官吏制度，不过仍然有一种文官制度，那是一个由莫卧儿皇帝任命的非世袭的官僚机构。

总而言之，可以说亚细亚官僚制度绝非东亚所独有。伊斯兰的科学与社会也是个大问题。众所周知，阿拉伯科学遥遥领先于欧洲科学达400年之久。现在看来，早期伊斯兰社会似乎真的非常商业化。穆罕默德本人对商人有许多溢美之词，对农民却鲜有赞许。可以认为，沙漠边缘的阿拉伯城镇都是商业性的，沙漠取代了海洋的地位。然而，当征服完成，哈里发在巴格达确立统治时，就开始了一项运动，要把政府机构组织得更加完备，以建立一个更加官僚的国家。这种制度类似于之前存在于波斯的制度，更接近于中国的制度。因此，伊斯兰文明以商业文化开始，以彻底的官僚化而告终，阿拉伯社会尤其是科学技术的衰落或许要归因于此。不过，这已是题外话了。

6. 东西方的科学与社会[①]

大约在1938年，我开始酝酿写一部系统、客观、权威的专著，讨论中国文化区的科学、科学思想和技术的历史。当时我认为最重要的问题是：为什么现代科学没有在中国（或印度）文明中发展，而只在欧洲发展出来？不过随着时光的流逝，我终于对中国的科学和社会有所了解，我渐渐认识到还有一个问题至少同样重要，那就是：为什么从公元前1世纪到公元15世纪，在把人类的自然知识应用于人的实际需要方面，中国文明要比西方文明有效得多？

我现在认为，对所有这些问题的回答首先在于不同文明的社会、思想、经济结构。把中国与欧洲进行比较尤其有启发性，几乎可以说是一种试验台上的实验，因为我们可以不考虑气候条件这个复杂因素。中国文化区的气候与欧洲大体类似。因此，任何人都不能说由于中国气候特别炎热而抑制了现代自然科学的兴起（就像有人针对印度所说的那样）。[②] 虽然不同文明的自然、地理、气候背景对其具体特征的形成无疑很重要，但我并不认为这可以

---

① 原载 Bernal Presentation Volume（London, 1964），*Science and Society* 1964, **28**, 385 以及 *Centaurus* 1964, **10**, 174。

② 参见亨廷顿（E. Huntington）的著作，比如 *Mainsprings of Civilization*（New York, 1945）。

有效地解释印度文化。因为对于中国文化来说就更不是这样。

从一开始，我就深深地怀疑能否用“自然一人类学”或“种族一精神”因素来有效地解释文化，尽管很多人都对此感到满意。自我第一次与中国朋友和同事有了密切的私人交往以来，过去 30 年里我所经历的一切都只能使我加深这一怀疑。事实证明，正如科萨里斯(A. Corsalis)数个世纪之前给家人写信时所说，他们完全是“我们这种特性的”(di nostra qualità)。我相信，不同文化之间的巨大历史差异可以通过社会学研究来解释，而且总有一天会得到解释。当中国的科技成就像其他一切种族的文化河流一样汇入现代科学的海洋之前，我越是深入细致研究这段历史，就越是确信，科学突破只发生在欧洲与文艺复兴时期欧洲在社会、思想、经济等方面的特殊状况有关，而绝不能用中国人的思想缺陷或哲学传统的缺陷来解释。在许多方面，中国传统都比基督教世界观更符合现代科学。不论这种观点是否是马克思主义的，反正对我而言，它是基于我个人的生活体验和研究。

因此，为了实现科学史家的目标，我们必须注意到孕育出商业及工业资本主义制度、文艺复兴、宗教改革的欧洲贵族军事封建制度，与中世纪亚洲所特有的其他形式的封建制度(如果那确实是封建制度的话)之间的一些本质差异。从科学史的角度来看，我们必须找到某种与欧洲确实不同的东西，才能有助于解决我们的问题。我一直不同意马克思主义那种想要寻找一切文明“都必须经历”的社会发展阶段的一成不变的单一公式的思想倾向，原因就在于此。

原始公社制度是社会发展的最早阶段，这个概念曾引起许多争论。虽然西方大多数人类学家和考古学家都不承认这个阶段的存在（当然，也有像戈登·柴尔德[V. Gordon Childe]这样的显著例外），但是在我看来，设想一下社会阶层分化之前的社会阶段总是非常合理的，而且在我对中国古代社会的研究中，我一再发现它透过迷雾清晰地显现出来。另一方面，从封建制度过渡到资本主义制度并无任何根本困难，虽然其中的细节极为复杂，而且仍有许多问题需要解决。尤其是，社会经济变迁与现代科学兴起（即把数学假说成功地应用于对自然现象的系统实验研究）之间的精确关联仍然难以把握。所有历史学家，无论他们有怎样的理论倾向和先入之见，都不得不承认，现代科学的兴起是与文艺复兴、宗教改革和资本主义的兴起同步发生的。[①] 最难确定的是社会经济变迁与“新”科学或“实验”科学的成功之间的密切关联。关于这一点有许多可以说，比如“高级工匠”所起的极为重要的作用，以及当时他们已被列为有教养的学者。[②] 但这并非本文探究的问题。对我们来说，关键在于现代科学为什么只在欧洲而没有在其他地方发展起来。

---

① 科学史历史编纂的内史学派（internalist school）所遇到的巨大障碍（见下）是历史原因问题。他们在每一种表述下都能察觉出经济决定论，坚持科学革命（首先是科学观念的革命）不可能“源于”其他社会运动，比如宗教改革运动或资本主义的兴起。也许我们暂时可以勉强认可“牢不可破地关联着……”这样的说法。在我看来，内史学派本质上总显得像摩尼教徒。他们不愿承认科学家有身体，能吃喝，和同伴一起过着社会生活。内史学派也不愿认为他们研究的科学家有潜意识。

② 埃德加·齐尔塞尔（Edgar Zilsel）晚年很重视这种因素，并作了详细阐述。最近有一位没有马克思主义之嫌的中世纪学家克隆比（A. C. Crombie）也认识到了它的重要性，参见 A. C. Crombie, ‘The Relevance of the Middle Ages in the Scientific Movement’ in *Perspectives in Mediaeval History*, ed. K. F. Drew & F. S. Lear, (Chicago, 1963) p. 35。另见他的‘Quantification in Mediaeval Physics’, in *Quantification*, ed. H. Woolf, (Indianapolis, 1961) p. 13。

在把欧洲的地位与中国相比较时，最大也最难解答的问题是：(1)中世纪中国的封建制度（如果这个术语适合的话）与欧洲的封建制度究竟有多大不同和有什么不同？(2)中国（或者印度）是否经历过与古希腊罗马类似的“奴隶社会”？当然，问题不是奴隶制度是否存在（这是完全不同的问题），而是中国社会是否曾以奴隶制度为基础。

我早年从事生物化学的研究时，就深受魏特夫（Karl A. Wittfogel）《中国的经济与社会》(*Wirtschaft und Gesellschaft Chinas*)一书的影响。这本书写于希特勒之前的德国，那时他多多少少是一位正统的马克思主义者。[①] 他特别喜欢“亚细亚官僚制度”这个概念，后来我发现有些中国历史学家称之为“官僚封建制度”。这个概念系源自马克思和恩格斯本人的著作，而他们又部分基于或得自于17世纪印度莫卧儿帝国皇帝奥朗则布（Aurangzeb）的法国御医弗朗索瓦·贝尼埃（François Bernier）所做的观察。[②] 马克思和恩格斯曾经谈到“亚细亚生产方式”。他们在不同时期究竟是如何定义这个概念的，以及这个概念能够怎样或应该怎样准确定义，今天几乎每一个国家都在热烈讨论。大体说来，亚细亚生产方式是一种基本上具有官僚性质的国家机器的产物，此国家机器由非世袭的精英来操作，以大量相对自治的农民群体为基础，仍然保有许

① 1931年出版于莱比锡。大汉学家卫礼贤之子卫德明写了一本极有价值的小书《中国的社会与政府》(*Gesellschaft und Staat in China*, Peiping, 1944)，我也从中受益良多。非常不幸的是，这部非马克思主义著作早已不易看到，而且一直没有英译本。

② *The History of the Late Revolution of the Empire of the Great Mogulf*, originally published in French, Paris, 1671; many times republished, as by Dass, Calcutta, 1909. 参见1853年6月2日马克思致恩格斯的著名信件。

多部落特征，农业与工业之间没有或几乎没有劳动分工。这里的剥削形式本质上在于给中央集权的国家征税，即给朝廷及其官僚集团征税。这个国家机器之正当性的根据无疑有二：一方面，它负责整个区域的防御（无论是古代的“封建”国家还是后来的整个中华帝国）；另一方面，它负责公共工程的建造和维护。在整个中国历史上，可以说后者的功能比前者更重要，而魏特夫也看到了这一点。由于地形和农业上的需要，中国很早就进行了一系列水利工程建设，一是为了在防洪时拦蓄大河之水；二是为了引水灌溉，尤其用于水稻种植；三是为了发展广大的运河系统，从而将税谷运至粮仓中心和都城。除了征税，这一切都需要徭役制度。可以说，自治的农民团体对国家机器要尽的唯一义务就是纳税，并应国家要求为公共目的提供劳力。[①] 除此之外，国家官僚机构要负责一般的组织生产，即指导广泛的农业政策。因此，这种社会的国家机器今天被称为“高级经济指挥部”。只有在中国最古老的高级官职中，我们才发现有“司空”、“司徒”、“司农”这些名称。我们也不会忘记盐铁生产的“国有化”（盐和铁是唯一需要运输的商品，因为不是每个地方都能生产它们）。这种“国有化”早在公元前 5 世纪就有人提议，公元前 2 世纪则彻底实施。汉代还有政府的酿酒局，以后各朝亦有许多类似的官营产业。[②]

① 今天他们没有义务提供劳力了，不过是按每个劳动日的日常公社价格接受酬劳，工作是在国民闲暇时做。见 A. L. Strong, *Letter from China*, 1964, No. 15。在中国历史上，两千多年前就已经懂得如何对人力进行合理而充分的利用，对其作时间安排乃是“高级经济指挥部”的功能之一。

② 参见 H. F. Schurmann, *The Economic Structure of the Yuan Dynasty* (Cambridge, Mass., 1956), pp. 146 ff.。

图 27：中国人绘制的运河上的泄洪闸（左下方）。虽然这种控水闸门至少可以追溯到汉代（公元 1 世纪），但用传统风格对其进行的描绘却非常罕见。图中绘制了一座位于北京西边五塔寺附近的叠梁闸门，它所跨的运河可接济大运河最北方一段的上游区。此图出自完颜麟庆的《鸿雪因缘图记》（1843 年）。

随着我们的进一步研究，这种情况的其他方面也会显现出来。例如，农业生产并不由私人控制或拥有，而是由公家控制，而理论上帝国之内的所有土地皆归皇帝一人所有。起初各个家庭还保有类似地产的东西，但在中国历史上，这个制度从未发展成与西方的封建采邑保有权类似的地步，因为中国社会没有保留长子继承制。因此每当一家之主去世，他的所有地产都得被分配。此外，中国社会完全没有城邦的观念，城镇被有意设立为行政管理网中的一个节点,尽管它们无疑往往是从自发的市场中心发展而来的。每一个城镇都是民政官和军政官用来捍卫诸侯或皇帝的堡垒。在中国社会中,经济的作用要比军事重要得多,因此毫不奇怪,文官通常要比武将更受人尊敬。最后,中国的农业生产一般不使用奴隶,工业生产中也很少用。自古以来,中国的奴隶制度主要是家庭式的,或可说是"家长制"的。①

后来,"亚细亚生产方式"有了高度发达的形式,比如在唐宋时代,它发展成为一种本质上官僚式的而非军事贵族式的社会制度。就大多数财富都基于农业剥削的有限意义而言,这种社会制度基本上是"封建式的"。② 中国历史上平民气质的深度是怎样评价都不为过的。行使皇权不是通过一层层受采邑之封的贵族,而是通过一种极为复杂的文官制度,即西方人所谓的"官吏制度"。此制度没有世袭性,而是代代招募新成员。我只能说,经过对中国文化近30年的研究,对于理解中国社会而言,这些概念要比其他概念更为合理。我相信,我们可以较为详细地表明,为什么亚细亚的"官僚封建制度"起初有利于自然知识的增长,有利于为了人类的利益而把它应用在技术上,但后来却抑制了现代资本主义和现代科学的兴起,而在欧洲,另一种形式的封建制度通过自身的衰败和产生新的商业社会秩序而促进了现代资本主义和现代科学的兴

① 参见 F. Tokei, 'Die Formen der chinesischen patriarchalischen Sklaverei in der Chou-Zeit', in *Opuscula Ethnologica Memoriae Ludovici Biró Sacra* (Budapest, 1959), p. 291。

② 不要把这理解成中世纪中国的工商业不发达。恰恰相反,尤其在12、13世纪的南宋,工商业的繁荣和成效使典型的官僚制度形式得以维持下去。

起。中国文明中绝不可能出现一种以商业为主导的社会秩序，因为官吏制度的基本观念不仅与贵族封建制度的世袭原则相对立，而且也与富商的价值体系相对立。中国社会的确可能有资本的积累，但要把它运用于长期生产性的工业企业，则总会受到学者型官僚的压制，事实上，任何其他可能威胁到其至高权力的社会活动都会受到压制。因此，中国的商业行会从未获得过接近欧洲文明中城邦商业行会那样的地位和权力。

在许多方面，我要说中世纪中国的社会经济制度远比中世纪欧洲合理。可以追溯到公元前 2 世纪的科举制度与古老的“荐贤”制度一起，使得官吏制度能在两千多年里招募到全国的精英（中国是一个完整的次大陆）。[①] 这与欧洲的情况极为不同，欧洲的精英不大可能出生在封建诸侯之家，更不可能局限在封建诸侯的长子身上。当然，中世纪早期的欧洲社会有某些官僚特性，比如“伯爵”的职位，产生“郡长”职位的制度，还有习惯上广泛任用主教和神职人员为国王之下的行政官，但这一切都没能系统地利用行政人才，而中国的制度则可将其能力充分发挥出来。

此外，不仅行政人才可以被推举出来放到合适的位置，由于儒家强大的精神气质和理想，那些非士大夫阶层的主要代表也大都意识到，他们在中国社会中只占据着次要地位。我最近在一个大学社团演讲时讨论了这些话题，当时有人问了一个很好的问题：“在整个中国历史上，武将如何能够接受自己地位低于文官呢？”毕

① Lu Gwei-Djen & J. Needham, ‘China and the Origin of (Qualifying) Examinations in Medicine’, *Proc. Roy. Soc. Med.* 1963, **56**, 63 对此有间接说明。

图 28：晚清的一幅插图，解释了公元前 9 世纪《尚书》中所说的“知人则哲，能官人”。（《皋陶谟》，取自《书经图说》。）图中绘有传说中的舜帝和八位有德的部长（八凯）以及八位诚实的副部长（八元）。

竟，在其他文明中，“剑的力量”一直压倒一切。我在回答时立刻想到了官僚制度带来的“帝王神威”(imperial charisma)，[①]中国方块字的神圣性(我初到中国时，看到每一座寺庙都供有炉台，将写有字的纸恭恭敬敬地烧成灰)。还有，中国人相信可以武力取之，但只能以文力(logos)守之。汉高祖有一个很著名的故事，他对陪从的儒生所制订的烦冗仪式很不耐烦，直到有一位儒生(陆贾)对他说，“居马上得之，宁可以马上治之乎”，他才平息下来。从此以后，典礼仪式便可以极为庄严地进行了。[②] 古代的中国领袖常常是文武全才，但重要的是，武将在心理上明确承认自己地位更低。他们往往是“失败的文人”。当然，和在所有社会中一样，武力是最后的根据、最终的制裁，但问题是——什么样的武力？是道德的，还是纯粹暴力的？中国人深信，只有道德的武力才能长存，暴力可以取之，但只有道德的力量才能守之。

语言文字在中国社会中的首要性可能还有技术上的因素。业已证明，古代的攻击性武器尤其是弩的改进远远胜过了防御性甲胄的改进。中国古代有许多封建诸侯被佩有弩箭的平民或农夫射杀——这与西方中世纪社会全副武装的武士的有利地位十分不同。儒家对劝导的重视也许正缘于此。中国人是辉格党人(Whigs)，“因为辉格党人动口不动手”。例如，在帝国统一之前，驱使中国农民参战保卫边疆是不可能的，因为他们完全有能力先

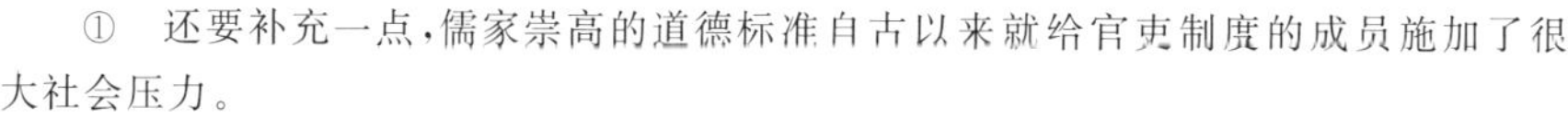

① 还要补充一点，儒家崇高的道德标准自古以来就给官吏制度的成员施加了很大社会压力。

② 参见 SCC, Vol. I, p. 103。

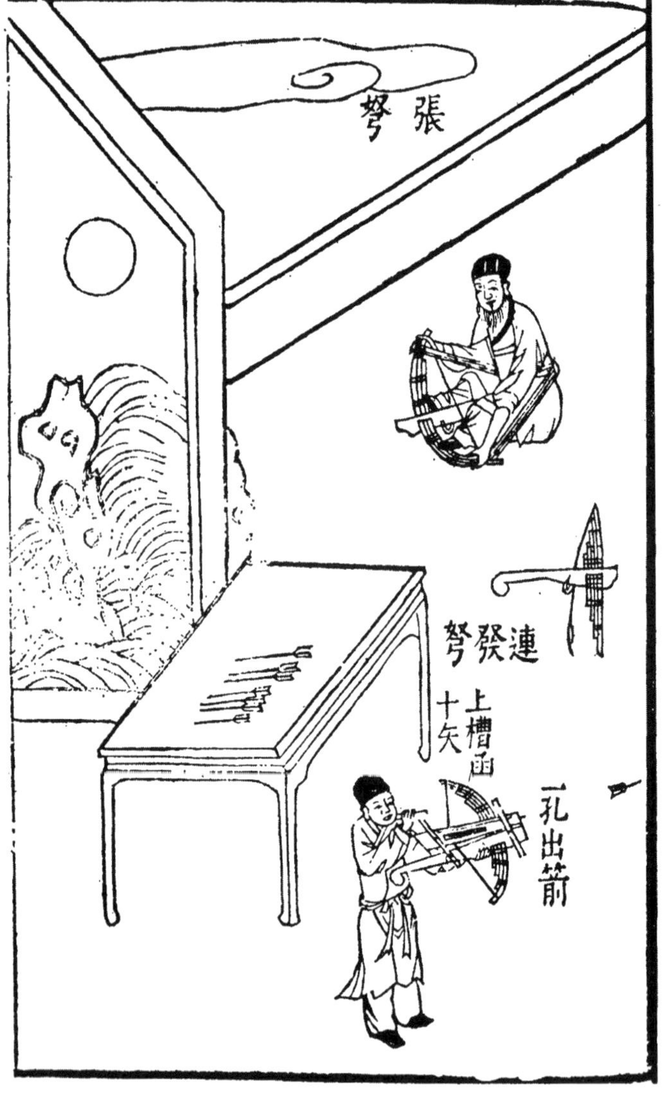

图 29:作坊中的弩箭制作者。此图取自 1637 年《天工开物》第一版。它的前方有人正在试验一副连发弩,这种发展并未在欧洲发生。标题说此箭槽含有十支箭,由前面的孔中射出,发动后每支箭可以自动就位。

把其君主射杀；但如果有哲学家（无论是爱国者还是智者）来劝导他们有必要为国而战，他们是会进军的。因此，在中国的古典历史文献中有一些所谓的“宣传材料”（不一定有贬损之意）——这只是个人在观察上的误差，请历史学家予以体谅。在这方面，中国并无特殊之处。从约瑟夫斯（Josephus）到吉本（Gibbon），这当然是一种世界范围的显著现象，但汉学家不得不总是留意它，因为这是开明老百姓的缺陷。

在这方面，还有一种论点也很有意思，即认为中国人一直以务农为主，而不从事畜牧业或航海。[1] 后两种职业都需要严格的命令与服从。放牛娃或牧羊人驱赶牛羊，船长向船员下命令，如果命令遭到忽视，则可能危及船上每一个人的性命，而农民一旦把该干的农活都干完，就只需等待庄稼成熟了。中国哲学文献里有一则著名的寓言，嘲笑一个宋国人因不满其种植的谷物生长速度而揠苗助长。[2] 因此，用武力做事总是错误的，正确的做事方式永远是文明的劝导而非武力。关于军人与文官的地位关系所说的话，若加以必要的更改，亦可适用于商人。财富本身并不被看重，因为财富不具有精神力量，它能给人舒适，但不能给人智慧，因此在中国，富裕带来的威望比较少。每一个商人之子都愿意成为学者，参加科举考试，在官场中步步高升。正因如此，这个制度才延续了千秋万代。我不敢肯定这个制度今天是否已无活力，因为党的干部（他们的地位与其出身完全无关）不是既蔑视权贵又蔑视物质占有吗？

① 我认为这一反差是安德雷·欧德里库（André Haudricourt）最先重视的。

② 参见 *SCC*, Vol. II, p. 576。

总之，社会主义也许是被囚禁在中国中世纪官僚制度外壳之内的未占统治地位的正义精神。[①] 中国的基本传统也许比欧洲传统更符合科学的世界合作联邦。

从 1920 年到 1934 年，苏联有过关于马克思的"亚细亚生产方式"之含义的大讨论。但西方国家对其知之甚少，因它们从未被翻译。如果俄国人的论述还保存着，那么很希望能用西方文字将其重新出版。虽然我们一直未能研究其结果，但我们相信那些坚持"原始共产主义—奴隶社会—封建主义—资本主义—社会主义"发展顺序的人最终占了上风。个人崇拜时期社会科学中流行的教条主义风气对这种局面无疑起了一定作用。[②] 如今一些年轻作者表达了英国马克思主义者所感到的那种巨大尴尬，即"封建制度"已成为一个无意义的术语。[③] 他们说："显然，如果一种社会经济阶段既能涵盖今天的卢旺达—布隆迪又能涵盖 1788 年的法国，既能涵盖 1900 年的中国又能涵盖诺曼人的英格兰，那么这一阶段就有丧失其特殊性的危险而无助于分析……"因此细分是完全必要的。值得注意的是，这些作者对马克思和恩格斯的原有看法似乎了解不多。一位作者说，"'亚细亚方式'早已被默默抛弃了"。[④] 然而，

① 当然，与西方封建制度和资本主义制度下的官吏一样，中世纪的官吏也是剥削制度的一部分，但由于中国官吏是非世袭的精英，他们的确反对贵族与商人的生活方式。参见 C. Brandt, B. Schwartz & J. K. Fairbank, *A Documentary History of Chinese Communism* (Cambridge, Mass., 1952) 和 J. Needham, 'The Past in China's Present', in *Within the Four Seas* (London, 1969)。

② 其后数十年，苏俄汉学家对亚洲文化有过许多著名的社会学研究，但通常都回避了"亚细亚生产方式"这个概念。

③ J. Simon, in *Marxism Today*, 1962, **6** (No. 6), 183.

④ 同上。

这位作者又进而提出了某些亚洲、非洲社会发展停滞的问题，并建议“重新恢复马克思的‘亚细亚方式’甚至是多想出几种模式”，以便在命名上区分区域差异。

他还建议用“原始—封建”一词（我相信这个词是我自己发明的）来表示一个后来以不同方式发展的基本阶段。

如今，马克思主义者每每在书中提到魏特夫的名字时，总会带着一种厌恶感。因为在希特勒执政时，魏特夫从德国移居到美国，此后一直在那里生活和工作。多年来，他一直是“思想冷战”中的一员猛将。有些作者认为，他新近的著作《东方专制主义》（*Oriental Despotism*）[①]是反对新旧俄国和新旧中国的宣传品，这种看法很可能是正确的。魏特夫现在想把一切权力滥用（无论在极权社会还是在其他社会）都归咎于官僚制度原则；他虽然竭力反对我和其他许多人的观念，但他本人曾经出色地阐述过这些观念，因此我虽然反对他的最后一本书，但仍欣赏他的第一本书。也许魏特夫是过分夸张了，但我并不认为他的“水利社会”理论有本质上的错误，因为我也相信中国历史上公共工程（河流控制、灌溉、运河开凿）的空间范围一再超越了个体封建诸侯或原始封建诸侯的领地界限。于是，水利社会总是倾向于中央集权，也就是用官僚制度来统治遍布各地的“部落”乡村。因此我认为，在使中国封建制度“官僚化”方面，“水利社会”起着重要作用。当然，从科技史家的观点

① New Haven，1957. 李约瑟的评论见 *Science & Society*，1959，**23**，58。在魏特夫观念的许多批评者中，可以提到 Orlan Lee 最近从法学观点作的有趣研究：Orlan Lee，‘Traditionelle Rechtsgebraüche und der Begriff d. Orientalischer Despotismtis’，*Zeitschr. J. vergl. Rechtswiss.*，1964，**66**，157。

来看，中国封建制度与欧洲封建制度有多大差异并不重要，但两者必须有足够差异（我坚信两者确有足够差异），才能说明为什么资本主义和现代科学在中国完全受到抑制而在西方却能成功地发展起来。

将所有社会罪恶归咎于官僚制度乃是纯粹的胡说。恰恰相反，官僚制度在各个时代都是组织人类社会的极好工具。不仅如此，倘若人性持久不变，那么在未来的许多个世纪里，官僚制度仍将与我们同在。现在我们面临的基本问题是使官僚制度人性化，以使我们能在社会主义制度下用它的组织能力为普通人谋福利，并能让它的这种运用被人认识到、感觉到和看到。现代人类社会现在基于、将来更会基于现代科学技术，而越是如此，就越不可缺少一种高度组织的官僚制度。这里的谬误是将现代科学兴起之后的官僚制度与在它之前存在的任何制度加以比较。现代科学已经为我们提供了从电话到计算机的大量发明创造，因此只有现在才能真正实现官僚制度的人性化这一意愿。此意愿本质上是以儒家、道家、革命性的基督教以及马克思主义为基础的。

“东方专制主义”一词自然使人想起了18世纪法国重农主义者的设想，他们深受当时所知的中国经济社会结构的影响。[①] 在他们看来，东方专制主义无疑是一种十分值得赞赏的开明专制主义，而不是魏特夫后来想象的那种冷酷而邪恶的制度。全世界的

① 关于这一点，参见L. A. Maverick's *China a Model for Europe* (San Antonio, Texas, 1946)，其中包含了F. Quesnay's *Le Despotisms de la Chine* (Paris, 1767)的一个译本。

汉学家都无法忍受他后来那本著作，[①]因为该书一直在歪曲事实。例如，我们不能说中世纪中国没有系统的公共舆论，恰恰相反，士大夫和学者型官僚形成了一种广泛而强大的舆论，有时官僚还可能不遵守皇帝的命令。[②] 尽管从理论上说，皇帝是绝对的统治者，但实际上，所有事情都要受到由来已久的先例和习俗的支配，这些先例和习俗是通过儒家对史籍的注疏来一代代诠释的。中国一直是一个"一党国家"，两千多年来就是儒党在统治。因此我认为，无论是魏特夫还是重农主义者所讲的"东方专制主义"都是没有正当性的，我本人从来不用。另一方面，有许多马克思主义术语我觉得很难采用，其中一些已经陈旧，另一些最近才受人重视，比如有些文本把"想象的国家结构"与独立农村的"现实基础"进行对比。在我看来这似乎是没有道理的，因为那样一来，国家机器就会像农民的劳作一样实在。我也不喜欢把"自治的"一词应用于乡村社区，因为我认为它只在非常确定的界限内才正确。事实上，我们急需发展出一些全新的专业术语。我们这里讨论的社会状况与西方人所知的一切都大相径庭，在创造这些新的专业术语时，我建议最好使用中国形式，而不要继续坚持使用希腊拉丁词根来描述非常不同的社会。这里用"官僚"一词来表示 bureaucracy 可能是有用的。如果我们能找到更为恰当的术语，则它也将有助于我们思考其他一些相关问题。这里我想到了一个值得注意的事实，即日本社会

① 例如参见 E. G. Pulleyblank 在 *Bulletin of the London School of Oriental and African Studies*, 1958, **21**, 657 中的评论。

② 参见 Liu Tzu-Chien, 'An Early Sung Reformer, Fan Chung-Yen', in *Chinese Thought and Institutions*, ed. J. K. Fairbank (Chicago, 1957), p. 105。

与西欧社会更为相似，因此更有可能发展出现代资本主义制度。历史学家早已认识到这一点，但新近的著作十分准确地阐述了日本军事贵族封建制度为何能够产生资本主义制度，而中国的官僚社会却不能。[1]

接下来，我想简要谈谈“奴隶社会”。根据我本人对中国考古学和文献的感受，我并不太倾向于认为中国社会曾是一个地中海文化意义上的以奴隶为基础的社会，即使在商朝和周朝初期也是如此，中国社会并没有在地中海上航行的那种满载奴隶的大帆船，也没有遍布意大利的那种大庄园。这里我要怀着深深的谦卑说，我与一些当代中国学者是有分歧的。在过去的二三十年里，在马克思主义思想中极为突出的关于各个社会发展阶段单向发展的体系给他们留下了极为深刻的印象。人们对这个主题仍在激烈争论，关于它的任何方面都还不能说已有定论。若干年前，我们在剑桥举办过一次关于不同文明之中奴隶制度的研讨会。与会者都不得不承认，中国社会中奴隶制度的实际形式与其他地方任何已知的形式都有很大差异。由于宗族和家族责任占统治地位，中国文明中的人能否被称为西方意义上的“自由”是很让人怀疑的，而另一方面（与许多人的看法相反），中国确实罕有奴隶制度。[2] 事实上，无论是西方汉学家还是中国学者自己，都还没有充分了解奴隶

① 例如参见最近的论著 N. Jacobs, *The Origin of Modern Capitalism and Eastern Asia* (Hongkong, 1958)，其索引部分也非常出色。作者是韦伯主义社会学家，绝口不谈马克思和恩格斯。显然，香港的经济史系与科学史系占据着不同的象牙塔。

② 参见 E. G. Pulleyblank, ‘The Origins and Nature of Chattel-Slavery in China’, *Journal of Economic and Social History of the Orient*, 1958, **1**, 185。

和半奴隶群体(这样的群体有许多不同种类)在中国不同时期的地位。大量研究还有待去做,但我认为有一点似乎已经清楚了,那就是无论在经济领域还是在政治领域,奴隶制度都不曾是整个中国社会的基础,就像在西方某些时代那样。

虽然社会的奴隶基础问题不无重要性,因为它影响了科学技术在希腊罗马人当中的地位,但这与我本来的兴趣点,即西方文艺复兴晚期现代科学的起源和发展关系不大。然而,它与中国社会早期(公元前4、5世纪到公元14世纪)更为成功地把自然科学应用于人的利益可能有非常重要的关系。把奴隶用于地中海战舰,这与中国任何东西都不相似,这难道不是非常值得注意和重要吗?自古以来,推进中国船只的普遍方法是帆及其灵巧使用。在建筑方法上,中国没有像古埃及那样大量使用人力的记录。因此同样引人注目的是,我们从未发现中国社会有因为惧怕技术导致失业而拒绝发明的重要案例。如果中国的劳动力真像大多数人认为的那样庞大,那么就不容易理解为什么技术会导致失业这个因素有时并不起作用。中国早期文化中有许多省力装置的例子,其发明年代往往比欧洲早得多。独轮车便是一个具体例子。西方人直到公元13世纪才知道这种东西,而中国早在公元3世纪时便已普遍使用,而且几乎可以肯定,其出现年代至少比这早200年。正如官僚制度可以解释现代科学为什么没有在中国文化中自发产生,缺少大规模的奴隶制度也许是早期中国文化在促进纯粹和应用科学方面取得较大成功的一个重要因素。

现如今,欧洲一些年轻的社会学家正在酝酿重新思考“亚细亚

生产方式”问题，[①]这也许部分是因为他们想用这些观念来解释正在摆脱不发达状态的非洲社会。这些已经约定成俗的有限范畴能否成功地做出解释，现在还不清楚，但最大的激励也许是1939年在莫斯科出版了马克思本人于1857年和1858年所写的《资本主义生产以前的各种形式》(*Formen die der kapitalistischen Produktion vorhergehen*)。该书是《资本论》出版以前的试验，后收入1952年在德国再版的基本论文集《政治经济学批判大纲》(*Grundrisse der Kritik der politischen Ökonomie*)。[②] 二三十年代在俄国参加讨论的人不知道这本书，这很不幸，因为该书系统地深入阐述了马克思的“亚细亚生产方式”概念。

一个大问题是，马克思和恩格斯认为这种生产方式与世界其他地方按传统区分的社会类型是在质上有所不同，还是只在量上有所不同。他们到底本质上把“亚细亚生产方式”视为一种“过渡”形态(尽管在某些情形中它可能具有长期的稳定性)，还是视“官僚制度”为第四种基本的社会类型，现在仍不清楚。“亚细亚生产方式”是否只是传统封建制度的一个变种？中国的一些历史学家肯定把它看成了一种特殊的封建制度。但马克思和恩格斯有时似乎认为它与奴隶生产方式或封建生产方式有质的不同。还有一个问题是，“官僚封建制度”概念在多大程度上适用于哥伦布之前的美洲或者像中世纪的锡兰这样的社会。最近魏特夫所着重考虑的正

① 特别参见J. Chesneaux, ‘La Mode de Production Asiatique: une nouvelle Étape de la Discussion’, *Eirene*, 1964，以及*Pensée* 1964 (No. 114)中的几篇重要论文。

② Dietz, Berlin. 现在已有英文版问世。

是这类问题，但尚未得出令人满意的结论（他的索引中甚至没有提到锡兰），年轻的社会学家则以非常不同的方式来研究这个问题。[①]

我毫不怀疑，他们的思想非常有助于我解决中国科学技术早期发达、后来迟缓的问题。我的法国朋友和同事让·谢诺（Jean Chesneaux）与安德雷·欧德里库（André Haudricourt）对此问题颇有创见，以下论述即是基于他们向我提供的一些想法。现在看来似乎很清楚，许多个世纪以来，中国科学技术的早期领先地位必定与具有"亚细亚官僚制度"特征的社会中精致、合理、自觉的机制有关。这个社会基本上以"学问"的方式来运作，担任权力要职的是学者而非军官。中央政权在很大程度上依赖于乡村社群的"自动"运作，一般倾向于把对社群生活的干预减少到最低。我曾谈到农民与牧羊人、海员之间的根本区别。这种区别精炼地表现于中国人所说的"为"与"无为"。"为"意味着使用权力、意志力，以规定物、动物甚至其他人应该照命令办事；"无为"则与之相反，听其自然，让自然循其道，顺物之理，不逆理而行，以乘其利，知道如何不去干预。"无为"历来是道家的伟大口令，是不教之教，无言之令。[②] 用罗素在中国时搜集到的圣言来说就是，"生而不有，为而不恃，长而不宰"。[③] 无为、不干预亦可适用于尊重个体农民及其

① 锡兰的水利工程卓越而数量众多，但没有产生官吏制度。关于锡兰的情形，参见 E. R. Leach, 'Hydraulic Society in Ceylon', *Past & Present*, 1959 (no. 15)。

② 参见 *SCC*, Vol. II, p. 564。

③ *SCC*, Vol. II, p. 164；引自罗素的《中国问题》(*The Problem of China*, London, 1922), p. 194。

农村社群的“自动推进”能力。甚至当古老的“亚细亚”社会已经让位于“官僚封建制度”时，这些观念仍然很有活力。中国人的政治实践和政府管理一直建立在不干预原则的基础之上，该原则继承自古代亚洲社会，继承自“村民与诸侯”的对立。因此在整个中国历史上，最好的地方官就是干预社会事务最少的官，宗族与家族的主要目标就是在内部解决问题，而不诉诸法庭。[①] 这样一种社会也许有利于对自然界进行反思。人应当尽可能深入地探究自然界的机制，利用它所蕴藏的力量源泉，尽量少作直接干预，而使用“超距作用”。这种极具智慧的构想总是寻求用最少的手段取得效果，并且出于培根式的理由鼓励对自然进行研究，因此中国那么早就能取得地震仪、铸铁、水力等成就。

于是也许可以说，这种不干预主义的人类活动观起初是适合自然科学发展的。例如，在早期的波动说、发现潮汐的本性、认识勘探中矿物与植物的关系以及磁学方面，对“超距作用”的偏爱都产生了巨大影响。人们时常忘记，伽利略时代现代科学重大突破的基本特征之一就是对磁极性、磁偏角等等的认识；与欧几里得几何学和托勒密天文学不同，磁学完全不是欧洲人的贡献。[②] 在12世纪末以前，欧洲根本没有人谈过磁学，它无疑源自中国人更早的研究。如果说中国人是一切古代民族中（除了巴比伦人）最伟大的观察者，这难道不恰恰是因为他

① 我一位老友的一篇半自传式著作讨论了它不太好的一面：Kuo Yu-Shou, *La Lune sur le Fleuve Perle*, (Paris, 1963)。

② 参见 J. Needham, 'The Chinese Contribution to the Development of the Mariner's Compass', *Scientia*, 1961, **55**, 1; *Actas de Congresso Internacional de História des Descobrimentos* (Lisbon, 1961), Vol. II, p. 311。

们受到了各种不干预原则的鼓励吗？在道家关于“水”与“牝”的象征意义的神秘诗句中，这些原则被奉若神明。[①]

然而，如果说由“村民与诸侯”关系的不干预性产生了某种有利于科学进步的世界观，那么这种不干预性当然也有某些局限性。它不符合西方典型的“干预主义”，而后者对于牧羊和航海的民族来说是再自然不过的。由于它不能允许商业心理在文明中占主导地位，不能把高级工匠的技术与学者们提出的数学逻辑推理方法融合起来，因此中国没有、或许也不可能使现代自然科学从达·芬奇阶段过渡到伽利略阶段。中世纪的中国人尝试做过一些比古希腊人或中世纪欧洲人更系统的实验，但只要“官僚封建制度”没有改变，数学就不可能与经验性的自然观察和实验相结合，从而无法产生某种全新的东西。原因在于，实验需要做出许多主动干预。虽然中国人在技艺和手艺上一直接受这一点，甚至超过欧洲人，但要使之在哲学上变得可敬也许更为困难。

还有一个原因非常有利于中世纪的中国社会发展出文艺复兴之前水平的自然科学。传统中国社会是高度有机和内聚的。国家要对整个社会的良好运作负责，即使这种责任是通过最小的干预实现的。我们还记得，古代对理想君主的定义是：南面而坐，以德治天下，万物皆得其治。正如我们一再表明的，国家为科学研究提供了鼎力支持。[②] 例如，保存了千年记录的观象台是政府机构，大量文学、医学、农学百科全书都是国家出资刊印的，当时非常引人

① 参见 *SCC*, Vol. II, p. 57。

② *SCC*, Vols. II, III, IV, VI passim.

注目的科学探险也成功了(我们想到了18世纪初对从印度支那半岛到蒙古的子午线弧所做的大地测量,还有为绘制南天极20度内的南半天球星座而进行的探险)。[①] 而欧洲科学通常都是私人的事业,因此多个世纪以来一直裹足不前。然而到了16、17世纪初,中国的国家科学和医学却没能像西方科学那样发生质的飞跃。

一些亚洲学者曾对"亚细亚生产方式"或"官僚封建制度"的观念表示过怀疑,因为他们将其等同于某种"停滞",并认为在他们自己的社会历史中看到了这种"停滞"。他们以亚非人民有权利进步的名义将这种感情投射到过去,希望先人也能有西方经历的那些阶段,尽管西方世界曾经如此可恨地统治过他们。我认为澄清这种误解是非常重要的,因为我们似乎根本没有理由先天地假定中国和其他古代文明必须经历与西欧完全相同的社会阶段。事实上,"停滞"一词根本不适用于中国,那纯粹是西方的误解。传统中国社会显现出一种持续的总体进步和科学进步,只是在欧洲文艺复兴之后才被指数式发展的现代科学迅速超越。用控制论的术语来说,中国社会是自动平衡的,但绝非停滞不前。事实一再表明,中国做出的重要发现和发明极有可能传到了欧洲,例如磁学、赤道坐标、天文观测仪的赤道式枢架、[②]定量制图法、铸铁技术、[③]往复

① 参见 A. Beer, Ho Ping-Yü, Lu Gwei-Djen, J. Needham, E. G. Pulleyblank & G. I. Thompson, 'An Eighth-Century Meridian Line: I-Hsing's Chain of Gnomons and the Prehistory of the Metric System', *Vistas in Astronomy*, 1961, **4**, 3。

② J. Needham, 'The Peking Observatory in 1280 and the Development of the Equatorial Mounting', *Vistas in Astronomy*, 1955, **1**, 67.

③ 参见 J. Needham, *The Development of Iron and Steel Technology in China* (London, 1958)。

式蒸汽机的基本组分(比如双动原理、旋转运动与往复运动的标准转换方法)、[①]机械钟、[②]马镫与有效挽具,更不用说火药及其所有副产品了。[③] 这种种发现与发明在欧洲产生了震撼性的影响,但是在中国,官僚封建制度的社会秩序很少受它们干扰。因此,我们必须把欧洲社会的内在不稳定与中国社会的自动平衡相对照,我相信本质上更合理的社会才会产生自动平衡。余下的工作便是分析中国和欧洲各个社会阶层的关系。西方各个阶层的冲突已经得到很好的描绘,但在中国,问题要复杂得多,因为中国的官僚制度没有世袭性。这是未来所要探讨的话题。

近几十年来,广大的非欧洲文明区,尤其是中国和印度的科学技术史,引起了科学家、工程师、哲学家和东方学家的很大兴趣,但历史学家基本上不在此列。有人也许会问,为什么中国和印度的科学史在历史学家当中一直不流行呢?当然,缺乏必要的语言文化工具来阅读原始材料是一个障碍,如果一个人主要被18、19世纪的科学所吸引,那么欧洲的科学发展将会完全占据他的兴趣。但我相信还有一个更深的理由。

我们在研究未曾自发产生出现代科学技术的各大文明时,往

① 参见我1961年在纽卡斯尔大学的格雷伯爵讲演:'Classical Chinese Contributions to Mechanical Engineering'以及我的纽可门百周年纪念讲演:'The Pre-Natal History of the Steam-Engine', Trans. Newcomen Soc., 1962, **35**, 3。

② 参见 J. Needham, Wang Ling & D. J. de S. Price, *Heavenly Clockwork* (Cambridge, 1960)。

③ 林恩·怀特在其《中世纪的技术与社会变迁》(*Medieval Technology and Social Change*, Oxford, 1962)一书中强调过中国的发明和发现对文艺复兴之前的世界所产生的各种影响。

往会追问现代科学为何会产生于旧世界的欧洲一端，这个问题很尖锐。事实上，古代和中世纪亚洲文明的成就越是辉煌，这个问题就变得越令人不安。在过去30年里，西方科学史家往往会拒斥在20世纪初相当流行的关于现代科学起源的社会学理论。当时提出的种种假说无疑还比较粗糙，[①]但这解释不了为何不能把它们变得更精致些。也许正当科学史确立为一门事实性的学科时，这些假说本身也使人感到不安。大多数历史学家都愿意承认科学影响社会，但却不愿承认社会影响科学。他们喜欢只通过观念、理论、思维技巧或数学技巧以及实际发现的内在联系或自动演变来思考科学的进步，就像火炬在伟人之间传来传去一样。他们本质上都是"内在论者"或"自动论者"。换句话说，"上帝派来一个人，名叫……"开普勒。[②]

① "粗糙"一词一般用来形容赫森(B. Hessen)在1931年伦敦国际科学史大会上提交的著名论文《论牛顿〈原理〉的社会经济根源》(On the Social and Economic Roots of Newton's *Principia*，重印于*Science at the Cross-roads*, London, 1932)。这是一篇坦率而直接的克伦威尔式的文章。6年以后，默顿(R. K. Merton)的重要专论《17世纪英格兰的科学、技术与社会》('Science, Technology and Society in Seventeenth-Century England', *Osiris*, 1938, 4, 360－632)的陈述则要完善和复杂得多。齐尔塞尔(E. Zilsel)的作品也有很多贡献，其中几篇论文载于《观念史杂志》(*Journal of the History of Ideas*)，所有这些文章都应当合为一卷出版。

② 阿伽西(J. Agassi)在其论文'Toward a Historiography of Science' in *History and Theory* (1963), Beiheft 2中也谈论了这个话题，尽管在一些论点上出现了混乱。他说，"归纳主义"科学史家主要关心"崇拜谁"以及"为何崇拜"的问题，但他也并不更喜欢"因袭主义者"。这里我并不关心这一特殊争论，但令人惊奇的是，阿伽西并没有更多引用佩格尔(Walter Pagel)的著作来大大加强自己的一些论证。总体而言，阿伽西站在自动论的立场，认为马克思主义是归纳主义者的一个缺点，并认为不同学派之间的争论是科学发展的主要因素。由于他的论文来自香港大学，可见他似乎能把自己成功地隔离起来，不与中国文化作任何接触——无论如何，迄今为止是这样。

然而,研究其他文明会使传统历史思想面临一个严重的理论困难,因为它需要一种最为明显和必要的解释来表明欧洲与亚洲各大文明之间在社会经济结构和易变性上的基本差异,这些差异不仅要能说明为什么现代科学只在欧洲发展起来,还要能说明为什么资本主义以及新教、民族主义等典型伴随物也只在欧洲而没有在地球上任何其他地方产生。我相信,这些解释能在相当程度上进行完善。它们绝不能忽视思想领域中的诸多重要因素——语言和逻辑,宗教和哲学,神学,音乐,人文主义,对时间与变化的态度等等,但这些解释将深深地关注对社会及其样式、推动力、需求和转变进行分析。内在论者或自动论者不欢迎这些解释。因此,相信其观点的人会本能地不喜欢研究其他伟大文明。

如果你不相信用社会学可以解释文艺复兴晚期产生现代科学的“科学革命”,认为这些解释太过革命性而予以放弃,而你同时又想说明,欧洲人何以能够做到中国人和印度人做不到的事情,那么你就会陷入一种无可逃脱的困境。即使不用纯粹偶然的因素来解释,也得用种族主义来说明,无论做了何种伪装。如果把现代科学的起源完全归于偶然,那么就宣告了历史学作为一种启迪心智的学问的破产。至于反复申述地理、气候等偶然因素也解决不了问题,因为你马上就会碰到城邦、海上贸易、农业等问题——自动论是拒绝讨论这些具体因素的。于是,“希腊人的奇迹”,就像科学革命本身一样,注定永远是个奇迹。但除了偶然还能是什么呢?只有主张欧洲“种族”是一个特殊的族群,它拥有某种固有的优越性,可以胜过所有其他族群。当然,没有人会反对你从科学上研究人种、体质人类学、比较血液学等等,但欧洲优越论乃是政治意义上的种族主义，与科学毫无共同之处。我担心，欧洲的自动论者会认为“我们是唯一具有天生智慧的民族”。然而，由于种族主义（至少是明显的种族主义）既不能在思想上被尊重，又不能在国际上被接受，所以自动论者正处于一种困境，而且随着时间的推移，此困境会变得越来越明显。[①] 因此，我自信地期待大家会对欧洲关键时期科学与社会的关系抱有新的极大兴趣，而且会更认真地研究一切文明的社会结构，探讨其成就到底有何不同。

总之我相信，通过分析中国与西欧之间社会经济模式的差异，我们最终会阐明早期中国科学技术的优势以及现代科学后来只在欧洲兴起的原因。

① 我们的重要合作者普莱斯（D. J. Price）非常了解亚洲人的贡献，但他在《巴比伦以来的科学》（*Science Since Babylon*, New Haven, Conn., 1961）一书中却依循了爱因斯坦的一个“直觉想法”，认为希腊和文艺复兴时期的科学缘于各种情况的偶然结合。霍尔（A. R. Hall）在《重访默顿》（‘Merton Revisited’, *History of Science*, 1963, **2**, 1）一文中重新攻击了他所谓的“外在论”科学编史学，但却对亚洲人的贡献所引出的问题保持沉默。倘若他能采取一种更为广泛的比较视角，他关于欧洲情况的论证就更能让人信服。三人之中只有克隆比（A. C. Crombie）实际意识到，缓慢的社会变迁使得中世纪晚期和文艺复兴时期的思想运动能在欧洲文化区产生现代科学，但即使是他也没有太注意与之相伴随的经济变动。

7. 时间与东方人①

本次演讲旨在对盛行于中国文明中的时间态度进行讨论。②有人声称只有欧洲文化才有真正的历史意识，对于这种看法，我想考察一下。如果这种看法没有错，那么我还想探讨一下现代科学技术在文艺复兴和"科学革命"时期的兴起是否与这种历史意识有关。

中国文化的"长青哲学"是一种有机自然主义(organic naturalism)，它总是承认时间的实在性和重要性。虽然中国哲学史上也有形而上的唯心论，甚至在佛教盛行的六朝和唐代，这种唯心论还盛行一时，王阳明(1472—1529年)的追随者也将其发扬光大，但是在中国思想中，它实际上只占据着附属地位。因此，主观时间

① 1964年在皇家人类学研究所所做的亨利·迈尔斯讲演，后收入 *The Voices of Time*, ed. J. T. Fraser (New York, 1966)。

② 本文涉及比较人类学，其标题呼应了曾在20年代引起文学界骚动的刘易斯(P. Wyndham Lewis)《时间与西方人》(*Time and Western Man*)一书的书名。作者批驳了20世纪许多文学作品(普鲁斯特、乔伊斯等人的作品)中对时间之流所持的不当观念。书中也含有一个哲学章节，与爱因斯坦、斯宾格勒、怀特海、亚历山大以及他最讨厌的柏格森进行了争论。这一节虽然篇幅较长，但并不为今天的哲学家所重视，不过我听说，刘易斯的文学批评仍然极受尊重。无论如何，我要向他鞠躬致敬，是他的书名启发我想出了本文标题。我想我可以向大家表明，并非只有西方人才有线性的连续时间观，"无时间的东方"(timeless Orient)一说乃是无稽之谈。

观并非中国思想的典型。虽然我们这里所谈的是古代、中世纪或传统的思想，而不是复杂的现代观念，但我们也可以说，在古代道家思想家那里就已经出现了相对主义的清晰轮廓。不过，无论在时间中发生过什么，无论繁荣还是衰败，在中国人看来，时间本身始终具有无可逃避的实在性。这与印度文明的总体精神气质形成了强烈对比，[①]而更符合旧世界西方一端另一温带气候区的居民思想。

中国哲学与自然哲学中的时间观念

时间及其内容常常是战国时代（与亚里士多德同时，大约在公元前4世纪）诸子讨论和思辨的主题。[②] 我们可以大致看看让他们感兴趣的东西。现在用来表示“universe”的“宇宙”本质上有“空时”(space-time)之义。公元前120年的一部著作这样写道：[③]

> 往古来今谓之宙，四方上下谓之宇，道在其间而莫知其所。

---

① 参见 H. Zimmer, *Philosophies of India* (New York, 1953), p. 450。

② 据我所知，至今仍然没有以中文或西文写成的论著系统地讨论过这一具体主题。这需要大量研究，但研究成果将会非常有价值。葛兰言在《中国人的思想》(*La Pensée Chinoise*, Paris, 1934)一书中(pp. 90ff.)只是触及了这个问题而已。他的立论多是依据非哲学性的资料，在他那个时代，对中国古代哲学的分析远比现在落后。这个主题不容易讨论，因为除了翻译作者的论证和观点方面有其内在的困难外，流传到我们手中的文本往往会有讹误，所以即使是本文所引也只能当作暂时的阐释。

③ 《淮南子·齐俗训》。

这两个古字本义是指屋、车、船的"檐",因此有伸展以覆盖之义。事实上,在英文里我们仍然说某篇阐述"覆盖"(covers)了十个或十五个世纪之久。汉朝的字典编纂者认为表示延续的"久"字源于"人"字,人迈腿走了一段距离,就好像屋檐伸出一段空间,时间则是从一个事件延伸到另一个事件。

现存的墨家学派著作中也包含有对时间和空间的有趣定义。墨家是中国古代哲学家当中对数学和科学的哲学最感兴趣的,其创始人是墨翟(约公元前476年—前390年)。《墨子》一书非一时所成,因为对墨子论述的系统记载,包括《兼爱》篇,不会比公元前400年晚很多,而《经》篇和《经说》篇不会比公元前300年早很多,关于技术的各篇则是在其后50年写成的。让我们看一些定义。

延续(久)

【《经》】久,弥异时也。

【《经说》】久:古今旦莫。[①]

空间(宇)

【《经》】宇,弥异所也。

【《经说》】宇:蒙东西南北。[②]

① 参见 *SCC*, Vol. IV, pt 1, p. 2。这使我们想起了亚里士多德的弟子斯特拉托(Strato of Lampsacus,活跃于公元前300年左右)对时间的绝对主义定义(参见 Simplicius, *Phys.*, 789. 35),这预示了后来的牛顿而非莱布尼茨。

② 参见 *SCC*, Vol. III, p. 930。这使我们想起了斯特拉托(Simplicius, *Phys.*, 618, 20)以及后来菲洛波诺斯(Johannes Philoponus,公元6世纪)对空间的绝对主义定义(*Phys.*, 567. 29)。

运动

【《经》】宇进无近,说在敷。

【《经说》】伛宇不可偏举,宇也。进行者先敷近,后敷远。①

运动

【《经》】行修以久,说在先后。

【《经说》】行:行者必先近而后远。远近,修也。先后,久也。民行修必以久也。②

因此,正如福克(Forke)所说,③由运动会产生时间和空间的观念。观察者运动所留下的距离构成了空间,而日、月等被观察物的位置改变则唤起了时间观念。当然,人也像其他动植物一样有自己内部的生物时钟,他对内在的需求和明暗的韵律周期很敏感。

哲学家对相对性和无限性有过很大争论。公元前 4 世纪,在名家惠施的影响下,中国哲学家提出过很多类似于希腊埃利亚派(Eleatic)悖论的诡辩。例如惠施说:"日方中方睨,物方生方死。"又说:"今日适越而昔来。"④中午的短暂时刻似乎是幻象,如果从

① 参见 *SCC*, Vol. IV, pt 1, p. 55。

② 参见 *SCC*, Vol. IV, pt 1, p. 56。

③ *Geschichte der alten chinesischen Philosophie* (Hamburg, 1927), p. 413. 参见亚里士多德:"运动是对象的前后处所。"(Physica, IV, II, 219 a 8, 220 a 1)在对时间的看法上,亚里士多德是一个关系论者(relationist),因为他觉得时间只是凭借运动物体的运动才存在。墨家不会说这种话。

④ 参见 *SCC*, Vol. II, pp. 190 ff. 。

地球表面的不同位置进行观察，则太阳总是在下落；衰老从受孕那一刻就开始了，事实上有机体越年轻，衰老就越快。之所以有"适越"一词，大概是认识到不同位置有不同的时间标度。墨家不仅认为时间持续从一刻流到另一刻，而且认为空间中的特定位置一直在发生改变；他们可能已经认识到地球在运动。

时间与空间

【《经》】宇，或徙，说在长宇久。

【《经说》】长：宇徙而有处。宇南宇北，在旦有在莫。宇徙久。

时间与空间

【《经》】或，过名也，说在实。

【《经说》】或：知是之非此也，有知是之不在此也；然而谓此南北，过而以已为然。始也谓此南方，故今也谓此南方。①

也许墨家预见到了某种类似于今天所谓的普遍时空连续体的东西，其中有无穷多个局域时空并存，并猜想不同观察者所看到的宇宙会因其在整个宇宙中位置的不同而不同。

① 参见 *SCC*, Vol. II, p. 193。这让人想起了波埃修(Boethius，约公元前50年)，他认为运动与静止有一个共同的东西，即独立时间变量的变化。"把在一个位置上的静止称为'位置'是不正确的。"(参见 Simplicius, *Categ.*, 433. 30)正如在他之前的斯特拉托所说，静止是沿时间轴的运动。

于是就有了无限长久、无限短暂、无穷大、无穷小的观念。惠施学派所提出的其他悖论则像芝诺(Zeno)悖论一样涉及原子论。《列子》中有一段话很有趣,书中内容往往是半想象人物之间的谈话。[①]

> 殷汤问于夏革曰:"古初有物乎?"
>
> 夏革曰:"古初无物,今恶得物?后之人将谓今之无物,可乎?"
>
> 殷汤曰:"然则物无先后乎?"
>
> 夏革曰:"物之终始,初无极已。始或为终,终或为始,恶知其纪?然自物之外,自事之先,朕所不知也。"
>
> 殷汤曰:"然则上下八方有极尽乎?"
>
> 革曰:"不知也。"汤固问。
>
> 革曰:"无则无极,有则有尽,朕何以知之?然无极之外复无无极,无尽之中复无无尽。无极复无无极,无尽复无无尽。朕以是知其无极无尽也,而不知其有极有尽也。"

这段话显示了当时关于时间和空间的论证。在同一篇稍后,夏革进而谈到了动植物寿命的无穷变化,强调时间对于不同生命体的相对性。《庄子》中说:[②]

---

① 《列子》直到公元380年左右才最终成书,但其中包含有战国和秦汉时代(公元前4世纪以来)的许多资料。这段话引自《列子·汤问》,参见*SCC*, Vol. II, p. 198。

② 《庄子·庚桑楚》。

有实而无乎处者，宇也；有长而无本剽者，宙也。

我们无法把一个人的影响或知识局限在他的身体碰巧占据的物理空间中，也无法将其局限在他在世的时间段内，即使这些空间和时间可以得到精确确认。虽然夏革主张一种无穷的时空连续体，但墨家更倾向于原子论，至少是对几何点和瞬时所做的定义。

瞬时

【《经》】始，当时也。

【《经说》】始：时，或有久，或无久。始，当无久。[①]

尽管如此，在传统中国科学思想中，物理化学意义上的原子论从未占据任何重要地位，因为中国科学思想秉持着连续体和超距作用的观念。[②]

如果考察一下希腊人的科学思想，就可以看出墨家和名家的观念是多么高级。[③] 墨家距离提出运动与时间的"函数依赖性"已经非常接近。虽然强调宇宙是连续的而非原子论式的斯多亚派发展出了多值逻辑，并且把握住了函数概念的一个要素，即连续变量，但他

① 参见 *SCC*, Vol. IV. pt 1, pp. 3 ff.。印度与闪族文化中也有类似的想法，但在历史上不大可能影响墨家。

② 参见 J. Needham & K. Robinson, 'Ondes et Particules dans la Pensée Scientifique Chinoise', *Sciences*, 1960, 1 (no. 4), 65；或 *SCC*, Vol. IV, pt, 1, pp. 3 ff., 9 ff., 202 ff.。

③ 例如参见 S. Sambursky, *The Physical World of the Greeks* (London, 1956), pp. 181 ff., 238 ff.；以及 *The Physical World of Late Antiquity* (London, 1962), p. 9。

们没有走太远，因为他们无法把时间视为一个以现象为函数的独立变量。直到物理学在文艺复兴时期被数学化，人们才通过解析几何学把运动描述成作为时间函数的位置变化。我们后面会看到，对亚里士多德主义者来说，时间是循环的而不是线性的；事实上，他们不会把时间看成从任一零点伸展至无限的坐标，就像抽象的空间坐标那样，不会像伽利略那样把时间当成可以用数学处理的几何维度。墨家没有演绎的几何学（尽管他们本可以提出一种类似的学说），肯定也没有伽利略物理学，但他们的表述往往显得比大多数希腊人更现代。至于墨家为什么没有在后来的中国社会中发展起来，只有科学社会学才能回答这个大问题。[①] 此外，对于大多数亚里士多德主义者来说，时间有点不实在，[②]新柏拉图主义者大都继承了这种看法。在中国，佛教各宗各派也把时间看成幻象，并把这种观念当作其一般世界学说的一部分，但土生土长的中国哲学家从未有过这种见解。

墨家也讨论因果性。例如：

因果关系

【《经》】故，所得而后成也。

【《经说》】故：小故，有之不必然，无之必不然。体也，若有端。大故，有之必然，无之必不然，若见之成见也。[③]

---

① 参见 *SCC*, Vol. II, p. 165 ff., 182, 201 ff., 203。

② 参见 Aristotle, *Phys.*, 217 b 33。

③ 参见 *SCC*, Vol. II, p. 176。

这样便区别了必要条件与充分原因。前者类似于现代生物学中对刺激做出反应的能力。前面提到的其他一些墨经命题中也蕴含着墨家对因果性与时间关系的有见地的认识。但在古代中国思想中并非总是如此。正如古代和中世纪的欧洲人会谈论亚里士多德的目的因,我们也听说古代中国有某位公爵,生前未能掌握封建诸国的霸权,因为他死后用人做殉葬。[①] 我们感到这两个事实是同一个样式的一部分,不是完全没有时间,而是把时间作为它的一个维度,使因果关系既可以向前又可以向后。此外,在我们马上要讨论的中国最重要的自然哲学框架中,有一些因果观念截然不同于印度或西方的原子论图景。后者认为一物的先行撞击是另一物运动的原因,而中国的自然哲学却认为,原因事件在时间上未必严格先于结果,毋宁说原因事件是通过一种绝对同时的共振(absolutely simultaneous resonance)而产生后者的。[②] 虽然这种观念非常符合一般中国科学和哲学高度的有机论倾

① 《史记·秦本纪》,批注见 M. Granet, *Dames et Légendes de la Chine Ancienne* (Paris, 2 vols., 1926), vol. 1, pp. 104 ff.。此事发生在公元前 621 年。

② 关于中国自然哲学中这些鲜为人知的因果观念,例如"网状因果关系"(reticulate causation)和"共时因果关系"(synchronistic causation),参见 *SCC*, Vol. II, pp. 288 ff. 以及荣格(C. G. Jung)的以下著作:Wilhelm, R. & Jung, C. G., *The Secret of the Golden Flower: A Chinese Book of Life*,包含对《太乙金华宗旨》的翻译,Eng. tr. by C. F. Baynes (London, 1931), esp. p. 142; Jung, C. G. & Pauli, W., *Naturerklärung und Psyche* (Rascher, Zürich, 1952, Studien aus dem Jung Institut, no. 4), Eng., tr. by R. F. C. Hull (Loudon, 1955),包含'Synchronicity: An Acausal Connecting Principle' by Jung 以及'The Influence of Archetypal Ideas on the Scientific Theories of Kepler' by Pauli; Jung, C. G., 'Über Synchronizität', *Eranos Jahrbuch*, 1952, **20**, 271; Jung, C. G., 'Synchronicity: An Acausal Connecting Principle', in *The Structure and Dynamics of the Psyche* (London, 1960, Collected Works, vol. 8)。N. R. Hanson, 'Causal Chains', *Mind*, 1955, **64**, 289 从一个非常不同的角度讨论了类似的观念。

向，但从未被彻底明晓。我们也许会怀疑，现代科学技术的兴起在中国文明中之所以受到抑制，这种观念本身是否起了作用。

古代儒家关注的总是人间事务，对所有这些思辨当然不感兴趣，甚至还加以反对。他们所考虑的时间只是圣人在社会中行动的恰当时机。“中”是感情与行动的指南，但在应用时必须有弹性，因为事情跟着环境变，固定的义务规则无法确立，于是《中庸》要人遵循“时中”。[①] 在《易经》中，这种做任何事情都要有正确时间的观念也很显著。然而，中世纪理学家的进路却完全不同。当时（11世纪到13世纪），这些学究式的思想家不仅了解古代墨家和道家的所有思辨，而且了解很多佛教哲学，只要符合他们的新综合，他们都会折中性地予以采用。这里我们无法详细考察他们对待时间的各种态度，但大多数理学家都认为时间是某种真实、客观、无穷的东西，例如邵雍（1011—1077年）便这样认为。[②] 不过也有一些人，比如邵雍之子邵伯温（1057—1134年）就认为时间是主观的，因为对于永恒的道来说是没有过去、现在和未来的。[③] 我们将会看到，大多数人都相信时间中的周期性重现。[④]

这样一来，他们便接近古代道家了。道家的最引人注目之处

---

① 《中庸》第二章第二节。参见冯友兰：*History of Chinese Philosophy* (London, 1937), vol. 1, pp. 371, 391。这种观念有点像早期基督教作家所说的 idios kairos，即神或人恰当的或决定性的行动时刻。

② 参见 *SCC*, Vol. II, pp. 455 ff.。

③ 参见 A. Forke, *Geschichte d. neueren chinesischen Philosophie* (Hamburg, 1938), p. 42。

④ 明朝学者董谷回答一位提问者，若只论及一个世界周期（元），则可以说时间有个开端，但若论及无尽的世界周期之链，则时间没有开端。参见 *SCC*, Vol. III, p. 406。

就是循环思维，亦即能认识到循环变化。《道德经》说："反者道之动。"[①]葛兰言写道："时间的典型性质就是循环前进。"[②]事实上有人认为，时本身是由自然不息的"运"产生的。[③] 道家体验到天可以用有机体的生命周期来类比。"有生之时，有死之时"，王朝的兴替各有其时。这就是"命"的含义，因此有所谓"时运"和"时命"。圣人信命运，知进退。[④] 后来，当中国科学思想先于其他文明认识到自然循环存在时，这种对循环的专注便产生了有趣的结果，例如气象学上的水文循环，[⑤]或者人体和动物体内的血气循环。[⑥] 这种观念几乎盛行于包括理学派在内的所有学派，由此可以觉察到循环世界观与中国科学自然主义的另一个范式——与原子论相反的波动说——之间的密切关系。[⑦]

这里的一个重要问题是，对于古代和中世纪的中国思想家来

① 第四十章；参见 *SCC*, Vol. II, pp. 75 ff.。

② *La Pensée Chinoise* (Paris, 1934), p. 90.

③ 我的这种表述来自于福永光司的一篇论文以及谭戒甫对前引墨家命题所作的注解。亚里士多德主义者和新柏拉图主义者也有类似的观念；参见 Sambursky, *Physical World of Late Antiquity*, p. 15。

④ 参见 *SCC*, Vol. II, p. 283。

⑤ 参见 *SCC*, Vol. III, pp. 467 ff.。

⑥ 这一主题在 *SCC*, Vol. VI 中会有充分讨论。另见 P. Huard & Huang & Kuang-Ming (M. Wong), 'La Notion de Cercle et la Science Chinoise', *Archives Internat. d'Hist. des Sciences*, 1956, **9**, 111。最近，Lu Gwei-Djen & J. Needham, 'Medieval Preparations of Urinary Steroid Hormones', *Nature*, 1963, **200**, 1047 阐述了这种循环思维所引出的重要结果。在文艺复兴时期的欧洲，关于圆与循环的哲学和神秘主义思想对现代科学的发展极为重要。佩格尔(W. Pagel)的许多论文都追溯了这种影响，这里我只提一篇：'Giordano Bruno; the Philosophy of Circles and the Circular Movement of the Blood', *Journ. Hist. Med. & Allied Sci.*, 1951, **6**, 116。

⑦ 参见 *SCC*, Vol. IV, pt. 1, pp. 3 ff., 9ff.。

说，单个循环或循环的特殊部分是如何彼此划分成离散单元的呢？葛兰言在一本颇具影响力的著作中断言，在古代中国人的观念中，时间总是被分成节、段、间，一如空间被有机地分成特别的范围和区域。[①]“时”似乎总是蕴含着特定的场合、义务和机会；[②]“时”是本质上不连续的“分段”(packaged)时间。[③] 这个结论并非基于对前面提到的各个哲学学派的研究，而是(葛兰言就是如此)基于包括秦汉文献在内的经典作品和其他古代著作中的神话、民谣和一般世界观。另一群思想家，即以稷下学派的老前辈邹衍(约公元前323年—约公元前250年)为首的阴阳家(这是原始科学的自然主义学派)，对这种世界观作了系统阐述。[④] 这些自然主义者详细阐述了阴阳五行理论以及象征关联系统，将万物按照木、火、土、金、

① Granet, *La Pensée Chinoise*. 其中说中国人“倾向于把时间看成世、季、代的整体”(p. 86)；“离开了具体活动便无法构想时间与空间”(p. 88)；中国人“把一切时间分成节段，一如他们把一切空间分成区域”(p. 96)；中国人“不厌其烦地把时间和空间想象成适合存放抽象概念的同质母体(homogeneous matrices)”(p. 113)。

② Granet, *La Pensée Chinoise*, p. 89.

③ 葛兰言过去常常称之为“礼拜时”(liturgical time)，因为这与皇帝祭祀以及纪念家族生活事件的那些仪式有关。皇帝一行在明堂举行仪式时必须穿上与季节相配的礼服，详见 W. E. Soothill, *The Hall of Light, a Study in Early Chinese Kinship* (London, 1951), pp. 30 ff.。夏天一旦正式开始，倘若穿与木(春天的要素)相配的青袍，那将是对天地的严重冒犯。夏天时一切礼服、旗帜、祭品都要换成赤色，因为赤色专与火(夏天的要素)相配。我们知道，西方天主教做礼拜时也有礼拜色，不过这些色并不像中国古代那样象征时“节”，也不带有迷信的恐惧，生怕失去上天的青睐。在家族习俗中也有仪式时间，即每个人一生中都要完成的“过渡仪式”(rites de passage)。此外还有暂时的禁忌日、定期的节日等。参见 Granet, *La Pensée Chinoise*, pp. 97 ff. 以及他的著名报告‘Le Dépot de l’Enfant sur le Sol’，原载 *Revue Archéologique*, 1922 (5ᵉ sér.) **14**, 10，重印于 *Etudes Sociologiques sur la Chine* (Paris) 1953, p. 159。

④ 参见 *SCC*, Vol. II, pp. 232 ff.。

水分成五类。[①] 由于在这种分类里季节很突出，[②]昼夜时辰也很突出(因为时辰是用十二地支来表示的)，所以时间就被"分段"了。这种对时间的区分可以恰当地推广到国家、王朝、统治者和统治期，因此我们可以理解为什么在封建末期、帝国初期，邹衍一派会特别有政治势力。人们认为，和平与战争的成败很可能取决于能否追随五行中的某一行以及象征关联系统中与之对应的一切事物。因此，原始科学预言家才有如此的威望。这一切构成了中国人的基本世界观，后来历朝历代的炼丹家、声学家、堪舆师、药剂师、铁匠、织工和手艺师傅的传统自然哲学皆以此为基础。我本人也说过："对于古代中国人来说，时间不是一个抽象参数，不是同质瞬间的相继，而是被分成了具体的季节、月、日等。"[③]"相继"这一观念从属于"交替"(alternation)和"相依"(interdependence)的观念。[④]

这样说的确不错，但并不全面。[⑤] 首先，虽然大家一般都会接受阴阳家的理论，甚至出于原始科学的目的在某种程度上对其做

① 参见 *SCC*, Vol. II, pp. 242 ff., 253 ff., 261 ff., 273 ff.。

② 四季与四行有关。但六月被认为属土，这样季节的数目就成了正确的五。

③ 参见 *SCC*, Vol. II, p. 288。

④ Granet, *La Pensée Chinoise*, pp. 329 ff.;参见 *SCC*, Vol. II, pp. 289 ff.。

⑤ 讨论时间的西方作者以为这些观念可以完全代表中国人的思想，这是有些不幸的。G. J. Whitrow, *Natural Philosophy of Time* (London and Edinburgh, 1961), p. 58 总结说，不连续的"分段"时间是中国人仅有的时间观念。他坦率地承认了 *SCC*, Vol. II 的帮助，但却忽视了 p. 288 的脚注(f)，不然他的注意力会转向另一个中国世界，即墨家的世界。当然，他本人只用了一个脚注来讨论中国。我们不可能把有史以来所有的欧洲时间观念都压缩到一个脚注中，但我相信，有少数中国作者会试图这样做。由于西方人对中国思想的极度漠视，威特罗(Whitrow)的努力值得赞扬而非责备，不过这种对比仍然给了我们一个教训。

了发展，但这些理论在中国社会的某些领域里却没有什么影响力。它们从未引起过墨家和名家的兴趣，在天文学和宇宙论的漫长演进过程中也只起了较小的作用。此外，正如我们将会看到的，历史学家和一般大众在作长期的社会学研究和考察时，发现阴阳家的分段时间并无用处。其次，虽然周期性重现在自然哲学中的确占有显著位置，但它几乎完全是一年之中的季节、月、日、小时等等的循环，以及表现于生物有机体或社会组织之中的那些循环。长程天文周期的地位并不重要，而“大年”(Great Year)概念及其导致的时间轮回则毫无地位。第三，随着时间的推移，自然哲学的政治应用变得越来越令人生疑。早在秦汉时代，人们对于适合特定王朝或皇帝的正色、正音、祭品等等就有过激烈的争论，像这样的问题在公元6世纪仍然是一个重大议题，[①]但从那以后，这些象征关联的政治含义在人们心目中便逐渐失去了地位。[②] 总之，中国人的思想中既有分段时间，也有连续时间。[③] 两者各有其重要性，前者用于科学技术方面，后者用于历史与社会学方面。[④]

现代科学为什么没有在中国自发地发展起来，其中一个关键因素现在我们也许可以说清楚了。由于传统自然哲学把时间设想

---

① 公元543年左右，身为刀匠、冶金家可能也是共熔制钢法发明者的伟大道士綦母怀文曾向东魏高祖建言，根据五行理论将朝廷旗帜由红色易为黄色，以征服西魏。

② 这段历史如果完全讲清楚，可能会给中国科学批判的自然发展史增加一章。中国从不缺乏理性主义的怀疑论(参见 *SCC*, Vol. II, pp. 365 ff.)，也曾完全不受欧洲文艺复兴的影响发展出批判性的科学思想(参见 *SCC*, Vol. IV, pt 1, pp. 189 ff.)。

③ 我们将会看到，印度的轮回观念在中国获得了巨大成功，因此中国也有循环时间。

④ 我们下面会看到，原始考古学(proto-archaeology)也是。

成一格格或一段段的，所以可能更难产生伽利略式的人物把时间均一化为一种抽象的几何坐标、一个可以作数学处理的连续维度。但中国天文学并未明显显示出时间的这种分段化——例如我们从未见过有人把某颗行星的运转与五行或五色中的某一个联系起来，虽然行星本身是以五行来命名的。在机械钟的发明故事中（我们将会看到，这个故事完全是中国人的），我们看不到有任何分段时间观念阻碍了机械钟的发明。时钟不断得到护理，年复一年滴答作响。

事实上，周期性并不必然蕴含着重复性或连续地断续（the serially discontinuous）。一年中的季节周期不过是过去、现在、未来所构成的无穷延续链条中的一环（annulus）而已。通过使用十天干、十二地支这两组配套的周期符号，中国人也习惯于以六十干支来度量时间。从公元前 15 世纪开始，干支便被用来计日，公元前 1 世纪以后则被用来计年，从而形成了一套独立于天象的计时系统，以十天为一"旬"。在以农业为主导的中国文明中，人们必须确切知晓在特定时间做什么事情，因此颁布阴阳合历就成了天子的神圣义务。接受历法是效忠的证明，这有点类似于在其他文明中，使用印有统治者肖像和姓名的货币是表示效忠一样。[①] 由于天体运行的度数是不可公度的，会发生缓慢的周年渐变，因此经年累月之后就需要改历，中国历史上很少有数学家和天文家不参与改历工作。从公元前 370 年到公元 1742 年，中国制定了不下一百种"历法"或天文表，包含了越来越准确的天文常数，确定了冬至、夏至的时间，日、月、年的长度，日

① Granet, *La Pensée Chinoise*, p. 97.

月运行和行星运转周期,等等。[1] 中国人早就知道默冬的(Metonic)、卡里普斯的(Callippic)以及类似沙罗的(Saros-like)日月食周期。[2] 在中国科学文化史上,历法的确占据着核心位置。既然一部历法要包含很多年,它便融入了历史本身。

时间、年代学和中国的历史编纂

年代学与历史编纂之间的密切关系显见于一种高级官员的头衔——太史(或太史公、太史令)。今天我们把这个出现于中世纪和晚近文本中的头衔译为“皇家天文学家”(Astronomer-Royal),因为他相当于政府天文局局长,随着时间的推移,愈来愈少负责国家占星学。把汉初的太史译为“皇家占星学家”(Astrologer-Royal)也不能算错,但真正重要的是,将其译为“皇家历史编纂者”(Historiographer-Royal)同样不能算错。事实上,这正是中国第一位大历史学家司马迁和他的父亲司马谈的头衔。有人认为,“皇家年代学家”(Chronologer-Royal)也许是最好的译名,因为太史的职责被认为是仰观天象,俯察地理,并把它们记录下来。如果从词源学上尽可能追溯回去,便会发现“史”字是

① 关于这个主题,可参见 *SCC*, Vol. III, pp. 390 ff.,不过很遗憾,我们对它的处理其实并不很恰当。那时我们感觉历法的意义更多在考古和社会历史方面,而不在科学方面。我们没有充分认识到,每一部“历法”都是一整套天文表和天文常数,总是为了对之前的所有历法作出实质性的改进。一个困难是(即使是那些熟悉中文的人也会遇到),研究中国星历表历史的最大权威薮内清博士发表的大量作品几乎完全是用日文写成的。倘若能把这些作品浓缩成一本用中文或某种西方语言写成的实用手册,那将对学界有很大帮助。同时,讨论中国历法的朱文鑫的《历法通志》(上海,1934 年)仍是必备读物。

② 参见 *SCC*, Vol. III, pp. 406 ff.。

以手持物的象形文字，所持之物也许象征着中心，意为“不偏”或首都之所在；也许是古代射箭比赛时裁判员所持的用以计数算筹的杯子。因此，史是随侍，但公正而理智。至于太史的首要职能是司天还是司地，目前仍不能断定；[①]但至少到了公元1世纪中叶，太史局(Bureau of Astronomy)与史馆(Bureau of Historiography)是两个完全分开的官僚机构。史馆负责保存当朝的记录和档案，也负责撰写前朝的历史，理论上不受当政君主或官员操纵。[②]

考虑到中国人对时间的实在感，中国或许拥有最伟大的古代历史传统也就不足为奇了。[③] 我们可以毫不犹豫地说，在一切古

① 在最近对这个问题的有趣讨论中，可以提到：F. Jäger, ‘Der heutige Stand Schï-ki Forschung’, *Asia Major*, 1933, **9**, 25; B. Watson, *Ssuma Chhien, Grand Historian of China* (New York, 1958), pp. 70 ff., 204 ff., 220; F. A. Kierman, *Ssuma Chhien's Historiographical Attitudes as Reflected in Four Warring States Biographies*, (Wiesbaden, 1962), pp. 4 ff., 48ff.。有证据表明，太史的职位可以是而且时常是世袭的，因为司马谈对儿子说，他们祖先是周室的太史。由太史也可能衍生出一个姓，如齐国的太史敫(活跃于公元前320—前270年，参见前引Kierman的书，p. 39)，梁朝的道家学者兼易经专家太史叔明(474—546年)。

② 实际上大抵如此。关于该制度的论述可参见Yang Lien-Sheng, ‘The Organisation of Chinese Official Historiography; Principles and Methods of the Standard Histories from the Thang through the Ming Dynasty’, art. in *Historians of China and Japan*, ed. W. G. Beasley & E. G. Pulleyblank (London, 1961), p. 44。同一书中A. F. Hulsewé的文章(p. 31) ‘Notes on the Historiography of the Han Period’论述了该制度如何从古代掌天文和纪年的太史制度演变而来，到唐代则形式趋于固定。

③ 关于中国一般的历史编纂传统，参见*Historians of China and Japan*, ed. W. G. Beasley & E. G. Pulleyblank (London, 1961)的导言，特别是经典著作C. S. Garner, *Chinese Traditional Historiography* (Cambridge, Mass. 1938, repr. 1961)。Han Yu-Shan, *Elements of Chinese Historiography* (Hollywood, Calif. 1955)也是一本有用的参考书，虽然有许多不确之处。有能力阅读中文的人可以看看金毓黻的《中国史学史》(北京，1962年)。*SCC*, Vol. I, pp. 74 ff. 对中国的历史编纂作了简要概述。

图 30：晚清的一幅插图，解释了公元前 9 世纪《尚书》中记载的一件事情。周朝击败商朝，接收其政府官员，此图题为“周公告士图”。（《多士》，取自《书经图说》。）

代民族中，中国人最具有历史意识，因此在他们的文明中，事件的年代比较容易确定。考古学也证明了这一点，因为物品和铭文都被细心地刻上了年代。其他文化都不曾留下二十五部正史那样的卷帙浩繁的历史文献。这套朝代史从司马迁的《史记》（完成于公元前 90 年）开始，到《明史》（完成于公元 1736 年）结束。西方人习惯于称正史为“中国编年史”（the Chinese annals），这表明西方作者对朝代史的样式了解甚少。诚然，朝代史包含有历代的基本编年史，但也包含讨论特殊主题的大量论述，比如天文学、经济学、文官制度、行政地理、水利工程、征税与通货、法律与正义、宫廷礼仪，等等。最后，它们也把大量个人传记编在里面，这些传记是朝代史中最有价值的材料。幸运的是，中国伟大的历史传统，一个重视时间的民族的作品，现在越来越受到西方学者的重视。[①]

然而，有人曾提出这样的问题：中国历史学家的时间是否不是“分段时间”，而是连续时间？[②] 不错，单纯的纪年法，比如从公元前 776 年开始的奥林匹克纪年，或者从公元前 31 年开始的塞硫西纪年，或者公元 6 世纪初确立的基督纪年，都没有在中国自发产生。中国以朝代和统治纪年，（自公元前 165 年左右以来）朝代中

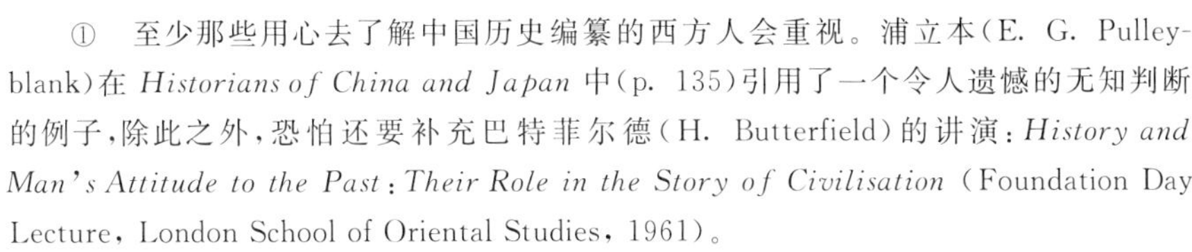

① 至少那些用心去了解中国历史编纂的西方人会重视。浦立本（E. G. Pulleyblank）在 *Historians of China and Japan* 中（p. 135）引用了一个令人遗憾的无知判断的例子，除此之外，恐怕还要补充巴特菲尔德（H. Butterfield）的讲演：*History and Man's Attitude to the Past*：*Their Role in the Story of Civilisation*（Foundation Day Lecture，London School of Oriental Studies，1961）。

② 见 1956 年 O. van der Sprenkel 在伦敦东方研究学院举行的研究讨论会上提交的论文‘Chronology，Dynastic Legitimacy，and Chinese Historiography’。该文当时曾以油印本流传，惜未收入 *Historians of China and Japan*，ed. W. G. Beasley & E. G. Pulleyblank，1961。

又有年号。但中国的历史学家又想出了一套关于王朝合法性的融贯的“单轨”理论，并努力把同时代的小王朝、王国和蛮族的纪年法与所采用的主要时间标度关联起来。在年代学领域能与约瑟夫·斯卡利格(Joseph Scaliger)[1]和牛顿[2]相比的一位大天文学家是刘羲叟(约公元1060年)，通过干支周期、闰月的确认、冬至夏至的时间等，他的《刘氏辑历》体现了其“长术”(调和长期数据之术)的成果。[3]

此外，中国的历史编纂绝不限于朝代史的框架，因为随着时间的推移，各种形式的“通史”发展起来，以处理包括若干个朝代兴亡在内的长时间历史。司马迁本人为通史的写作树立了典范，因为他的《史记》从远古一直讲到公元前100年左右的西汉时代，但他并没有提出很多理论来讨论历史学家的工作。从唐代刘知几

① 斯卡利格(1540—1609年)以其 *Opus Novum de Emendatione Temporum* (*Thesaurus Temporum*), Paris, 1583 而建立了现代历史年代学。参见 J. W. Thompson & B. J. Holm, *A History of Historical Writings*, 2 vols. (New York, 1942), vol. 2, p. 5。虽然该书对于西方世界极有价值，甚至还尝试论及阿拉伯、波斯和蒙古的历史学家，但它有意没有考察中国(因此浦立本对它提出了严厉批评)，却在其导言中毫不犹豫地肯定了基督教欧洲卓越的历史意识。

② Sir Isaac Newton, *The Chronology of Ancient Kingdoms Amended, to which is prefixed a Short Chronicle from the First Memory of Things in Europe to the Conquest of Persia by Alexander the Great* (London, 1728). 关于这一点，参见 F. Manuel, *Isaac Newton, Historian* (Cambridge, 1964)。

③ 关于刘羲叟的一般背景，参见 Yabuuchi Kiyoshi, 'The Development of the Sciences in China from the 4th to the end of the 12th Century A. D.', *Journ. World History*, 1958, 4, 330。公元3世纪时，杜预曾第一次用长术来研究春秋时代。刘羲叟的著作始于汉初，止于五代末，其伟大继承者钱大昕(1728—1804年)则将其推至宋、元、明。当然，我们现在拥有详细而精确的中国历史年代表，例如 A. C. Moule & W. P. Yetts, *The Rulers of China, 221 B. C. to A. D. 1949* (London, 1957)。

(661—721 年)的《史通》(成书于公元 710 年)开始,历史哲学才得到了精彩的研究。《史通》是世界上第一部讨论历史编纂方法的著作,[①]很值得与八个半世纪以后的欧洲史学先驱博丹(Bodin)和拉·波普利尼埃尔(de la Popeliniere)的著作相比较。[②] 当时中国也有她自己的维柯(Giambattisto Vico),那就是章学诚(1738—1810 年)。[③] 刘知儿的儿子刘秩(约公元 732 年)与另一位唐代学者杜佑(735—812 年)发明了一种全面的新型制度史,刘秩作了《政典》,杜佑作了著名的《通典》(公元 801 年)。但直到公元 1322 年元代马端临的《文献通考》出版,这种类型的著作才达到高峰。[④] 他这部内容清晰的名著共 348 卷,本质上是一部制度通史,也包括对制度所蕴含的社会结构和经济状况的探讨。在马端临看来,制

① 关于这一点,参见 E. G. Pulleyblank, 'Chinese Historical Criticism; Liu Chih-Chi and Ssuma Kuang', art. in *Historians of China and Japan* ed. W. G. Beasley & E. G. Pulleyblank, p. 135。

② Jean Bodin (1520—1596), *Methodus ad facilem Historiamm Cognitionem* (Paris, 1566) 和 L. V. de la Popelinière (1540—1608), *Histoire des Histoires; Premier Livre de l'Idèe de l'Histoire Accomplie* (Paris, 1599)。这两本书是西方最早讨论历史因果规律与发展规律的著作,为历史方法和历史批判奠定了基础。参见 Thompson & Holm, loc. cit., vol. 1, pp. 561, 563, vol. 2, p. 5。

③ 关于章学诚,参见 P. Demiéville, 'Chang Hsüeh-Chheng and his *Historiography*', *art. in Historians of China and Japan*, ed. W. Beasley & E. G. Pulleyblank, p. 167, esp. p. 184。关于维柯(1668—1744 年),参见 Thompson & Holm, op. cit., vol. 2, pp. 92 ff.。

④ 关于这三部巨著,除了浦立本讨论刘知儿的文章,亦可参见 E. Balazs' 'L'Histoire comme Guide de la Pratique Bureaucratique; les Monographies, les Encyclopédies, les Recueils de Statuts', art. in *Historians of China and Japan*, ed. W. G. Beasley & E. G. Pulleyblank, p. 78。另见 Han Yu Shan, op. cit., pp. 60 ff.。

度史要比为偶然事件编目的年代史重要得多。他寻求历史中的因果次序，认为这比王朝更替和军事变迁更基本，这种做法在当时显然非常先进。事实上，它类似于与马端临几乎同时代的伊本·赫勒敦（Ibn Khaldun）所开创的社会史，[①]以及后来帕基耶（Pasquier）、詹农（Giannone）和孟德斯鸠所完成的制度史。[②]《文献通考》也对原始文献做了详细的批判分析，通篇贯穿着作者惊人的洞察和深刻的判断。

早在公元6世纪就有人着手撰写通史了。梁武帝（萧衍）委托吴均写一部《通史》。他写成了，共620卷，但没有留传下来。[③] 不过，郑樵（1104—1162年）在公元1150年左右完成的《通志》留传至今。郑樵更擅长的是"综合"论或"会通之道"，而不是实际的史学工作。他的著作是一部按论题编排的历史百科全书，其中的"略"是今天唯一能使用和欣赏的部分。[④] 事实上，在他之前有司马光（1019—1086年）和一组合作者于1084年完成的中国最伟大

① 现在大家知道，伊本·赫勒敦（1332—1406年）曾设想过一种历史发展通论，他的 *Book of Instructive Examples and Register of Subjects and Predicates dealing with the History of the Arabs, the Persians and the Berbers* 一书体现了气候、地理、道德和精神力量以及国家兴衰法则，事实上是社会史。

② E. Pasquier（1529—1615），*Les Recherches de la France*, Paris, 1560, 1611; Pietro Giannone（1676—1748），*Storia Civile del Regno de Napoli*, Naples, 1723; Louis de Secondat, *de Montesquieu*（1689—1755），*L'Esprit des Lois*, Paris, 1748. 关于这些著作，参见 Thompson & Holm, loc. cit., vol. 1, p. 6, vol. 2, pp. 61 ff., 90, 561。Butterfield, *History and Man's Attitude to the Past: Their Role in the Story of Civilisation*（Foundation Day Lecture, London School of Oriental Studies, 1961），p. 13 怀疑非欧洲文明是否曾发展出法制史。

③ Han Yu-Shan, op. cit., p. 49.

④ Han Yu-Shan, op. cit., pp. 49, 61 以及 Balazs, op. cit., pp. 84, 90。

的通史著作——《资治通鉴》。① 该书共354卷，上起公元前403年，下迄公元959年。后人对它不断加以注疏、节略、摘录、仿效和扩充。这幅涵盖13个世纪的历史画卷堪与吉本涵盖14个世纪的历史著作相比。② 由此书又产生了另一种体裁，即“纪事本末”。公元1190年左右，袁枢（1131—1205年）考虑到《资治通鉴》材料过于庞杂，遂选出239个论题，在其《通鉴纪事本末》中分别论述。③ 这又给接下来几个世纪创造了一整套历史体裁。这样中国人便克服了时间的“分段化”。

这里特别值得注意的是司马光巨著的标题——“资治”。中国人的历史观中有一个表面上的悖论。在中国，好的历史被认为应当(1)客观，(2)正史，(3)规范。孔子本人在其“正名”学说中便主张名副其实，实事求是。④ 中国的史学家虽是吃皇粮的文官，但其

① Balazs, op. cit., Yang Lien-Sheng, op. cit. 和 Pulleyblank, op. cit. 浦立本的论文生动地叙述了司马光和他的合作者刘攽、刘恕、范祖禹的编纂方法。中世纪中国历史学家的一些技巧是非常现代的。例如在宋朝的史馆中，不同文本是用不同种类的彩色墨水来区分的。早在公元500年左右，大医家陶弘景便用此法来编药典。历史学家李焘（1115—1184年）以其详细的文件编排系统而闻名。他把十个柜子排成一行，每个柜子有二十个抽屉，与某年有关的所有文件和记录都放在其中一个抽屉内，最后按月日的时间顺序将其整理成文档。这种编排系统被用来编写他的《续资治通鉴长编》，将叙事年代下推至公元1180年。此文件编排系统在多大程度上起源于李焘，我们不得而知，但很有可能自（与陶弘景同时代的）吴均以来就一直在发展了，司马光及其合作者一定也用过这类方法。关于李焘的生平和著作，参见 Sudo Yoshiyuki in *Komazawa Shigaku* 1957, 6, 1。

② 参见 Thompson & Holm, loc. cit., vol. 2, pp. 74 ff.。

③ 关于这一点，参见 Pulleyblank, op. cit., p. 158。

④ 参见 Hsü Shih-Lien, *The Political Philosophy of Confucianism* (London, 1932), pp. 43 ff.; Yang Lien-Sheng, loc. cit. p. 52。

职责乃是不计利害地对过去的活动做出判断,以"惩恶扬善"。[①]中国政府赐死者以谥号,赐生者以封号(表明了中国人对待时间的不同态度),因此公正而权威地记录过去当然也是它的职责。最后,历史服务于一项重要的道德目的,即"资治",指导行政工作,抑恶扬善。这便是中国历史编纂基本的"褒贬"理论,它是人类精神的一种崇高努力,尽管会使现代西方托利党历史学家(Tory historians)感到不快。[②] 由这种组合所导致的任何看似悖谬的东西,都可以通过深藏于一代代中国历史作家心中的一种深刻信念将其化解,那便是,社会的显露和发展过程有一种内在的逻辑,一种内在的道,因此"仁心"(善心,不忍人之心,恻隐之心)[③]终究会得到社会的善果,而不仁之心则会导致无法挽回的罪恶。[④] 人们感到这

① 关于中国官方历史学家的客观性和可靠性问题已有很多讨论(像巴特菲尔德这样的批评家似乎并不知道),总体而言,汉学家所达成的结论是非常肯定的。有几篇文章可以一提:H. H. Dubs, 'The Reliability of Chinese Histories', *Far Eastern Quarterly*, 1946, 6, 23; E. R. Hughes, 'Importance and Reliability of the I Wen Chih', Mélanges Chinois et Bouddhiques, 1939, 6, 173; 以及 *Oriens Extremus* 中的争论文章:H. H. Frankel, 'Ojectivität und Parteilichkeit in d. off. Chin. Geschichtsschreibung', 1958, 5, 133 和 H. H. Dubs, 1960, 7, 120 的回应。E. Haenisch, 'Der Ethos d. Chin. Geschichtsschreibung', *Saeculum*, 1950, 1, 111 则热情地赞赏了中国历史学家的理想。中国正史中大量天文记录的可靠性是另外的问题,*SSC*, Vol. III, pp. 417 ff. 对此做了讨论。

② 我想到的当然是巴特菲尔德那本不同寻常的小书:《历史的辉格解释》(*The Whig Interpretion of History*, London, 1951)。

③ 参见《孟子·公孙丑上》第六章和《孟子·告子上》第六章。

④ 这与佛教徒的业报说大不相同,因为中国的历史学家认为报应不一定会降临在个人头上,无论是此生还是来世,但最终会导致个人的房屋、家庭、朝廷或社会群体的毁灭。这种儒家形式的"宇宙互惠"(cosmic reciprocity)本质上是社会性的,在起源上则比佛教和印度的转世观念入华早好几百年。公元前120年左右的《淮南子》便对这一观念做了警句式的表述。

种归纳有非常充分的经验依据。于是,历史是道的显现,起源于天。[①] 怎么会有人以为中国人的时间意识不如欧洲人呢?我们甚至可以说,是欧洲人的时间意识不如中国人,因为道在历史中的化现是一个不断更新的连续过程。[②]

事实上,在中国文化中,能被称为"科学女王"的不是神学或形而上学,更不是物理学或数学,而是史学。但史学也因此抑制了自然科学的成长,使之在本土发展中一直囿于中世纪类型的假说,从未实现只在欧洲产生了现代科学的那种数学化。甚至有人提出,仅凭史学的优越地位几乎就足以解释中国文化为何没能以墨家、名家的辉煌起点出发,沿着亚里士多德和经院哲学的路线发展出系统的逻辑。[③] 就三段论逻辑能够帮助科学的生长而言(这一点可以争论),[④]这是另一个限制因素,因为中世纪的中国没有三段论逻辑。在寻求此大区别之具体原因时,施坦格(Strange)曾将中国和希腊古代哲学家所处的社会环境作了对比,并特别指出,一个

① 根据汉代流行的孔子格言:"载之空言,不如见之于行事之深切着明也。"(《史记·太史公自序》)道内在于自然和历史之中,不能在世界之外求得。

② 关于这一点,没有人比伟大的章学诚说得更明确了(参见 Demiéville, loc. cit, pp. 178 ff. 的阐释)。他说,六经皆史(经与史不可分),同样,一切史也皆有经的价值。章学诚其实是把历史经典化,遂成为比他略小的黑格尔以及比他晚一代的马克思的先驱。当然,黑格尔和马克思对章学诚一无所知。

③ 名、墨两家的思想也许过于辉煌了,因为它们显示出很多与形式逻辑相对的辩证逻辑的痕迹,而当印度辩证逻辑随佛教传入中国时,辩证逻辑的倾向被大大增强了(参见 *SCC*, Vol. II, pp. 77, 103, 180 ff., 194, 199, 258, 423 ff., 458)。如果不经过形式逻辑阶段,自然科学很难从辩证逻辑中受益。

④ 我们不清楚三段论逻辑对科学是否利多弊少。无论如何,在欧洲科学革命中,神秘—经验的因素可能和数学因素一样,比逻辑因素重要得多(参见 *SCC*, Vol. II, pp. 89 ff., 200 ff.)。

具有原始封建官僚制，另一个具有城邦民主制。[①]希腊人自己的历史较短，对于巴比伦和埃及的悠久历史，他们抱以好奇而非尊敬的态度，巴比伦和埃及人的道德观并不特别适用于希腊人。但希腊人集会时喜欢在公众面前通过严格的逻辑程序来证明论点。在会场上，人人都是平等的公民，人人都可以反驳。因此，希腊民主制度下的哲学家自然就发展出了形式逻辑。而中国哲学家的情况则截然不同，他们的确有一些重要的学院和学会是用来讨论的，[②]但他们时常会到封建统治者的宫廷去做谋臣策士。施坦格写道："中国哲学家不可能像希腊哲学家那样和一群有相同权利地位的人去讨论政治形势。只有引起君主的注意，他的思想才能付诸实践。在与专制君主讨论问题时，民主的逻辑论证方法是行不通的，他们需要采用一种完全不同的方法，即引用历史典故，才能产生好的效果。因此在中国历史上，用历史典故来证明论点很早就胜过了逻辑论证。"通过古代西方的奴隶城邦民主制度与中国的原始封建官僚制度之间的社会差异，几乎无疑可以解释文化发展中具有深远影响的差异。[③]中国人的方法本质上是类比法——相似的原

①参见 H. O. H. Stange, 'Chinesische und Abendländische Philosophie: ihr Unterschied und seine geschichtlichen Ursachen', *Saeculum*, 1950, 1, 380。

②特别是公元前 325 年左右在齐国建立的著名的稷下学院，公元前 260 年到公元前 240 年间在吕不韦身边聚集的一群学者—科学家，以及公元前 140 年到公元前 120 年间活跃于刘安周围的自然哲学家群体（参见 *SCC*, Vol. I, pp. 95 ff, 111, Vol. III, pp. 195 ff.）。

③我们不应因此就断言古代中国社会没有民主要素——事实正好相反，其影响是深远的，但这里无法讨论。施坦格强调希腊城邦民主制度对于发展形式逻辑的作用，这让人想起韦尔南（Vernant）也曾有类似的主张，从城邦民主制度的社会环境中会发展出演绎几何学。他把在广场上中证明几何学命题看成这样一种逻辑数学，它特别适合于参

因产生相似的结果，以前如此，现在即如此，未来也将如此。中国人对此深信不疑。因此在整个中国历史上，史学(及其所有附属科学)占据着突出的支配地位。认为只有欧洲文明才真正具有历史意识，这种想法是站不住脚的——历史女神克利俄(Clio)至少穿中国衣服也同样舒适。

机械钟与水力机械钟

中世纪的中国工匠和学者最早解决了机械计时问题。由于中国文化重视具体时间(天时、地时都包括)，这件事情也许并不怎么引人注目，尽管中国与测时法的关系直到最近才得到应有的重视。中国发明机械钟之后 6 个世纪，时钟才在西欧出现。[①]

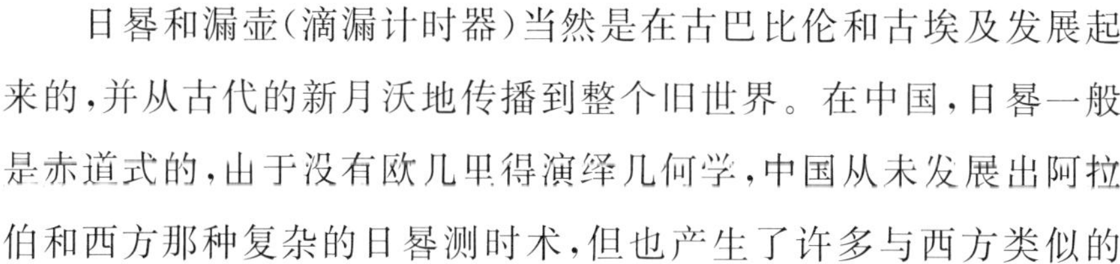

日晷和漏壶(滴漏计时器)当然是在古巴比伦和古埃及发展起来的，并从古代的新月沃地传播到整个旧世界。在中国，日晷一般是赤道式的，由于没有欧几里得演绎几何学，中国从未发展出阿拉伯和西方那种复杂的日晷测时术，但也产生了许多与西方类似的

(接上页)与者有平等讨论权的集会，那是一种民主的推理方式，正如后来的希腊文字体是一种民主化字体一样。算术和代数是更为专门的文书技艺或官僚技艺，不太适合公开证明，而更像是旧式的线形文字 B(linear B script)。由于中国人和巴比伦人都偏爱代数方法，他们的社会自然会采用官僚制度，这与奴隶城邦民主制度大不相同。参见 J. P. Vernant, in *Scientific Change: Historical Studies in the Intellectual, Social and Technical Conditions for Scientific Discovery and Technical Invention, from Antiquity to the Present*, ed. A. C. Crombie (London, 1963), p. 102；以及 *Les Origtnes dc la Pensée Grecque* (Paris, 1964)。

①关于本节主题，参见 J. Needham, Wang Ling & D. J. de S. Price, *Heavenly Clockwork, the Great Astronomical Clocks of Mediaeval China* (Cambridge, 1960) 以及 *SCC*, Vol. IV; pt. 2, pp. 435 ff.。

谚语——“寸金难买寸光阴”,“尺璧非宝,寸阴是竞”。[①] 中国的漏壶则有更多发展。中国人采用的是受水型漏壶,通过增加附加壶的数目和使用恒位面溢流装置来稳定水压。另有受水壶可在杆秤上连续加重,最后则称中间壶的重量。后来大概就把一整套这种水壶安装在一个转轮上,从而在准确计时方面实现了一大突破。[②]

机械钟的发明是科技史乃至一切人类技艺和文化史上最重要的转折点之一。[③] 问题是如何找到一种方法来减慢一组轮子的旋转,使之能与天这座大钟保持同步。自有文明以来,星官和天文学家就在研究天的周日视运转。擒纵机构是人类在动力控制方面取得的第一项伟大成就。大家今天熟悉的机械钟的确是人类独创性的重大胜利。机械钟可能是17世纪科学革命最重要的工具,因为它训练出了能够制造现代实验仪器的工匠,并为世界图景提供了一种哲学模型,而该图景是以“机械装置的类比”为基础发展出来的。但它到底是何时产生的呢?直到最近,有关计时史的著作往往会先用几章讨论日晷和漏壶,然后便跃至14世纪初欧洲带有立轴横杆式擒纵机构的机械钟的发明。这之间显然缺失了某个环节。事实上,我们现在知道,至少在六百年以前,旧世界的东方就发明了一种有效的擒纵机构。这种擒纵机构被用于一种水力机械钟,这清楚地表明,水力机械钟便是那个缺失环节。

① 关于中国的日晷,参见 *SCC*, Vol. III, pp. 302 ff.。

② 关于中国的漏壶,参见 *SCC*, Vol. III, pp. 313 ff. 以及 J. Needham, Wang Ling & D. J. de S. Price, *Heavenly Clockwork, the Great Astronomical Clocks of Mediaeval China* (Cambridge, 1960), pp. 85 ff.。

③ J. L. Synge, ‘A Plea for Chronometry’, *New Scientist*, 1959, 5, 410 说得好:在一切物理学测量中,时间测量是最基本的。

这种知识源于最近对苏颂(1020—1101 年)一部著作的研究。苏颂是宋朝的大政治家，也是博物学家和天文学家。1090 年，为了描述一座精致的天文钟塔，他开始撰写《新仪象法要》，该塔是 1088 年在他的监督和工程师韩公廉的合作之下在京师开封建造的。书的前两卷讨论浑仪与浑象，第三卷则详细描述了水运仪象台的结构。由于顶层的观测仪(浑仪)、第一层的天球仪(浑象)以及塔状报时楼的各层结构都被机械化了，所以这是历史上第一座天文转仪钟。当然，它也是第一个对太阳时与恒星时进行转换的齿轮装置的化身。驱动力并非来自后来欧洲所采用的落锤，而是来自一个配有戽斗的水轮转动时所产生的力矩，该水轮类似于转动磨坊的水轮或培尔顿式水轮机(Pelton turbine)。阻挡此轮向前转动的擒纵机构由桥秤和联动装置所组成，当每一个戽斗正在充水时，擒纵机构保持不动，但顷刻间机关发动，打开关卡，释放一根幅条，下一个戽斗就会在流速恒定的喷水器作用下就位。这样便把一部庞大机械的行进分成了相等的时间段，从而保证了稳定的运动——这是一项天才的发明。

不过这并非苏颂自己的发明。一旦我们理解了他的专业术语，便可以在较早的文献中去追溯建造这种水力机械钟的记载。公元 725 年的唐朝有一个关键点，当时僧一行(也许是那个时代最伟大的数学家和天文学家)与军事工程师梁令瓒设计出了第一个这样的擒纵机构。他们的时钟内肯定出现了联动的擒纵机构以及日月行星仪的齿轮装置。这种擒纵机构甚至还可以追溯到更早，因为自汉代张衡(78—139 年)以来，许多文献都谈到了在时间上与天同步的自动旋转的浑天仪。不幸的是，这些文献并没有清楚地描述这些“原始时钟”的机械构造。为什么在这些发展上中国会领先欧洲这么久？道理很简单，因为中国人通常采用赤道坐标（等价于今天的赤经和赤纬）来表示星体的位置，而不是用希腊人的黄道坐标。[①] 一切星体都沿着赤道坐标运动，而不是沿着黄道坐标，因此自然有人希望用模型来复制星体的运动，“以助计算”。我们现在仍然不知道，在立轴横杆式的落锤时钟出现的那个世纪或者更早之前，欧洲是否使用过中国的擒纵机构，但这种想法有一定的根据。至少，了解到其他地方已经成功地解决了机械计时问题，欧洲的第一批机械钟制造者足以由此获得启发了。[②]

西方作者对于“无时间观念的东方”有过很多说法，但无论他们的说法是否适用于其他文明，反正是不适用于中国的。倘若中国的作者和团队领导者不“留意于时钟”（have an eye on the clock），我们简直无法想象那些浩如烟海、学识渊博的中国文献（本次演讲只能提到极少一些）能够写出来。

据说大文学批评家刘勰（约 465—520 年）写了一本《新论》，书中《惜时》一篇很有趣，[③]里面写道：

昔之君子，欲行仁义于天下，则与时竞驰，不吝盈尺之璧，

① 参见图 7。

② 根据 F. A. E. Ward, ‘How Timekeeping became Accurate’, *Chartered Mechanical Engineer*, 1961, 8, 604 修改而成的（征得了他的同意，并与 J. H. Combridge 进行了磋商）图 31 表明，中国的水轮联动擒纵机构远比欧洲早期的立轴横杆式时钟准确。也许直到 17 世纪中叶摆被引入以及由此引发的进一步改良之后，它的水平才被超越。

③ 重印于《古今图书集成》，人事典，第四卷。

而珍分寸之阴。故大禹[1]之趋时，挂冠而不顾；南荣[2]之访道，踵趼而不休；仲尼栖栖，突不暇黔；墨翟遑遑，席不及暖。皆行其德义，拯世危溺，立功垂楷，延芳百世。

时间中的生物演变

我们已经谈了哲学、史学、年代学和钟表制造术。接下来我们要探讨在中国人如此看重的无尽时间链中发生了什么。首先，中国人如何看待生物的演变和进化？我们一旦去考察传统中国文化对于生物的观念，就会发现中国人从不相信物种是固定不变的，因为他们从未有过任何特创论观念，一个至高无上的神从无中创造世界是中国人所无法想象的；因此，只要时间足够，不同种类的生物必定很容易相互转变。只要认真观察，就可以表明究竟发生了什么，未发生什么。于是，一方面中国的生命观要比中世纪或甚至18世纪的欧洲开放得多，但另一方面，他们斯多亚—伊壁鸠鲁式的非神创论(Stoic-Epicurean non-creationism)却使其无法设想有一位至高无上的神圣立法者制定了自然法，而事实证明在西方，这种构想(至少在某些时期)是有利于自然科学发展的。[3] 如果没有一位多少有些人格化的造物主，我们就不会想到有神为人、动物、

① 半传说中的文化英雄和水利工程师，参见图26。

② 《庄子》中的人物。

③ 关于自然法观念在旧世界不同文明中的起源和发展这个一般问题，参见SCC, Vol. II, pp. 518ff.。在本书的《人法与自然法则》一文中，我稍稍作了修订。

植物和矿物立了法。在某种意义上，道的运作要更加神秘，尽管某些明显的规律性（常道）可以向中国众多“虔诚而卓越的”观察者和实验者显示出来。

因此，变形（metamorphoses）的传说在中国文献中甚至要比在西方文献中还突出。[①] 我们可以引用许多文本来证明，中国人承认生物可以发生缓慢的演变和互变。[②] 与亚里士多德同时代（公元前 4 世纪）的战国诸子渐渐认可了“自然的阶梯”（*scala naturae*），而《荀子》（公元前 3 世纪）等著作也以不那么万物有灵论的不同术语独立地阐释了“灵魂的阶梯”（ladder of souls）理论。在基督纪元之后的 1000 年时间里，对动物（甚至植物）与人的关系的认识使东周与汉代的哲学家如此关注的人性争论得到了一个解决，即认为人有动物性成分。因此在 1260 年左右，戴埴认为较高的社会倾向是人所特有的，但其天性中与低等动物共通的那些要素也使人具有反社会倾向。[③] 这种观念使理学家对比较动物心理学产生了明显兴趣，他们可能觉察到了所谓的“一点义”（gleams of righteousness）。[④] 对生物演变的直接叙述可见于《庄子》（公元前 4 世纪）的一个著名段落，虽然书中所提到的几个物种现已无法确认。《庄子》中也认为，生物的改变源于对特殊环境的适应，而指出

① 迄今为止还没有一本书对中国文化中的生物学史做过恰当讨论，无论用中文还是用西方语言写成的，但我们希望能在 *SCC*, Vol. VI 中对其作出公允的评论。

② 关于本段所提到例子的详细情况，参见 J. Needham & D. Leslie, ‘Ancient and Mediaeval Chinese Thought on Evolution’, *Bull. Nat. Institute of Sciences of India*, 1952, 7 (Symposium on Organic Evolution), 1。

③ *SCC*, Vol. II, pp. 21 ff.

④ *SCC*, Vol. II, pp. 488 ff.

“无用之利”[1]的一些段落也预示了自然选择观念。伟大的怀疑论者王充在公元 83 年左右写的《论衡》一书中有大量生物学讨论。他强调，人和其他动物一样也是一种动物，不过是最高贵的动物。他拒不承认神话中的诞生故事，但不反对自然发生。他主张一切转变不论如何怪异，从根本上说都是自然的。他还谈到了“变种”、基因遗传、动物迁移和向性。佛教传入中国之后，出于对转世哲学的兴趣，中国人重新开始研究胚胎学的时间过程和变形的时间过程。到了 12 世纪初，郑景望试图分析人们相信的某些自然转变，将它们与灵魂的梯阶联系起来，并且借助佛教中较低与较高存在层次之间的迁移来解释它们。一些灵魂因善行而升入高层，而救世的德行（以及恶行）则迫使其他灵魂降到低层。[2]

在伟大的理学派思想中，演化的自然主义（evolutionary naturalism）得到了充分重视。理学派是一场系统化运动，在时间上与欧洲经院哲学家的系统化运动非常接近。我们常常把中国的理学家与经院哲学家相比较。正如欧洲人试图把希腊哲学与基督教神学调和起来，理学家也试图把儒家、佛家和道家的哲学综合起来。但他们的有机唯物论精神与欧洲经院哲学精神大相径庭，以致最伟大的理学家朱熹（1130—1200 年）被同样热情地称为中国的斯宾塞和托马斯·阿奎那。为了理解我们看到的这个宇宙，理学家只用到两个基本概念——“气”（或者现在所谓的物质—能量）与“理”（组织原则及其各种样式）。异乎寻常的是，在一种不仅没有

① 对其捕食者而言。参见 *SCC*, Vol. II, pp. 78 ff.。

② *SCC*, Vol. II, pp. 421 ff.

发展出现代科学，而且注定不能自发地发展出现代科学的文明中，理学家竟能提出这种与现代科学如此相符的原理和宇宙观。对理学家而言，宇宙本质上是道德的，这并非因为时空之外有一个道德的人格神在操控其创造活动，而是因为宇宙能够产生道德价值和伦理行为，当组织层次达到一定阶段时，这些道德价值和伦理行为就会显现出来。动物界中的组织已经开始接近这个阶段，但非常不完整和片面（因此动物只有“一点义”）。只有当过着群居社会生活的人类发育出成熟的神经系统时，宇宙才显示出伦理价值。因此在达尔文时代之前很久，中国哲学家就已经非常清楚地表述了演化的自然主义。不过他们设想的是种系发生的一整套展开，而不是单一的演化系列。

这无疑是经由佛教传到中国的印度思想遗产，它设想了虽然有限但却极长的相继时间段，包括“劫”与“大劫”。[①] 所有理学家都相信宇宙经过了成与坏的交替循环。这种观念似乎最早是由理学的道家先驱邵雍（1011—1077 年）系统化的。他将十二地支应用于它的各个阶段。[②] 正是由于相信世界的灾难与剧变是周期性的，朱熹才能对化石的性质有极为正确的认识，沈括（1031—1095 年）等宋朝学者才能对造山与侵蚀有那样深入的洞察，从而预示了 19 世纪初的“火成论”和“水成论”观念。[③] 而其他思想家，比如许

---

① 关于耆那教的周期，参见 Zimmer, H. *Philosophies of India*, pp. 224, 226 以及他的 *Myths and Symbols in Indian Art and Civilisation* ed. J. Campbell (New York, 1946), pp. 11 ff., 16 ff., 19 ff。这里他讨论了四个世界时代的最后一个也是最坏的一个——恶世（kali-yuga）。

② 参见 *SCC*, Vol. II, p. 485 以及 *SCC*, Vol. IV, pt. 1, p. 11。

③ 参见 *SCC*, Vol. III, pp. 598 ff., 603 ff.。

鲁斋(1209—1281年),则把《易经》中的六爻用于演化周期的各个阶段,吴临川(1249—1333年)则估计其时间长度为129600年。[①]正如唐代所计算的天文周期为数百万年一样,[②]与17、18世纪的欧洲人把创世日期定为公元前4004年10月22日傍晚6点相比,理学家的宇宙观实在广阔得太多了。[③] 因此理学家设想生物和社会的演化是周期性的,而且会持续重现,周期与周期之间由一种世界末日隔开,万物在归于失序和混沌状态之后,又重新开始慢慢演化。也许可以说,我们今天所认为的世界戏剧被代之以一整串重复演出。其兴也缓,其衰也骤。理学家应该会欣赏威廉·哈维(Wiliam Harvey)对个体存在的看法:

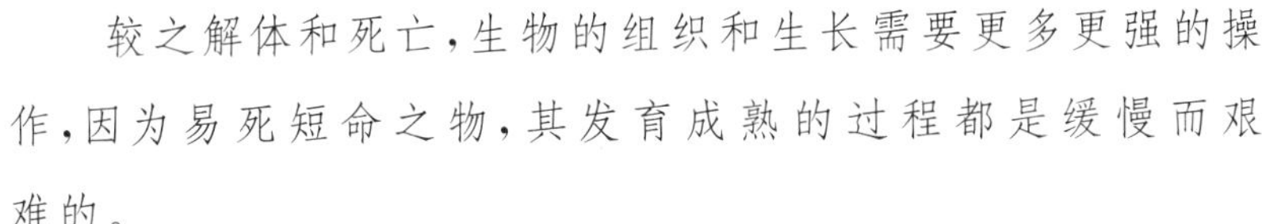

> 较之解体和死亡,生物的组织和生长需要更多更强的操作,因为易死短命之物,其发育成熟的过程都是缓慢而艰难的。

时间与社会的退化或进化,大同与太平

我们一直在谈论社会的演化,但它隐含在理学家的世界观里,

---

① *SCC*, Vol. II, pp. 486 ff., Vol. III, p. 406.

② 参见 *SCC*, Vol. II, p. 420, Vol. III, pp. 120, 408。公元724年,大天文学家僧一行计算了自"太极上元"或五星连珠以来的年数,结果为96961740年。事实上五星连珠是不可能的,但这并不影响中国中世纪的天文学家去构想一段广阔的时间周期。

③ 这是有学识的阿玛(Armagh)大主教詹姆斯·厄舍(James Usher)所作的著名计算。参见他的 *Chronologia Sacra* (Oxford, 1660), p. 45 和 *Annals of the World* (Oxford, 1658), p. 1。感谢 H. Trevor-Roper 教授帮我找到这些参考资料。

没有清晰地定义出来。关于人类社会在时间中发生了什么，中国思想家其实有不同看法，并且形成了两种尖锐对立的态度。一派认为，以前曾有过原始公社制或圣王统治的黄金时代，从那以后，人类便逐渐堕落；[①]另一派则把文化英雄看成比他们自己更伟大的创始人，强调社会从原始的野蛮状态不断发展和进化。[②]

第一种观点是上古时代的道家哲学家所特有的，这与他们总体上反对原始封建社会或封建社会有密切关系。[③] 他们总想回到普遍具有部落贵族、原始合作和自发集体主义的古代乐园（"当亚当耕、夏娃织的时候，谁是富绅？"），那是分化成君主、教士、武士和农奴之前的社会。在这一点上，他们也许受到了中国社会周围某些部落民族所秉持的前封建关系的激励。这些部落民族，比如今天的苗、羌、彝和嘉绒等，已在两千多年后融入了整个中国社会。事实上，在整个中国历史上，道家一直秉持着他们在公元前 4 世纪反对封建社会和封建官僚社会的基本主张，尽管道家已经为有教养的学者产生了一种神秘的虚无主义，为穷苦的农民产生了一个宗教组织。每一个朝代的农民起义背后都有道家便是证明，他们一直要反对到我们这个时代实现平均主

---

① 例如，公元前 2 世纪的医学典籍《黄帝内经·素问》（第十四篇）将历史分成了上古、中古和当今三个时代，并说人对疾病的抵抗力越来越差，因此需要更强的药物和治疗。

② 《淮南子》（约公元前 120 年）有一整卷（《氾论训》）致力于证明，社会自远古以来就一直在变化和进步，且多处提到物质改善。从许多方面来看，《淮南子》都是非常道家的，但这是汉代道家的观点，而不是战国时代道家的观点。

③ 参见 *SCC*, Vol. II, pp. 86 ff., 99 ff., 104 ff., 115 ff.。

义的社会主义制度为止。[1] 当然,欧洲也有很多与道家的黄金时代类似的观念,比如罗马的克洛诺斯时代(Cronia)和萨图恩时代(Saturnalia)是为了纪念消逝的克洛诺斯(Cronos)和萨图恩(Saturn)的时代;斯多亚派和伊壁鸠鲁派摒弃过于文明的生活;基督教的人类堕落教义(也许是源于古代苏美人对丧失了无贵族社会中的幸福的悲叹);有关"福佑岛"(Isles of the Blest)的故事;最后是18世纪西方人因为第一次接触到了太平洋的现实"乐园"而赞美"高贵的野蛮人"。[2]

出于某种偶然,对道家退化论的最著名表述出现在其他学派的著作中,比如公元前2世纪的《淮南子》和公元前2世纪的《礼记》。这里我们引用《礼记·礼运》中的一段话:[3]

> 大道之行也,天下为公。选贤与能,讲信修睦。故人不独亲其亲,不独子其子。使老有所终,壮有所用,幼有所长。矜寡孤独废疾者,皆有所养。男有分,女有归。货恶其弃于地也,不必藏于己;力恶其不出于身也,不必为己。是故谋闭而不兴,盗窃乱贼而不作,故外户而不闭,是谓大同。
>
> 今大道既隐,天下为家。各亲其亲,各子其子。货力为

① 参见 *SCC*, Vol. II, p. 60。

② 参见 *SCC*, Vol. II, pp. 127 ff.。

③ "礼运"可译为"社会制度的改变"。《墨子》中第十一、十二、十三、十四、十五篇亦有类似的说法,其年代当定在公元前4世纪,而非公元1世纪。但这些段落在倾向上是"进步的"而不是"退步的",批评古代的无君时代是人性"乱七八糟"的时代,认为只有实行兼爱,未来才会大同。《墨子》并未使用"大同"一辞。《淮南子》第二卷亦有类似于《礼记》的较短论述,亦未用"大同",而是用了"大治"。

> 己，大人世及以为礼，城郭沟池以为固，礼义以为纪；以正君臣，以笃父子，以睦兄弟，以和夫妇，以设制度，以立田里，以贤勇知，以功为己。故谋用是作，而兵由此起。禹汤文武成王周公，由此其选也。……是谓小康。

在某种程度上，墨家无疑会同情这种理想的合作社会甚至是社会主义社会，这种社会被认为存在于上古时代，但肯定不是儒家意识形态的一部分。然而，尽管后来儒家思想普遍统治着中国人的生活，但大同社会的观念却享有了某种不朽，因为假如这种社会的确曾在地球上存在过，那它将来也许会再次出现。[①] 事实上，有助于这一结局的乃是儒家思想本身及其对发展与社会演进的强调。虽然中国历史上数不清的农民起义最多以建立一个更好的新王朝为理想，[②]但与此同时，他们在幻想中常常倾向于把退化观的时间维度反转过来，使之变成进化观的方向。自汉朝以后1900年到了今天，“大同”二字已经获得了伟大的神圣力量、情感力量和革命力量。[③]

儒家的确有一种平行的（或者毋宁说是相反的）演化顺序，但在考察这一点之前，我们必须注意另一个相关的概念，即“太平”。[④] 这是另

① 参见 Hou Wai-Lu, ‘Socialnye Utopii Drevnego i Srednevekovogo Kitaia (Social Utopias of Ancient and Mediaeval China)’, *Voprosy Filozofii*, 1959, 9, 75。

② 参见 Shih Yu-Chung, ‘Some Chinese Rebel Ideologies’, *Thoung Pao*, 1956, 44, 150。

③ 有一本有价值的小书论及“大同”概念在中国的历史：《中国历代大同理想》（北京，1959年），侯外庐主编。

④ “平”字有“和平”与“平等”两种含义。

一个“有力措辞”，但解释有很多。[①]“黄金时代”与可实现的“乌托邦”在这里并不能很清楚地分开；我们很难在古代文本中找到明确陈述，表明这只是远古的一个永远不会再回来的时代，或者表明它纯粹是未来的理想。毫无疑问，许多皇朝都有意试图实现这个目标。“太平”一词最早出现在公元前239年的著名自然哲学概要《吕氏春秋》中，这里的“太平”是指一种和平繁荣的状态，可以通过与自然的循环运行相协调的音乐而产生。[②]在以后的几个世纪里，侧重点有时会放在不同社会阶层各司其职、协调合作所产生的社会和平；有时会放在（也许可以由人造成的）产生了丰饶果实的自然现象的和谐；有时会放在平等观念，暗示原始的无阶层社会总有一天会恢复。有人认为，上古圣王统治时曾有过太平；也有人认为，若有好的帝国政府，此时此地亦可获得太平；还有人认为，太平时代将在未来的某一天实现。这里值得从中引用一些不同观点。

吕氏神秘的社会魔法又出现在公元100年左右《前汉书》论礼的篇章中，其中说，如果完全采用先王之礼，则将实现太平。[③]这与明堂的季节祭祀有特别的关系，明堂是皇帝及其僚属代表人民祭天的地方。大臣窦婴（卒于公元前131年）的传记中谈到，窦婴

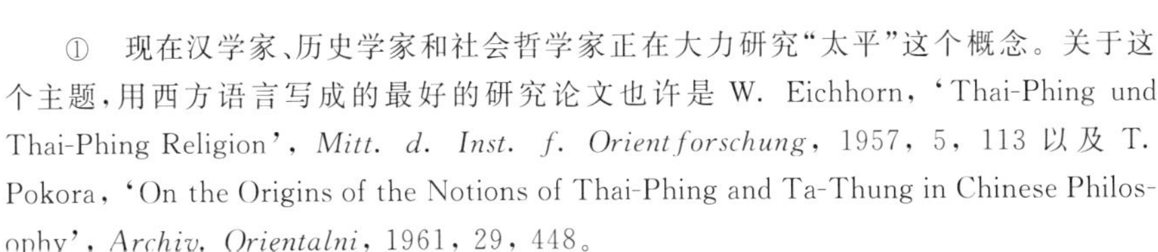

① 现在汉学家、历史学家和社会哲学家正在大力研究“太平”这个概念。关于这个主题，用西方语言写成的最好的研究论文也许是 W. Eichhorn, ‘Thai-Phing und Thai-Phing Religion’, *Mitt. d. Inst. f. Orientforschung*, 1957, 5, 113 以及 T. Pokora, ‘On the Origins of the Notions of Thai-Phing and Ta-Thung in Chinese Philosophy’, *Archiv. Orientalni*, 1961, 29, 448。

② 《吕氏春秋》卷二十二。

③ 《前汉书》卷二十二。

支持设立明堂和其他仪式以实现太平,[①]《淮南子》(公元120年)还特别把实现太平与明堂祭祀的洁净清明联系起来。[②] 另一方面,东方朔(卒于约公元前80年)的传记中谈到通过人类自身的社会和谐来感应有利于人的自然状况,[③]《前汉书》论经济的一篇甚至用"太平"来记载丰年。[④]《庄子》中有一篇(可能是汉人添加的)说,最高目的、善政、太平不是靠人的智巧和谋划来实现的,而是通过遵循天道。"天道运而无所积,故万物成。"[⑤]这正是大同和大治的主题,其回响遍及道家典籍的字里行间。"齐物论"是稷下学派彭蒙、田骈、慎到(都在约公元前320年到公元前300年之间)的学说,[⑥]也是《庄子》(约公元前290年)中一篇真作的标题。该篇包含了庄周对道家的认识论、科学世界观和民主社会思想的一些非常明确的解释。[⑦]《道德经》云:"大道甚夷。"这句含意丰富的格言让人想起了希伯来人的预言:"修平上帝的道,一切山洼都要填满,大小山冈都要削平。"[⑧]其平等主义含意是毫无疑问的,因为此章进

① 《前汉书》卷五十二。

② 《淮南子》卷二。

③ 《前汉书》卷六十五。

④ 《前汉书》卷二十四。

⑤ 《庄子·天道》第十三。

⑥ 参见 Feng Yu-Lan, *A History of Chinese Philosophy*, vol. 1, pp. 153 ff.。这些人都是齐宣王建立的稷下学院成员。

⑦ 《庄子·齐物论》第二。

⑧ 参见 Isaiah, XL, 3, 4。在印度教和佛教的思想中也有关于夷平地面的神话,即世界洪水或大灾难过后留下了"冲积"平面,佛陀和菩萨履于其上。关于这种观念,参见 P. Mus, 'La Notion de Temps Réversible dans la Mythologie Bouddhique', *Annuaire de l'Ecole Pratique des Hautes Etudes* (*Sect. des Sciences Religieuses*), 1939, pp. 15, 33 ff., 36。

而谴责了封建诸侯聚财和压榨农民:“是谓盗兮,非道也哉!”[①]

然而,许多古籍只把太平称为上古圣王的黄金时代,例如贾谊在《新书》(约公元前 170 年)中所说,[②]炼丹家伍被与他的雇主淮南王(约公元前 130 年)所谈,[③]《史记·礼书》(约公元前 100 年)[④]以及《尹文子》所说。[⑤] 另一些古籍则明确指出,太平已在某些繁荣时期实现了。秦始皇曾公然表示要追求太平,[⑥]到了公元前 210 年则宣布开创了太平时代。那年所刻铭文有言:“人乐同则,嘉保太平。”[⑦]路温舒(约公元前 70 年)也认为,汉文帝统治时期(公元前 179 年—公元前 157 年)是太平时期。[⑧] 所有这些不同观点在《论衡》(公元 83 年)中都有讨论,其中一章将太平归于上古圣王尧舜的时代,另一章则说,许多人相信凤凰和麒麟的出现是太平的预兆,又有一章王充谈到自己的看法,认为两汉时期出现过若干次太平盛世。[⑨]

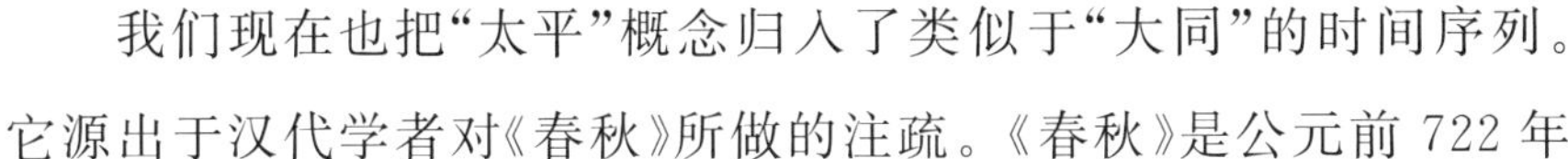

我们现在也把“太平”概念归入了类似于“大同”的时间序列。它源出于汉代学者对《春秋》所做的注疏。《春秋》是公元前 722 年

① 第五十三章。

② 第五十二章(《修政语》)。

③ 《前汉书》卷四十五。

④ 卷二十三。

⑤ 《大道》第二,其中田骈在讲《尚书》时说,(传说中的)帝尧时代有过太平。

⑥ 《史记》卷六。

⑦ 《史记》卷六。

⑧ 《前汉书》卷五十一。

⑨ 分别见于《儒增》、《讲瑞》和《宣汉》。在《齐世》一篇中,王充也反对过度崇拜圣人和相信黄金时代。有趣的是,中国有许多地方皆以“太平”为名,至少有六个年号亦以之为名。其出现的朝代为:公元 256 年(三国)的吴,公元 409 年的北燕,公元 440 年的北魏,公元 556 年的梁,公元 976 年的宋,以及公元 1021 年的辽。“大同”被用为年号亦有两次:公元 535 年—公元 546 年的梁,公元 947 年的辽。

到公元前481年的鲁国编年史，传说此书为孔子所编。对《春秋》的注疏留传下来的有《左传》、《谷梁传》、《公羊传》三大传统。[①] 左丘氏的增订本将历史稍微下延至公元前453年，且是根据公元前430年到公元前250年各国（不仅是鲁国）的文本传统和口传传统编纂而成，后来秦汉的儒家学者又作了许多修改和增补。谷梁氏和公羊氏的注疏与《左传》不同，因为它们并非由独立的古代历史著作所编成，而仅仅是对《春秋》的逐字解释。[②] 如前所述，此举的重要性在于他们相信，孔子在记述每一个历史事件时所使用的词都有很强的道德意味。公元前1、2世纪的汉代学者形成群体，专门研究这些传统中的某一种，事实上在太学中还为他们分别设立了席位。[③] 研究公羊传统的学者中有一位著名哲学家名叫董仲舒（公元前179年—公元前104年），他在其他许多方面也很有成就。董仲舒发展出一种"三世"论，将《春秋》中的事件分成三类：(1)孔子亲身见证的事情（公元前541年—公元前480年），(2)孔子听说的事情（公元前626年—公元前542年），(3)孔子仅从文字记载中得知的事情（公元前722年—公元前627年）。[④] 到了东汉，此三世

① P. van der Loon, 'The Ancient Chinese Chronicles and the Growth of Historical Ideals', art. in *Historians of China and Japan*, ed. W. G. Beasley & E. G. Pulleyblank (Loudon, p. 24) 对此文献有很好的介绍。更完整的细节可参见 Woo Kang (Wu Khang), *Les Trois Théories Politiques du Tch'ouen Ts'ieou* [*Chhun Chhiu*] (Paris, 1932)。

② 据说春秋三传皆源于孔子本人的言教。

③ 时间是公元前124年，尽管博士头衔在公元前3世纪即已出现，帝王策试的原则则出现在公元前165年。当汉武帝授予"弟子"和博士时，可以说太学便建立起来了。到了公元前10年，太学已有多达三千名学生，当然并非皆"领有公费"。"太学"一词最早出现在董仲舒的对策中，他敦促政府兴太学，不过武帝倾向于公孙弘的方案。

④ 参见 Feng Yu-Lan, *A History of Chinese Philosophy*, vol. 2, p. 81。

成了一个上升的社会进化序列，先是用于儒家的编订，而后则拓展到普遍的应用。这里的主要思想家是何休（129—182 年），其著作成为《公羊传》的标准注疏。[①] 他写道：

> 于所传闻之世，见治起于衰乱之中，用心尚粗觕。故内其国而外诸夏，先详内而后治外。……于所闻之世，见治升平。内诸夏而外夷狄，书外离会，小国有大夫。……至所见之世，著治太平。夷狄进至于爵，天下远近大小若一。用心尤深而详，故崇仁义，……

这里时间中的社会演化过程有了正式的形象，很容易被纳入民众的一般思想，以应用于整个文明。

在何休的时代之前，酝酿于民间的道教就已经采用了这种“太平”的观念。[②] 现在对以《太平经》为主的古代文献已有很多研究，《太平经》的成书时间很难确定，可能是在战国时代（约公元前 4 世纪）与东汉末年（公元 220 年）之间写成的。[③] 虽然该书的大部分内容涉及宗教迷信的活动、启示和谶纬，但也有几段话与民族起义

---

① Feng Yu-Lan, *A History of Chinese Philosophy*, vol. 2, p. 83. 此段出现在《公羊传》第一卷末尾。

② 如果前引 T. Pokora, ‘On the Origins of the Notions of Thai-Phing and Ta-Thung in Chinese Philosophy’说的不错，那么何休的观念是直接源自民众进步的天启说，可能是以于吉（约 120—200 年）为媒介。于吉是阴阳家、医生、术士，也是道教的祖师之一，可能写过一两本书，这些书成为《太平经》的资料根据。

③ 王明已将此书重新编订，名为《太平经合校》（北京，1960 年）。他试图将这部重要著作的原文重新组织起来。前引 T. Pokora 的文章对此书有简要描述，而前引 W. Eichhorn, ‘Thai-Phing und Thai-Phing Religion’则讨论了书中一些文献的内容。

(例如公元24年樊崇所领导的“赤眉”起义,张角所领导的“黄巾”起义[184—205年])的革命性道家思想有关。[①] 当然我们必须知道,《太平经》及其相关文本已被后来忠于既定秩序的道家大大删改了。[②] 但汉代民间流行的道教是相信千禧年和天启说的;上古和未来都有太平时期。在他们的“经”中,我们看到了乡村社会的团结,违抗集体之罪及其宽恕,反技术情结,平息世仇,以及给妇女特别高的地位。我们还看到有一种循环理论,与前述理学家的循环理论在性质上相反。它使我们了解了另一位领导道教起义军首领孙恩(卒于公元402年)的活动。[③] 随着人类的罪恶世世代代增加到极限,世界性的大灾难、洪水和瘟疫会把一切扫除干净,或者只留下为他们道教所拯救的“种民”,在大太平君(当然是老子)的领导下成功地找到一个太平大同的新天地。然后,一切又再次慢慢恶化,直到需要另一次拯救。因此,与兴起极慢、瞬间结束的理学家循环不同,道教的循环从混沌中新生“如原初之庄严”(wie herrlich als am ersten Tag),然后慢慢衰落下去,直到末日来临。不过,无论在循环周期中时间是否这样被分段了,太平的理想现已永远书写在一代代中国起义军的旗帜上。明朝的革命家陈鉴胡(约公元1425年)便明确以太平为目标。1851年到1864年几乎

① 关于张角,参见 W. Eiclihorn, ‘Bemerkungen zum Aufstand des Chang Chio und zum Staate des Chang Lu’, *Mitt. d. Inst. f. Orientforschung*, 1955, 3, 291。

② 尽管如此,它仍然包含着革命思想家鲍敬言式的雄辩段落。鲍敬言(倘若不是葛洪的文学创造)必定活跃于公元3世纪末。参见 *SCC*, Vol. II, pp. 434 ff. 。

③ 关于孙恩,参见 W. Eichhorn, ‘Description of the Rebellion of Sun En and earlier Taoist Rebellions’, *Mitt d. Inst f. Orientforschung*, 1954, 2, 325, with an appendix, ‘Nachträgliche Beinerkungen zum Aufstände des Sun En’, p. 463。

推翻了满清王朝的太平天国运动当然也以太平为名。

故事到这里还根本没有完。康有为(1858—1927 年)是现代中国思想史上最伟大的改革者和代表之一,他生活在整个思想紧张时期,当时中国接触到西方的现代科学文明,正在吸收和消化新的观念。康有为充分利用了这些古老的梦想和进步理论。通过研究古籍,他采取了一些现代历史语文学所不能接受的立场,但他的思想深受墨家的"大同"与道家的"太平"观念之影响。他在向上演化的意义上来解释"大同"和"太平",并把"大同"用作一部非同寻常的乌托邦作品之标题,即《大同书》。[①] 该书于 1884 年构想和完成初稿,1913 年部分刊印,直到 1935 年才全部印成。1956 年在北京重印,英文节译本于 1958 年问世。[②] 因此西方读者现在可以看到他对未来的宏大描述,那也许是一种幻想,但却极为实际和科学。就其权威性和视野而言,把《大同书》称为韦尔斯式的(Wellsian)不会不恰当。倘若中国人的思想或者说他的思想背景果真如常常料想的那样是无时间的和静态的,那么根本不可能指望中国学者能够创造出如此远景。康有为预言未来会出现一个超国家的合作联邦,拥有遍布全世界的机构,开明的性别与种族政策,生产资料公有制,惊人的科技进步,包括原子能的使用,等等。到了我们这个时代,旧时的隽语则成了各政党全国性的口号,比如"天下为公"是国民党的口号,"天下大同"是共产党的口号。

---

① 请注意,该书标题源自《礼记》,但书中关于进步的内容则源自对《公羊传》和《墨子》的传统发展。

② L. G. Thompson 英译,书名为 *Ta Thung Shu: The One-World Philosophy of Khang Yu-Wei* (London, 1958)。

为了决定性地证明中国文化显示出一种非常敏感的时间意识，我们已经说得够多了。中国人并非生活在无时间的梦中，也不固执于对本体世界的冥思。恰恰相反，对他们来说，历史也许要比对其他任何古代民族更为真实和重要。无论他们认为时间包含着一种从完美古代的永恒堕落，还是认为世界经历了繁荣与灾难的循环，抑或见证了一种缓慢但却不可避免的演化和进步，对他们来说，时间都带来了真实而根本的转变。他们远非“不考虑时间”的民族。我们可以沿着另一种思路看看他们往往在多大程度上以进步的名义来设想时间。

对发现者的神化和
对古代技术阶段的认识

在所有文明中，中国的古典文献最注重对古代发明家和创新者的记述与颂扬，或许也只有中国文化才这么真正神化他们。[①]相关文本形成了一个独特类别，可以称之为技术史词典，或者对发明和发现的记录。[②] 其中最古老的一部是《世本》，它大多只是把传说中或半传说中的文化英雄和发明家的名字、事迹列举出来。这些人常被称为黄帝的“臣下”，这样便形成了一套传说故事，其内容比古代地中海“工艺神”的故事还要丰富，比如夙沙作煮盐，奚仲作车，咎繇作耒耜，公输班作石硙，隶首作数。这些名字可分为五

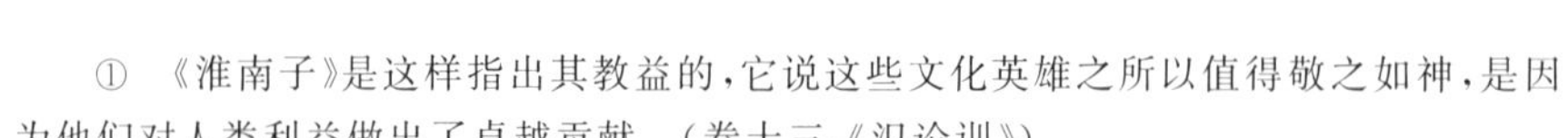

① 《淮南子》是这样指出其教益的，它说这些文化英雄之所以值得敬之如神，是因为他们对人类利益做出了卓越贡献。（卷十三，《汜论训》）

② 参见 *SCC*, Vol. I, pp. 51 ff.。

六类:(1)氏族的保护者和祖先,(2)被降级为英雄的古代神祇,(3)工艺的保护神,(4)被以“神话即历史”的观点解释为(euhemerized)发明家的神话英雄,(5)杜撰出来的词源清楚易懂的名字(比如夙沙),(6)历史上确实存在的发明家(比如公输班)。《世本》的历史相当复杂,现在我们有八种版本,但毫无疑问的是,虽然司马迁使用过某个版本,但该书与史学家左丘氏毫无关系,而公元3世纪的学者却以为左丘氏是《世本》的作者。最有可能的观点是,《世本》最早是在公元前234年与228年之间由一个赵国人编纂而成的,故成书稍晚于《吕氏春秋》。汉代以后,这类著作有十余种之多,甚至到明朝还有人在写,比如罗颀在15世纪写了《物原》一书。

由于古代发明家的传说故事如此受大家赞扬,所以有些发明家被纳入了中国自然主义哲学的最大秘典之一——《易经》。这是一部非常奇特的经典著作,它可能最早源于农民的一些卜筮文本,后来又补充了与古代占卜之术有关的一大堆材料,最后造就了一种附有解释的精密符号系统——将阴爻阳爻作各种排列组合所成的六十四卦。由于每一卦都被指定了一种特殊的抽象观念,整个系统便成为发展中国科学的概念贮藏库,六十四卦据说代表着在外在世界中实际起作用的全部力量。后来许多头脑深邃的人又不断给《易经》加入附录和注解,遂使之成为世界文坛最引人注目的著作之一,并使其在传统中国社会中享有极大威望,以至于直到今天,具有哲学头脑的汉学家仍在怀着极大兴趣研究此书。[①] 事实

① 参见 H. Wilhelm, *Die Wandlung: Acht Vorträge zum I-Ging* (*I Ching*) (Peking, 1944), Eng. tr. by C. F. Baynes, *Change: Eight Lectures on the I Ching* (London, 1961)。

上就在几年前，有一位汉学家讨论了《易经》中的时间概念，表明它与《易经》的主题密不可分——“宇宙中唯一不变的东西就是变化”。① 然而其他汉学家却感到，《易经》总体而言对中国自然科学的发展有抑制作用，因为《易经》诱使人停留在根本算不上解释的图式(schematic)解释上。事实上，《易经》是一个用来整理自然新现象的巨大归档系统，是一张省心的精神安乐椅，坐上去之后便不再需要作观察和实验了。②

《易经》的年代问题涉及很多因素，但如果把经文(卦辞)的年代主要定于公元前8世纪，我想不会错得太离谱，尽管这些经文直到公元前3世纪才完成。而主要的附加作品(《十翼》)当出于秦汉时代，直到公元2世纪才最后定稿。其中有篇附文在伟大发明与一些卦之间建立了一种现在看起来比较奇特的关联。③ 据说文化英雄们正是由这些卦获得了他们的观念。换句话说，秦汉学者们认为有必要利用概念贮藏库中的诸卦去引证发明的理由。例如，纺织、造船、筑屋、制箭、磨粉和记账分别源于离、涣、大壮、睽、小过和夬等诸卦。我想这主要告诉我们，中国人把这些备受尊敬的技艺圣人写入《易经》的崇高宇宙体系以颂扬他们。

此外还有更具体的崇拜方式。只要在中国生活过，在不同省份旅行过，就一定对许多美丽的祈福庙宇留有深刻的印象。这些

① H. Wilhelm, ‘Der Zeitbegriff im “Buch der Wandlungen” ’, *Eranos Jahrbuch*, 1951, 20, 321.

② 参见 *SCC*, Vol. II, pp. 336 ff.。

③ R. Wilhelm & C. F. Baynes tr., vol. 1, pp. 353 ff. 图表见 *SCC*, Vol. II, p. 327。

庙宇不是供奉道教神祇的，也不是供奉佛菩萨的，而是供奉泽被后世的普通人的。有些是纪念大诗人的，比如成都的杜甫草堂；有些是纪念大将军的，比如洛阳以南的关公陵。但地位最突出的是技师。我一生中两次有幸在灌县的李冰庙（二王庙）焚香。李冰（约公元前 302 年—前 235 年）是伟大的水利工程专家，曾任蜀郡太守，上千年来，他的庙宇一直矗立于在他的领导下开凿的伟大的都江堰旁边。此工程将岷江分成两部分，直到今天还灌溉着 50 平方英里的土地，大约有 500 万人从中受惠，旱涝保收。民间供奉的这些实干家和制作家的庙宇体现了科学技术的每一个分支。隋唐时期的大医师和大炼丹家孙思邈（约 581—682 年）就有这样一座庙。甚至到了明朝也依然维持着这个习俗，比如开河治运的水利官员宋礼（卒于公元 1422 年）死后，朝廷在运河边立了一座祠堂来纪念他。[①] 香亦不专为男人而焚。著名的女纺织家黄道婆（约 1245—1330 年）将棉花种植和棉纺织技术从海南带到长江之滨，极大地推动了棉纺业。植棉地区的乡镇都颂扬她，她去世后为其建了许多庙。[②] 因此，不能认为中国人对技术进步没有认识。中国技术是从容发展的，与现代科学兴起之后我们所习惯的进步速度非常不同，但原则是清楚的。

我们也可以从另一种料想不到的方式来看这个问题。关于人

① 越过山东的山麓丘陵直连杭州与北京的大运河，是所有文明中最早成功开凿的人工越岭运河。这段运河原为天文学家兼工程师郭守敬设计，后由蒙古军事工程师奥鲁赤和汉人马之贞于公元 1287 年修建完成，但不到一年就失效了。直到公元 1411 年，宋礼通过筑坝和开凿运河支流而成功获取了山上之水，才确保越岭部分的运河水位总能维持在恰当高度。更多细节请参见 SCC，Vol. IV，pt. 3。

② *SCC*，Vol. V 将会给出细节。

类文化三大技术阶段的构想,即以石器时代、青铜时代和铁器时代为进步顺序,曾被称为一切现代考古学和史前史的基石。[①] 1836年,丹麦考古学家汤姆森(C. J. Thomsen)[②]将其具体化为现代形式,用它来陈列哥本哈根国立博物馆的大量古物。[③] 他是幸运的,因为在随后十年间,同在丹麦作地层发掘的他的同胞沃尔赛(J. A. Worsaae)第一次把这种概括建立在完全科学的基础之上。[④] 虽然近年来有时会受到批评,但它仍然是上古时代的基本分期,这部分人类知识不大可能改变。要想普遍接受它,有几个限制因素。首先要承认石制工具的确是人造的(直到文艺复兴时期之后,随着对原始民族了解的增多,大家才慢慢接受这一点)。[⑤] 我们也需要了解有序排列的地质层与时间的关联,摆脱传统圣经年代学的桎

① G. Daniel, *The Three Ages* (Cambridge, 1943), p. 9,经允许引自 R. A. S. Macalister, *Textbook of European Archaeology* (London, 1921)。

② 参见他的 Ledetrad til Nordiske Oldkindighed (Copenhagen, 1836), Germ. tr. *Leitfaden zur nordischen Altherskunde* (Copenhagen, 1837), Eng. tr. *A Guide to Northern Antiquities* (London, 1848)。

③ 参见 R. F. Heizer, 'The Background of Thomsen's Three-Age System', *Technol. & Cult.* 1962, 3, 259 这篇令人振奋的论文。

④ 参见他的 *Primaeval Antiquities of Denmark*, tr. from Danish by W. J. Thoms (London, 1849)。

⑤ 欧洲很早就认为新石器时代磨光的石片是陨石。到了公元 8 世纪,这一观念大概传到了中国,因为草药学家陈藏器(活跃于 713—733 年)第一次谈到了"霹雳斧",后来这个词在中国的科学文献中变得常见起来。参见 *SCC*, Vol. III, pp. 434, 482 以及 B. Laufer, *Jade* (Field Museum, Chicago, 1912, repr. Perkins, Pasadena, 1946), pp. 63 ff.。中国人一直很熟悉石砮,并把它与遥远的东北肃慎族联系起来。有个古老的故事说,有一只隼落在陈公的庭院里死了,楛木箭杆穿透身子,箭镞是石制的,此时解释说是肃慎部族的箭。陈公便派人到旧仓库中寻找,果真发现有这种箭(《史记·孔子世家》)。"肃慎"也许是女真人的最早称谓,即后来建立了金朝(1115—1234 年)的鞑靼人或通古斯人,并与满族有关。

梏，才能认识到真正古人的考古学证据。[①] 不仅如此，为了与考古学发现相联系，还必须了解金属矿的分布，能够复原制作黄铜、青铜和铁的最原始技术。尽管如此，汤姆森仅仅是使这种观念具体化的核心，因为自16世纪中叶以来，其一般观念就已经“在流传中”了，当时对“化石”感兴趣的研究者也像人文主义者一样很熟悉希腊罗马文本。他们肯定知道卢克莱修(Lucretius)区分三个时代的一段话：[②]

> 人类古代的武器是手、爪甲和牙齿，
> 是石头和从树林里折下来的树枝，和火焰，
> 当它一被知道的时候。
> 之后，铜和铁的力能被发现了；
> 铜的使用早于铁的使用，
> 因为它较为丰富，也较为顺从。

有人说这段话“仅仅是文明发展的一个一般图示，完全基于抽象的思辨”。[③] 我不能确定卢克莱修是否从未捡起过一片箭镞，但

① 参见 *SCC*, Vol. III, p. 173。

② *De Rer. Nat.*, V, 1283 ff.

③ 参见前引 G. Daniel, *The Three Ages* (Cambridge, 1943), p. 13。这些话更适用于赫西俄德(Hesiod)在《工作与时日》(*Works and Days*，公元前8世纪)，11，110 ff. 中关于金、银、铜、英雄和铁五个时代的论述，因为那才不是对实际技术分期的描述，虽然有人试图这样的分期。参见 J. G. Griffiths, ‘Archaeology and Hesiod’s Five Ages’ in *Journ. History of Ideas*, 1956, 17, 109, with comment by H. C. Baldry, pp. 553 ff.; F. J. Teggart, ‘The Argument of Hesiod’s Works and Days’, *Journ. History of Ideas*, 1947, 8, 45。

无论如何，与他同时代的中国人也在讲述同样的事情，同样认识到人类在时间上源于原始的野蛮状态，而且，他们对其断言也许更有把握，理由更为确凿。

卢克莱修的话可能是在公元前60年左右写的。《越绝书》(越国是一个封建候国，公元前334年被楚国吞并)据说是东汉学者袁康所编，该书利用了古代文献和口头传述，完成于公元52年。其论述制剑的一篇中有这样一段话，[①]楚王在与谋士风胡子讨论：

> 楚王曰："夫剑，铁耳，固能有精神若此乎?"风胡子对曰："时各有使然。轩辕、神农、赫胥之时，以石为兵，断树木为宫室，死而龙臧。夫神圣主使然。至黄帝之时，以玉为兵，以伐树木为宫室，凿地。夫玉，亦神物也，又遇圣主使然，死而龙臧。禹穴之时，以铜为兵，以凿伊阙，通龙门，决江导河，东注于东海。天下通平，治为宫室，岂非圣主之力哉？当此之时，作铁兵，威服三军。天下闻之，莫敢不服。此亦铁兵之神，大王有圣德。"楚王曰："寡人闻命矣。"

于是，除了插入一个"玉"时代以外(这里的"玉"可能指质量较好的

① 见《越绝书》第十三篇《越绝外传记宝剑》。在西方，德国汉学家夏德(Friedrich Hirth)于1904年最早注意到这段话，参见他的'Chinesische Ansichten ü. Bronzetrommeln', in *Mitt. d. Sem. f. Or. Spr*, 7, 200 (pp. 215 ff.)。在冶金史和考古学史上，这是一次辉煌的拓荒努力。夏德在*Ancient History of China, to the End of the Chou Dynasty* (New York, 1908, repr. 1923), p. 236中又回到了分期问题。《越绝书》的这段话一直引起考古学家的兴趣，参见Chang Kuang-Chih, *The Archaeology of Ancient China* (New Haven, 1963), p. 2。

石头，也可能指经过加工的石头），这段文字所讲的顺序与卢克莱修所说的同样清楚。袁康的优势有两点。

首先，他属于一个迥异的传统。[①] 如果我们阅读战国哲学家的著作，就会发现他们非常重视人类在达到周代晚期高度文明的过程中所经历的各个阶段。[②] 自公元前5世纪以来，道家和法家就古代的历史和社会演化构想出了一套极为科学的理论。[③] 他们将古代尧舜的事迹自行铭记在《竹书纪年》这样的编年史中。就像《春秋》是鲁国传下来的一样，《竹书纪年》是魏国传下来的。他们有大量口头的神话传述，还列举了文化英雄和发明家，这些内容最终构成了《世本》的材料。由此，他们有意识地根据周围原始民族的习俗定出了文化阶段的顺序。他们谈到人们在树上筑巢而居（也许是干栏式建筑），或者在地下钻洞而居（包括穴居）；谈到采集食物阶段以及火和熟食的起源；谈到最早的制衣，陶艺的发展（新石器时代仰韶和龙山的陶器现已非常有名）以及古老的甲骨文。《韩非子》（约公元前260年）中有一段话讲述了由余对秦穆公所说的话，清楚地表明作者见过新石器时代的赤陶和黑陶，也见过铸有

① 夏德在'Chinesische Ansichten ü. Bronzetrommeln', p. 215中写道："中国人很早就开始研究史前史的发展期，并从古墓发现和其他文化遗存中得出结论。"

② 这要归功于我的老师Gustav Haloun在其论文'Die Rekonstruktion der chinesischen Urgeschichte durch die Chinesen', *Japanisch-Deutsche Zeitschr. f. Wiss. u. Tech.* 1925, 3, 243中提出了这一点。正是由于我的同窗Laurence Picken的影响，我开始实事求是地认识到这一点。

③ 例如参见《庄子·盗跖》、《管子·轻重戊》、《墨子·节葬下》、《商君书·开塞》、《韩非子·十过》、《吕氏春秋·恃君览》。较晚的著作参见《礼记·王制》、《礼记·礼运》、《列子·汤问》、《鹖冠子·备知》、《淮南子·氾论训》。

浮雕的商代青铜器。[①] 如同我们方才从《越绝书》中所引的那段话,《韩非子》也把木、石、玉、铜和铁等与神话中的某位统治者有规律地联系起来。[②] 关于这种古代的“原型考古学”(proto-archaeology),简直可以写一整本书。[③]

其次,中国与欧洲的不同之处在于,这三个技术时代彼此接替很快,因此几乎属于历史而非史前史。商代(公元前15—前11世纪)还广泛使用石制工具,直到周代中期也是如此,可能一直用到铁器出现,因为中国人似乎很少用青铜来制作农具。具有启发意义的是,古代医生针灸所用的针是极尖的石头(可能是黑曜石),他们一直保持着这个传统。[④] 商代之前的新石器文化属于夏朝,一般认为那时没有青铜。然而在商代,铜、锡和青铜的冶金术迅速达到极高水平,直到周代中期,这种所谓的“美丽金属”一直被用来制作武器和祭祀、庆典时使用的青铜器皿。[⑤] 到了孔子快要出生的

① 《韩非子·十过》;参见 Chang Kuang-Chih, *The Archaeology of Ancient China* (New Haven, 1963)。《史记·秦本纪》也有类似的说法。此事发生在公元前626年,与由余对话的秦穆公于几年后驾崩,并以活人殉葬,“因此未能称霸”。

② 夏德认为(*Ancient History*, pp. 13 ff.),应把中国传说中的“三皇五帝”视为“中华文明各个阶段……的象征”,并且是“文化准备期的代表”。今天他的看法已被广为接受,B. Laufer, *Jade* (Field Museum, Chicago, 1912, repr. Perkins, Pasadena, 1946), pp. 70 ff. 中的批评很离谱。Gustav Haloun, ‘Die Rekonstruktion der chinesischen Urgeschichte durch die Chinesen’, *Japanisch-Deutsche Zeitschr. f. Wiss. u. Tech.* 1925, 3, 243 认为,三皇五帝原本都是天下各地的神祇和氏族的保护神,后逐渐成为文化英雄,最后成为“统治者”。

③ 奇怪的是,似乎尚未有人从这一角度搜集和研究过周、秦、汉代文献中讨论远古的段落。

④ 最早提及此事的也许是周代的《山海经》。

⑤ 事实上一直到秦和汉初,因为秦始皇统一全国之后尽可能搜集了天下所有青铜兵器,铸造了十二个巨大的铜人,作为解除武装的手段(《史记·秦始皇本纪》)。

时候，即公元前6世纪中叶，铁器引入了中国，[①]现在已经不难追溯铁器对于经济社会所产生的深刻影响。[②] 因此，那些试图把袁康和卢克莱修的概括随便打发掉的人更缺乏理据了。有人写道：“实际情况根本不是两千年前有位天才抢先了科学一步；这只是凭借小聪明对一些可能性进行猜测而已，毫无事实根据，也没有尝试去检验。”[③]事实上，这些说法都不恰当。周代和汉代的学者并没有做过地层挖掘，但他们相信三个技术阶段为真的理由远比这种批评所设想的牢靠。中国文明的高速发展使他们成了史学家，而非史前史学家。

科学和知识作为在时间中累积的合作事业

我们还可以把知识的进步发展观推得比古代技术水平远得多。如果以为中国文化从未产生这种观念，那就大错特错了，因为

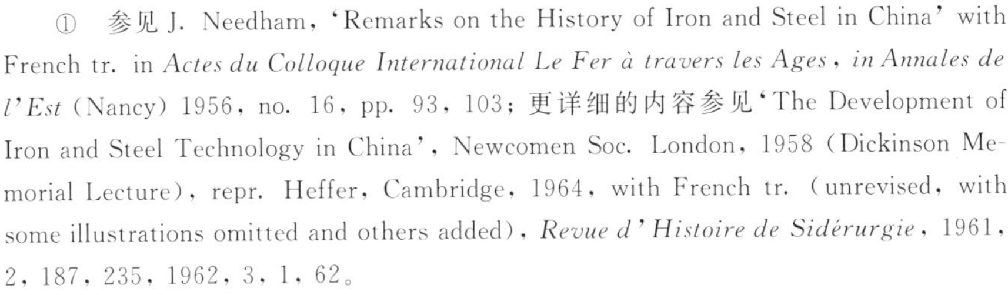

① 参见 J. Needham, 'Remarks on the History of Iron and Steel in China' with French tr. in *Actes du Colloque International Le Fer à travers les Ages*, *in Annales de l'Est* (Nancy) 1956, no. 16, pp. 93, 103；更详细的内容参见'The Development of Iron and Steel Technology in China', Newcomen Soc. London, 1958 (Dickinson Memorial Lecture), repr. Heffer, Cambridge, 1964, with French tr. (unrevised, with some illustrations omitted and others added), *Revue d'Histoire de Sidérurgie*, 1961, 2, 187, 235, 1962, 3, 1, 62。

② 参见 Cheng Te-Khun, *Archaeology in China*, vol. 3, *Chou China* (Toronto, 1963), pp. 246 ff.; Chang Kuang-Chih, op. cit., pp. 195 ff.。现在一般都认为，中国铁器技术的一个非常显著的特征是，中国人一知道铁，就几乎立刻制作了铸铁，而西方则需要1700多年的时间才有此成就。要对这种现象做出解释固然有一些技术上的理由，但功劳还是要归于中国古代的铸铁大师们。

③ R. H. Lowie, *The History of Ethnological Theory* (London, 1937), p. 13.

每一个时期都有文本证据表明，虽然中国人尊崇圣贤，但中国的学者和科学人相信他们的知识要比其远祖进步。[①] 事实上，整个天文表系列（即前面所说的“历法”）都可以说明这一点，因为每一位新皇帝都要颁布新历，而新历必然比之前的历法更好、更准确。[②] 在中国历史上，任何一位数学家或天文学家都不会想去否认科学的持续进步和改进。图 31 显示了机械计时准确性的逐渐增加，由此图可以看出他们是多么正确。药学家的情况也是一样，他们对自然界的描述同样在发展。图 32 绘出了公元 200 年到公元 1600 年间药典中主要词条数目的变化情况，从而表明知识是不断发展的。公元 1100 年之后词条数目之所以会陡然上升，也许是因为对外国尤其是阿拉伯和波斯的矿物、植物和动物越来越熟悉，于是同义词的数目也在增加，随后恢复到正确的位置。[③]

① 在与 Arthur Clegg 先生的通信中，我确定了这一论点的重要性。

② 我们可以举一个明显的例子，即回归年长度的长期变化。经过漫长的时间，中国天文学家渐渐认识到，回归年长度会非常缓慢地缩短。公元 1194 年第一次有人做了计算，1282 年则通过异常准确的观测而得到确证。这个微小的项所获得的数值实际上仍然过大，也许是因为想要“拯救”在公元前的一千年间所做的现存三次观测（可能非常不准确）。但整个故事极好地表明，中国人曾做过累积性的进步努力来逐渐改进所有既已接受的数值。它也表明，虽然数据有误，但中国人常常能得到本质上正确的结论，与当时欧洲人愿意接受的结论相比，这些结论真是要广阔和开明得多了。固有运动（proper motion）则是另一个例子（*SCC*, Vol. III, p. 270）。关于回归年长度的长期变化，参见 Nakayama Shigeru, *Jap. Journ. Hist. Sci.* 1963, 68, 128 和 *Abstracts of Communications to the Xth. Internat. Congress of the History of Science* N. Y., 1962, p. 90 以及 *Jap. Studies in the Hist. of Sci.*, 1963, 2, 101。

③ 所用数据源自燕羽的“16 世纪的伟大科学家李时珍”一文，载李光璧、钱君晔编的《中国科学技术发明和科学技术人物论集》（北京，1955 年），第 314 页。另见 Cheng Chih-Fan, ‘Li Shih-Chen and his Materia Medica’, *China Reconstructs*, 1963, 12, (*no.* 3), 29。我们将在 *SCC*, Vol. V2 中全面论述中国的药学传统以及李时珍在其中的位置。

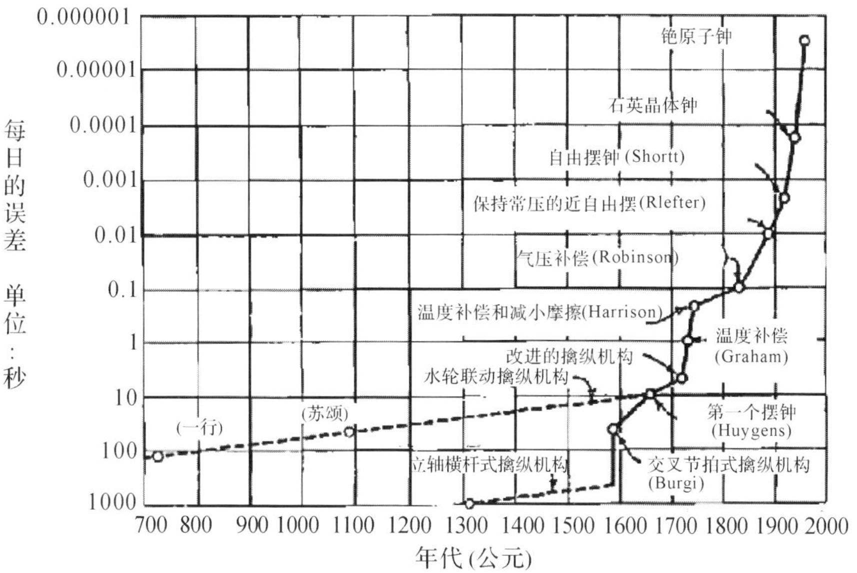

图31：此图显示了千余年来机械钟精度的增加。（在征得了原作者F. A. B. Ward的同意并与J. H. Combridge和H. von Bertele磋商之后，李约瑟对原图作了放大。）

很值得把中国与欧洲的情况作一番详细对比。伯里（J. B. Bury）早已在其大作中表明，在培根时代以前，西方的学术文献中只能看到进步观念初步的蛛丝马迹。① 进步观念的诞生与16、17世纪欧洲著名的“古今之争”有关，因为人文主义者的研究已经清楚地表明，古代西方世界不曾拥有火药、印刷术和磁罗盘等许多新东西。长期以来，欧洲人一直没有注意到这些东西（以及其他许多发明）来自于中国或亚洲其他地方，但我们所知的科学技术史正是

① J. B. Bury, *The Idea of Progress* (London, 1920).

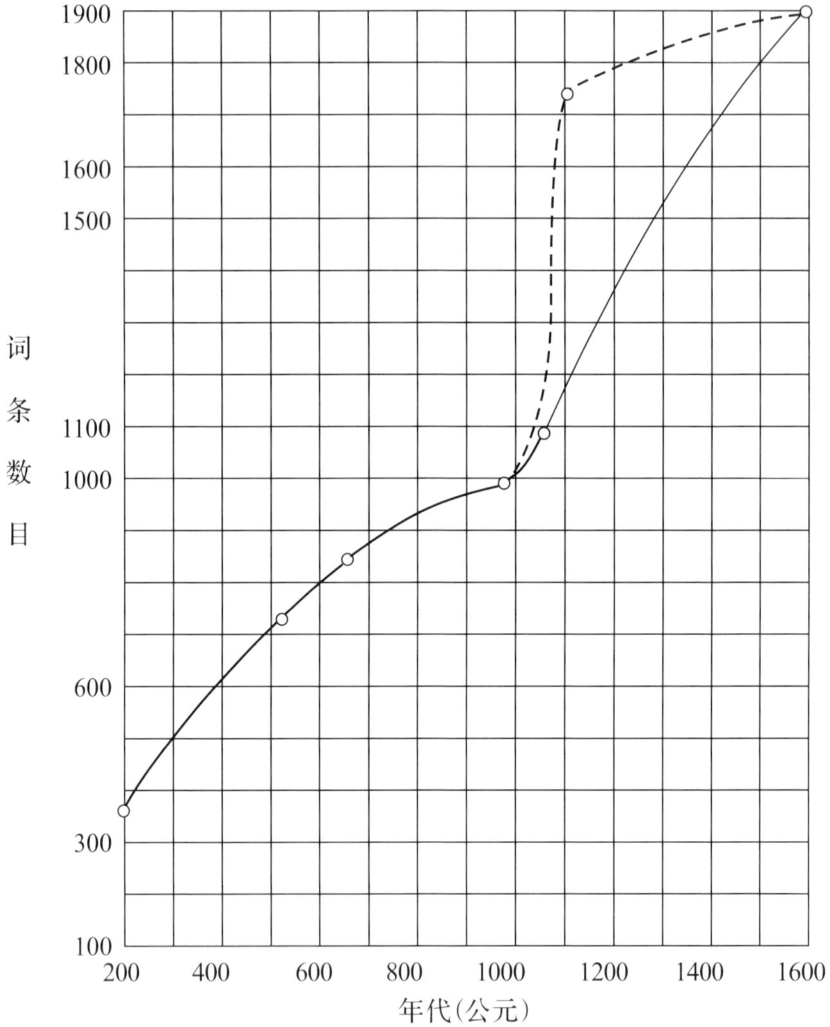

图 32：此图显示了千余年来中国药典中词条数目的增加。(李约瑟根据燕羽的调查所做的图。)

在此时诞生于这一发现所带来的困惑。[①] 伯里联系一般文化史讨

① 参见 SCC，Vol. IV，pt. 2，pp. 6 ff.。

论了进步，齐尔塞尔(Zilsel)则将他的方法加以扩展，联系科学理想讨论了进步。[①] 齐尔塞尔认为，“科学进步的理想”包含以下观念：(1)科学知识的大厦是由世世代代的科学工作者一砖一瓦共同建造起来的；(2)这座大厦永无完工之日；(3)科学家的目标是出于公心来建造这座大厦的，即或者是为了科学本身，或者是为了公共利益，但绝不是为了名声或个人私利。齐尔塞尔非常清楚地表明，在文艺复兴之前，极少有人在言行上表现出这些观念，即使在文艺复兴时期，欧洲学者也没有发展出这些观念，因为他们仍然在追求个人荣耀。只有高级工匠才拥有这些观念，因为在当时的工作条件下，工匠之间产生合作是相当自然之事。正因为资本主义兴起时的社会状况有利于高级工匠的活动，他们的理想才能推行于世。齐尔塞尔认为，技艺与科学不断进步的观念可以追溯到马提亚斯·罗立策(Mathias Roriczer)，他在1486年出版了一本论大教堂建筑的书。[②] 因此齐尔塞尔说：“科学，无论在其理论意义上还是在实用意义上，都渐渐被视为一种不以个人为目的的合作产物，过去、现在、未来的所有科学家都参与了这种合作。”他还说：“这种观念或理想在今天几乎是不言自明的，然而，无论是婆罗门教的、佛教的、伊斯兰教的学者还是拉丁经院学者，无论是儒家学者还是文艺复兴时期的人文主义者，无论是古代的哲学家还是修辞学家，

① E. Zilsel, ‘The Genesis of the Concept of Scientific Progress’, *Journ. History of Ideas*, 1945, 6, 325. 另见 S. Lilley, ‘Robert Recorde and the Idea of Progress, a Hypothesis and a Verification’, *Renaissance and Mod. Studies*, 1959, 2, 1。

② 其标题为 *Von der Fialen Gerechtigkeit* (How to Build Pinnacles and Turrets Correctly), ed A. Reichensperger (Trier, 1845)。

都不曾有过这种观念。”他的话要是不提及儒家学者会更恰当一些，以便等欧洲人对他们有较多了解再说。因为事实上，中世纪的中国人似乎要比文艺复兴之前的西方人更习惯于通过累积性的、不计功利的合作来积累科学信息。

我们可以给出一些引文，但首先要记得，中国世世代代的天文学研究并非出于个人的观星癖好，[①]而是由国家资助的。天文学家本人一般来说并非自由职业者，而是国家官僚机构的成员，其观象台往往位于皇宫。[②] 这无疑有利也有弊，但无论如何，累积性团队合作的习惯已经深深地根植于中国科学。像一行（682 年—727 年）、沈括（1031—1095 年）、郭守敬（1231—1316 年）这样的大人物周围都聚集有大量卓越的计算家和仪器制作者。不仅天文学是如此，博物学也是如此，因为有许多药典是皇帝下令编修的，我们知道有一大群人在长达 20 年的编纂活动中一起研究生药学和分类学，比如公元 620 年到 660 年苏敬所领导的小组。在这些方面，建基于祖先知识之上的中世纪中国科学家很像史学家，因为史学家也是组成团队去编修鸿篇巨制。

中国文化的这种也许让人意想不到的性质还可见于古人的一些话。科学之所以具有累积性，是因为每一代人都把科学大厦建立在前人所获得的自然知识的基础上，但科学也总是向外探索自

① 当然，这并非我对希腊大天文学家的描述，但他们的同时代的人却可能这样认为。我们还记得柏拉图在《泰阿泰德篇》中所记载的泰勒斯（Thales）的轶事，说泰勒斯因观星而落入一口井。这段轶事可能还另有意义（参见 *SCC*, Vol. III, p. 333），但这里取其表面意义就可以了。

② 参见 *SCC*, Vol. III, pp. 171 ff., 186 ff.。

然，看看通过经验观察和新的实验可以为其补充什么东西。爱德华·伯纳德（Edward Bernard）在 1671 年写道："书与实验合则两全，分则两害，因为不读书者会不经意间重蹈古人覆辙，而尽信书者则可能为谎言所误。"[①]这种经验论主题在中国传统中表现得极为强烈。《慎子》（可能写于公元 3 世纪）中说："治水者，茨防决塞，九州岛四海，相似如一，学之于水，不学之于禹也。"《关尹子》（公元 8 世纪）中也说："善弓者，师弓不师羿。……善心者，师心不师圣。"[②]这在部分程度上正是《庄子》中那个轮扁的故事所传达的寓意。轮扁告诫齐王不要只是坐着读古书，而要亲自去了解人民的品性，这样才能学会治国之道，就像工匠通过亲自了解木头和金属的性质来学习其技艺一样。[③] 因此，除了儒家尊崇圣贤，道家悲叹原始社群时代的消逝以外，总还有一些人相信真知在发展和进步。他们认为，倘若人们能够探究外物，并以他人的可靠知识为基础，真知就会无可估量地发展起来。"格物致知"，这是《大学》（成书于公元前 260 年左右，可能是孟子的学生乐正克所作）中意味深长的一句话，它也是中国各个时代自然主义者和科学思想家的口号。[④]

从中国历史上的每一个世纪都可以找到引文来说明中国人把科学当成了累积性的、出于公心的合作事业。孔融（卒于公元 208

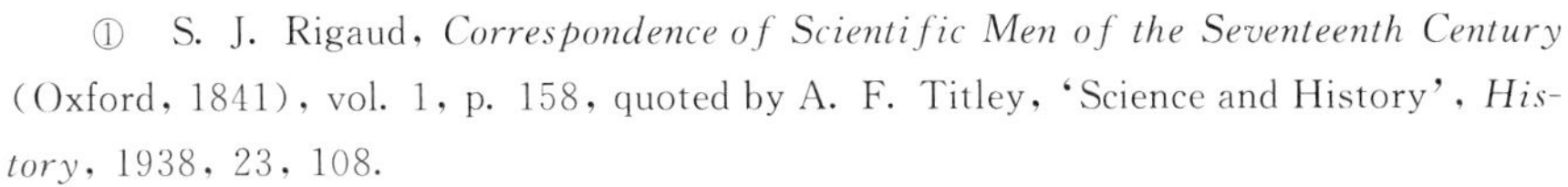

① S. J. Rigaud, *Correspondence of Scientific Men of the Seventeenth Century* (Oxford, 1841), vol. 1, p. 158, quoted by A. F. Titley, 'Science and History', *History*, 1938, 23, 108.

② 参见 *SCC*, Vol. II, p. 73。

③ 参见 *SCC*, Vol. II, p. 122。

④ 参见 *SCC*, Vol. I, p. 48。

年）在后世常常引用的一句话中认为，智者的思想在当时往往比圣贤的说法好得多。为了说明这一点，他提到把水轮用于碓上以舂捣谷物和矿物。[①] 公元20年左右，桓谭已经描绘了工业中人力、畜力、水力的顺序，其重要性不亚于前面讨论的三个技术阶段的重要性。[②] 在天文学和地球物理学领域，刘焯在公元604年奏请皇帝对日影测量作新的研究，并建议对一段子午线弧作大地测量。他说：

> 则天地无所匿其形，辰象无所逃其数。超前显圣，效象除疑，请勿以人废言。

然而，他的愿望直到接下来一个世纪才获得批准，在一行和皇家天文官南宫说的监督下，从公元723年到公元726年完成了一项令人瞩目的1600英里的子午线弧测量。其结果的确不同于以前所接受者，他们的描述显示出一种见地，即旧时的宇宙信念必须服从于改进的科学观测，即使“先儒”会因此而丧失名誉。[③] 再有，在公元11世纪末，累积进步观突然遭遇到一种迷信，即认为每一个新的朝代或新的统治时期都必须“更新一切”，此时有一位新任宰相想毁掉苏颂的天文钟塔。当然这与党派政治有关，但两位学者官员晁美叔和林子中非常

---

① 参见 *SCC*, Vol. IV, pt. 2, p. 392。这里他只是把《淮南子·汜论训》中有力陈述的学说加以阐述和运用而已。

② 参见 *SCC*, Vol. IV, pt. 2, p. 392。

③ *SCC*, Vol. IV, pt. 1, pp. 44 ff., 53 讲述了整个故事；更完整的故事见 A. Beer, Ho Ping-Yü, Lu Gwei-Djen, J. Needham, E. G. Pulleyblank & G. I. Thompson, ‘An Eighth-Century Meridian Line: I-Hsing’s Chain of Gnomons and the Prehistory of the Metric System’, *Vistas in Astronomy*, 1961, 4, 3。

欣赏这座钟塔，视之为有史以来的巨大进步，遂在幕后相助。他们成功地保住了此钟，它一直嘀答走到公元1126年宋都被金人占领。金人将此钟运到自己的国都(今天的北京附近)，在那里重新组装起来，此后又运转了几十年。[①] 在谈到这些天文钟时，我们时常会看到这样的表述："其精巧绝出，人谓前代所鲜有。"比如公元1354年在元朝最后一位皇帝的监督下建造了一座配有顶重装置的水力机械钟，当时对这座钟的描述就是这样的。虽然这可能被视为一种常用的文学辞令，但它仍然显示出中国学者对科技成就有着清醒的认识，绝不会认为与古代圣贤的著作相比，这些成就永远只是雕虫小技。[②] 等所有资料齐备后，我们还要研究文艺复兴之前的欧洲对于知识和技术的进步发展是否有和中国人同样的意识。

鉴于所有这一切，事实证明西方人广泛相信的那种信念，即传统中国文化是静态的或停滞的，乃是一种典型的西方误解。说中国文化是"趋于稳定的"或"自动控制的"才算公平，因为中国社会有某种东西一直倾向于使之在经历各种干扰之后恢复其原有特性(这是一种官僚封建主义的特性)，无论这些干扰是由内战或外敌入侵所致，还是由发明和发现造成的。看到中国发明传到欧洲之后对欧洲社会体系产生了震撼性的影响，却没有对中国社会造成什么改变，这真是让人吃惊。我们提到过火药，它对西方推翻军事贵族封建制度贡献甚大，但中国使用了它五百年之后，官僚制度却本质上完好如初。无独有偶，西方

① 参见*SCC*, Vol. IV, pt. 2, pp. 496 ff.；另见J. Needham, Wang Ling & Derek J. Price, *Heavenly Clockwork* (Cambridge, 1960), pp. 116 ff.。

② 参见*SCC*, Vol. IV, pt. 2, p. 507；另见J. Needham, Wang Ling & Derek J. Price, *Heavenly Clockwork* (Cambridge, 1960), p. 133 ff.。

封建制度的开端与马镫的发明有密切关系，但是在马镫的发源地中国，社会秩序却未受这种干扰。再举一例，中国掌握铸铁技术大约比欧洲早了13个世纪——中国通常用铸铁来服务于各种目的（既有和平的也有战时的），而西方则用它来铸炮以摧毁封建城堡的围墙，以及制造工业革命的机器。事实上，中国科技的进步速度缓慢而稳定，当现代科学在文艺复兴时期诞生之后，便被西方那种指数式增长完全超过了。重要的是要认识到，中国社会虽然能够自我调节和保持稳定，但也有科学和社会进步以及在时间中发生实际改变等一些观念。因此，无论保守主义势力有多大，当时间成熟时，现代自然科学技术的发展都不会存在这种类型的意识形态障碍。

中西方的时间和历史

现在我们要来讨论前述问题中最大的一个：中西方所特有的时间观和历史观的差异，与现代科学技术只在西方文明中产生，这两者之间是否存在着关联？许多具有哲学头脑的作者所提出的论点包含两部分：(1)据说证明了基督教文化远比其他文化更有历史意识；(2)这在意识形态上有利于现代自然科学在文艺复兴和科学革命时期发展起来。[①]

① 这个问题的具体形成源于1950年我在巴尔的摩与O. Temkin博士的一次谈话，尽管二战期间我在中国时就常常思考这个问题。根据以下诸页所包含的内容，一个有趣甚至重要的事实是，虽然我曾与许多朋友（从成都的郭本道博士到广东的梁伯强博士）谈论过现代科学在中国兴起的制约因素，但他们从未提出历史时间感的有无是否与这个问题有关。

该论证的前半部分早已是西方历史哲学家所熟悉的理据。[①] 与其他一些大宗教不同，基督教与时间有着密不可分的联系，因为赋予整个历史以意义和样式的道成肉身是在某个确定的时间点发生的。[②] 此外，基督教植根于以色列，而以色列文化以其伟大的预言传统而总是认为时间是真实不虚的，时间是实际变化的媒介。在西方，希伯来人最早赋予时间以价值，也最早从事件的时间记录中看出神的显灵和显现。对于基督教思想来说，整个历史是围绕一个中心而构成的，这个时间性的中点就是基督生活的历史性。整个历史从创世开始，经过亚伯拉罕的立约，一直到基督再临、救世主的千年王国和世界末日。原始基督教不晓得无时间的神；永恒现在存在，过去存在，未来也存在，[③]“世世代代，永无尽期”；永

① 特别参见 O. Cullmann, *Christus und die Zeit* (Zürich, 1945), Engl tr. *Christ and Time: The Primitive Christian Conception of Time and History*, by F. V. Filson (London, 1951); P. Tillich, *The Interpretation of History*, tr. N. A. Rasetzki & E. L. Talmey (New York & London, 1936); *The Protestant Era*, tr. J. Luther Adams (Chicago, 1948, London, 1951); R. Niebuhr, *Faith and History: A Comparison of Christian and Modern Views of History* (London, 1949); *The Self and the Dramas of History* (London, 1956); H. Christopher Dawson, *The Dynamics of World History*, ed. J. J. Murllo (London, 1957); *Progress and Religion: An Historical Enquiry* (London, 1929); T. F. Driver, *The Sense of History in Greek and Shakespearean Drama* (New York, 1960)。参见 H. Butterfield, *History and Man's Attitude to the Past: Their Role in the Story of Civilisation* (Foundation Day Lecture, London School of Oriental Studies, 1961)。

② 大家一般都知道，用 A. D. 来纪年的习惯始于公元 525 年小狄奥尼修斯(Dionysius Exiguus)的倡议，但较少有人知道，从基督诞辰向后推算的 B. C. 纪年迟至公元 17 世纪才被引入，1681 年的波舒哀(Bossuet)可能是最先使用它的人。如今这套纪年系统几乎已经通用；中国人称之为“公元前”或“公元后”，这也许证明了西方现代技术文明(而不仅仅是现代基督教文明)的渗透一切。

③ 《启示录》第 1 章第 4 节。

恒显示为线性连续的赎罪时间过程,显示为赎罪计划。在这种世界观中,不断重现的现在永远是独特的、不可重复的和决定性的,它的前面有一个开放的未来,个人行为可以影响未来,因为个人既可能帮助也可能阻碍那个不可逆而有意义的整体指向。历史中的道德目的、人的神化就这样得到了确认,历史的意义和价值都体现于其中,正如神自身也担负起了人性,神之死象征着一切牺牲。[①]总之,世界的历程是一部在单个舞台上演出的神剧,不会重演。

我们通常会把这种看法与希腊罗马人的看法进行强烈对比。希腊罗马人,尤其是希腊人,[②]一般都受循环观念的支配。[③] 我们已经提过赫西俄德(Hesiod)所描述的相继时代,可以确定,各个时代的永恒轮回是毕达哥拉斯所教导的少数学说之一;[④]在希腊文化的另一端有斯多亚派关于四个世界时期的学说,[⑤]以及马可·奥勒留(Marcus Aurelius)宿命论的虔敬主义。[⑥] 亚里士多德的学生欧德谟斯(Eadeinus)设

① 参见 Irenaeus, *Contra Haeresios*, IV, 37, 7。

② 罗马人的思想非常不同,维吉尔(Virgil)的"线性"史诗("linear" epic)、它之前的诗体年代表以及"永恒之城"理论可以作证。参见 M. Eliade, *Le Myths de l'Eternel Retour: Archétypes et Répétition* (Gallimard, Paris, 1949), Eng. tr. *The Myth of the Eternal Return* by W. R. Trask (London, 1955), pp. 201 ff. 以及 C. S. Lewis, 'Historicism', *Month*, 1950 (NS) 4, 230。

③ 关于这些内容,特别参见 M. Eliade, *Le Myths de l'Eternel Retour: Archétypes et Répétition* (Gallimard, Paris, 1949), Eng. tr. *The Myth of the Eternal Return* by W. R. Trask (London, 1955)。艾利亚德(Eliade)在该书开篇就对古代原始民族的季节性仪式做了引人入胜的研究。他认为季节性仪式有助于这些民族消除时间流逝所产生的心理恐惧,以及对任何不可逆的全新事物的恐惧(pp. 80, 128, 184, 217)。这些重复连同计算出来的长程天文周期最终引出了印度—希腊的循环时间宇宙。

④ Porphyry, *Vita Pyth.*, 19.

⑤ Chrysippus, frgs. 623-627; Zeno, firgs, 98,109; Eudemus, frg. 51.

⑥ Medit., XI. 1.

想时间会完全回归，因此他将再次或多次同学生们坐着交谈；亚里士多德本人[①]以及柏拉图[②]经常猜想，每一门技艺与科学都已经盛衰过很多次，还认为时间将再次回到起点，所有事物都将恢复其原有状态。当然，这些观念往往会与观测天文学和计算天文学中的长程周期结合起来，这样便产生了（也许是）巴比伦人的"大年"概念。周期性重现排除了一切实际的新颖性，因为未来本质上是封闭的和决定的，现在并非独特，一切时间本质上都是过去的时间。"已有的事，后必再有；已行的事，后必再行。日光之下，并无新事。"[③]因此，只能认为拯救是使世界摆脱了时间，正如有人提出的，这便使希腊人沉迷于无时间的演绎几何学，提出了柏拉图的"理念"学说，[④]并且导致了"神秘宗教"。

这种从存在之轮的无穷反复中摆脱出来的观念立刻让人想起了佛教和印度教的世界观；在这方面，非基督教的希腊思想与印度

① *Physica*, IV, 14, 223 b 21. *Problemata*, XVII. 3.

② *Politics*, 269 c, ff; *Republic*, VIII, 546.

③ 《传道书》第 1 章第 9 节。

④ 参见前引 T. F. Driver, *The Sense of History in Greek and Shakespearean Drama* (New York, 1960), pp. 38ff. 。虽然科学史家们一直不厌其烦地赞扬欧几里得演绎几何学对西方世界的贡献，但我还清楚地记得 1949 年与波恩的保罗·洛伦岑(Paul Lorenzen)博士的一次谈话，他在谈话中表示，欧洲的几何学太多，反而有害。当然，几何学是现代科学的一个重要基础，但它的确有不良影响，即太容易让人相信各种被认为自明的、抽象的、无时间的公理化命题，太愿意让人接受刻板的逻辑表述和神学表述。随着这些命题和表述被赋予了继承自罗马法学家传统的拉丁教士的权威保证，当商人阶层兴起时，宗教改革就不可避免地爆发了；时至今日，西方仍在遭受那时的口号之害。而中国是代数的和"巴比伦式的"，不是几何的和"希腊式的"，因此倾向于实用和近似，而不是理论和绝对。中国人并不觉得有必要表述这些无时间的公理化命题，因此拥有经验的、历史的、"统计性的"伦理学，而鲜有意识形态的狂热，基本无宗教迫害之事。

思想的确极为相似。[①] 一千个大世代(mahayugas,相当于人间40亿年)构成一个梵日(Brahmaday),即一劫(kalpa)。一劫始于世界的重新创生和演化,终于世间万物的瓦解和重新并入绝对。[②] 每一个劫的起伏消长都带来了不断重复的神话事件,[③]众神与泰坦巨人们互有胜负,毗湿奴(Vishnu)的诸化身,搅动乳海(Milky Ocean)以获得长生不老药,《罗摩衍那》与《摩诃婆罗多》中的英雄事迹等,由此《本生经》才讲述了佛陀的无数个化身的故事。[④] 在印度思想中,历史独特性这一维度其实并不存在,因此一般仍然公认印度是各大文明中最无历史意识者。[⑤] 而在未受以色列影响的希腊和希腊化世界里,只有希罗多德(Herodotus)、修昔底德(Thucydides)等几个非凡人物才能突破流行的轮回学说,但即使

① 参见 Eliade, op. cit, pp. 167 ff.。关于宇宙周期性毁灭与重新创造的信念可以追溯到公元前10世纪的《阿达瓦吠陀》(*Atharvaveda*, X, 8, 39,40)。

② 参见 H. Zimmer, *Myths and Symbols*, pp. 11 ff.; 16 ff; 19 ff; Eliade, op, cit., pp. 169 ff.。

③ 我认为在循环世界理论中应该说"在时间中重现",而不是"时间的可逆性"(虽然讨论这一主题的作者常常使用这一表述),因为在佛教神话中的确有时间可逆的学说,其影响非常深远,但却鲜为人知。P. Mus, 'La Notion de Temps Réversible dans la Mythologie Bouddhique'这篇有趣的论文曾经讨论过这个问题。为了摆脱轮回(samsara)、流变(the flux of becoming)、时间这个吃人巨妖(Time-Ogre)、大黑天(Mahakala,我们在敦煌壁画中看到他在吞噬一切),有志向的菩萨必须逆时间之流而上,以相反顺序追溯他以前的所有生存。然后,在他最后一次重生之后,他可以称自己为"时间的长子"(Firstborn of Time),在寂入涅槃之前胜利地迈上宇宙之巅。这就如同通过放映机把胶卷往后倒,就像在让·科克托(Jean Cocteau)的某些影片中那样。

④ Eliade, op. cit., pp. 172 ff. 这些《本生经》亦有从巴利文译出的全译本:*The Jataka or Stories of the Buddha's Former Births, translated by various hands*, ed. E. B. Cowell (Cambridge), 6 vols, with index vol., 1895 to 1913。

⑤ K. Quecke, 'Der Indische Geist und die Geschichte', *Saeculum*, 1950, 1, 362 对这一点做了很好的讨论。

是他们也只能部分突破。当然在印度，印度教的（而不是佛教的）智慧大大改变了这种无望的世界观，这种智慧来自于户长和农夫在他那一代的义务，事实上是那种赋予了日常社会生活以崇高地位的苦行主义，至少在每个人的生命周期中有部分时段是如此。

保罗·蒂利希(Paul Tillich)曾以近乎隽语的形式把这两大类宇宙观的特点合在一起。[1] 对于印度—希腊的宇宙观来说，空间比时间占优势，因为时间是循环的和永恒的，因此时间的世界没有无时间的形式世界真实，也的确没有最终价值。[2] 只有经由活生生的变化之幕才能追寻到存在，只有通过个人而不是集体才能获得拯救，佛自身的自我拯救便是最典型的例子。世俗时代一个个地走向毁灭，因此最适合的宗教要么是多神教（特殊空间的神化），要么是万物有灵论（所有空间的神化）。这种宇宙观似乎重视此世，以享乐主义的态度集中于短暂的现在，但它不敢探索未来，而只能在无时间之中追求永恒的价值，因此它本质上是悲观的。而对于犹太教—基督教的宇宙观来说，时间比空间占优势，因为时间的运动有指向和意义，见证了神与邪恶势力的长久战争（这里古代波斯与以色列和基督教世界意见一致）。[3] 既然在这场斗争中善将获胜，所以世俗世界在本体论上是善的。真正的存在内在于变化之中，对于集体来说，拯救内在和贯穿于历史之中。世界时代固定在一个中心点上，此中心点赋

① *Protestant Era*, pp. 23. 30. 参见 Niebuhr, *Faith and History*, pp. 15 ff.。

② 事实上，时间几乎被并入了空间，因为如果每一个事件都无限重复，那么它的消逝就只是幻相，而不存在不可逆的变化——每一个瞬间就像是胶卷中的一幅“定格画面”，可由放映机一再放映。参见 Eliade, op. cit, p. 184。

③ 参见 Eliade, op. cit, pp. 185 ff., 191。

予了整个过程以意义，克服了一切自我毁灭倾向，创造了某种无法被任何时间循环破坏的新东西，因此最适合的宗教是一神教，神是时间和时间中发生的一切的操控者。这种宇宙观似乎重视来世，轻视今生，但其信仰却与过去和未来相联系，因为世界本身是可以拯救的，不是虚幻的，神的国需要它，因此它本质上是乐观的。

我们当然可以把基督教世界具有强烈的历史意识当作历史事实接受下来。该论点的第二部分像是历史哲学家的暗示，而不是他们构思出来的。这部分论点是，这种历史意识对于现代科学技术在文艺复兴时期的兴起有直接的贡献，因此与其他因素一样有助于解释这一点。[①] 倘若历史意识的因素有助于解释现代科学技

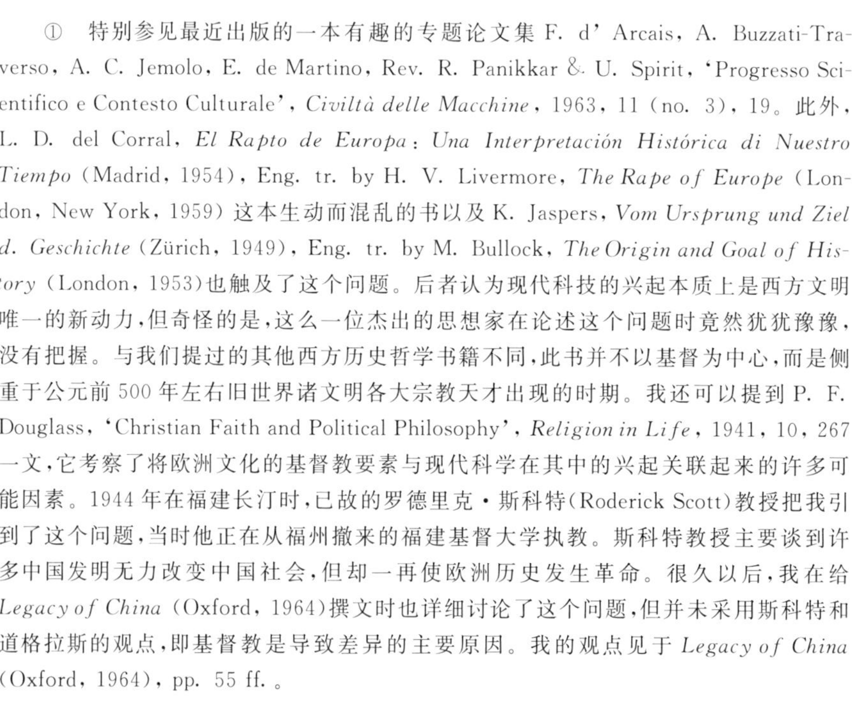

① 特别参见最近出版的一本有趣的专题论文集 F. d' Arcais, A. Buzzati-Traverso, A. C. Jemolo, E. de Martino, Rev. R. Panikkar & U. Spirit, 'Progresso Scientifico e Contesto Culturale', *Civiltà delle Macchine*, 1963, 11 (no. 3), 19。此外，L. D. del Corral, *El Rapto de Europa: Una Interpretación Histórica di Nuestro Tiempo* (Madrid, 1954), Eng. tr. by H. V. Livermore, *The Rape of Europe* (London, New York, 1959) 这本生动而混乱的书以及 K. Jaspers, *Vom Ursprung und Ziel d. Geschichte* (Zürich, 1949), Eng. tr. by M. Bullock, *The Origin and Goal of History* (London, 1953)也触及了这个问题。后者认为现代科技的兴起本质上是西方文明唯一的新动力，但奇怪的是，这么一位杰出的思想家在论述这个问题时竟然犹犹豫豫，没有把握。与我们提过的其他西方历史哲学书籍不同，此书并不以基督为中心，而是侧重于公元前 500 年左右旧世界诸文明各大宗教天才出现的时期。我还可以提到 P. F. Douglass, 'Christian Faith and Political Philosophy', *Religion in Life*, 1941, 10, 267 一文，它考察了将欧洲文化的基督教要素与现代科学在其中的兴起关联起来的许多可能因素。1944 年在福建长汀时，已故的罗德里克·斯科特(Roderick Scott)教授把我引到了这个问题，当时他正在从福州撤来的福建基督大学执教。斯科特教授主要谈到许多中国发明无力改变中国社会，但却一再使欧洲历史发生革命。很久以后，我在给 *Legacy of China* (Oxford, 1964)撰文时也详细讨论了这个问题，但并未采用斯科特和道格拉斯的观点，即基督教是导致差异的主要原因。我的观点见于 *Legacy of China* (Oxford, 1964), pp. 55 ff. 。

术在欧洲的兴起，那么它在其他地方的缺失也许有助于解释为什么科学革命没有在那些文化中发生。

时间无疑是一切科学思维的一个基本参数——时间虽然只是常识四维的四分之一，但实则是宇宙的二分之一——因此任何非难时间的习惯必然不利于自然科学。既不能把时间斥之为虚幻，也不得联系超越的永恒之物来贬低时间。时间处于一切自然知识的根基处，无论这种自然知识是基于在不同时间所做的观察（因为观察涉及自然的均一性），还是基于实验（因为实验必然涉及一段尽可能量得准确的时间）。[①] 相信时间的实在性，必定有利于重视对科学如此基本的因果性。然而，为什么犹太教-基督教的线性时间观要比印度—希腊的循环时间观更有利于因果性呢？这个问题初看起来并不容易回答，因为如果时间周期足够长，那么实验者很难有所意识；[②]但轮回理论实际削弱的可能正是我们那种追求持续累积的、永无完成的自然知识的心理，这种理想源于高级工匠，在皇家学会及其研究者手中结出硕果。因为如果人类的一切科学努力都注定要泡汤，并且需要千辛万苦地不断加以革新，那么我们最好还是在宗教沉思或斯多亚派的超然态度中寻求彻底逃避，而不要像水螅那样与其同类在活火山边缘盲目地建造珊瑚礁。当然，人类追求自然知识的心理努力并不总能这样被削弱，否则亚里

① 这是否与希腊人更多在做科学理论而很少做实验有关？

② 此外，在完全的循环时间观中还有业（karma）的学说。所谓业，指的是个体在多次转世中善恶行为的自动补偿。这对于佛教徒来说是很根本的，无论在时间的实在性问题上他们属于哪个哲学学派。然而，正如 *SCC*, Vol. II, pp. 418ff. 所指出的，业的法则对于科学因果性或自然定律观念没有激励性的影响，这可能是因为佛教徒实际上只关心业的道德含义，而科学因果性必须在伦理上保持中立。

士多德也不会去做他的动物学研究，并且写出与我们的思想有关的著作——《动物志》(*Historia Animalium*)。此标题显示了“历史”(history)一词的原始含义是“经由探究而获得的知识”，至今仍在使用的“自然志”(natural history)一词便体现了这种含义。[①] 尽管如此，我们也许有理由在社会学上相信，循环时间的盛行严重阻碍了科学革命的发生，因为科学革命的部分本质在于许多人的合作(而不是希腊科学的那种个人主义)，线性时间显然是科学革命的基础。

在社会学上，线性时间观还以另一种方式起作用。它也许会增强那些有志于对“教会和国家进行彻底改革”的人的决心，由此不仅带来了“新科学或实验科学”，而且也带来了资本主义新秩序。早期的改革家和商人难道不是必定相信社会能够发生革命性、决定性和不可逆的转变吗？线性时间观虽然不是促成这种社会转变的基本经济条件之一，但却可能是促成这一过程的一个心理因素。变化本身有其神圣的权威性，因为新约取代了旧约，预言得以实现，随着宗教改革的发酵，以及受到从多纳图斯派(Donatists)到胡斯派(Hussites)的基督教革命传统的支持，人们再次天启式地梦想在地球上建立神的国度。循环时间观不可能包含天启。在许多方面，科学革命都与这些设想有密切关系，不论它如何审慎，如何受到君主赞助。约瑟夫·格兰维尔(Joseph Glanvil)在1661年写道：“‘现在所说的以前都说过’，这句令人气馁的格言在我看来没有任何地位；我不可能相信所罗门的书信；近年来我们已经看到了

① 这也是年代史编者的个人知识。

古代从未见过甚至连做梦都见不到的东西。”[①]完美不再属于过去，古书古人被搁置一旁，人们不再精心编织推理之网，而是用数学化假说的新技巧去研究自然，因为他们已经发现了发现的方法本身。几个世纪以来，线性时间更深地影响了现代自然科学，因为大家发现宇宙本身亦有其历史，宇宙演化被当作生物演化和社会演化的背景而得到研究。[②] 接着，启蒙运动为了相信进步而把犹太教-基督教的时间世俗化，以至于虽然今天的“人文主义者”或马克思主义者与神学家争论不休，但他们仍然相信进步的观念。他们穿的是不同颜色的外衣，这些外衣（至少在印度的旁观者看来）实际上没有变，只是把衣服穿反了。这促使我们思考中国文明的位置。在不可逆的线性时间观与“永恒轮回的神话”这一对比中，中国文明到底位于何处呢？它无疑具有这两种观念的要素，但大体而言，我认为线性时间观要占主导地位。当然，欧洲文化也是一个混合体，因为犹太教-基督教的时间观虽然占优势，但印度-希腊的时间观也从未消逝——这可见于 20 世纪斯宾格勒式的（Spen-

① *Scepsis Scientifica; or, Confest Ignorance the Way to Science, in an Essay on the Vanity of Dogmatising and Confident Opinion* (London, 1661, 1665). Repr. and ed. J. Owen (London, 1885).

② 从 W. Baron & B. Sticker, ‘Ansä tze z. historischen Denkweise in d. Naturforschung an der Wende vom 18 zum 19. Jahrhundert; I, Die Anschauungen Johann Friedrich Blumenbachs über die Geschichtlichkeit der Natur; II, Die Konzeption der Entwicklung von Sternen und Sternesystemen durch Wilhelm Herscher’, *Archiv. f. Geschichte d. Medizin u. d. Naturwissenschaften*, 1963, 47, 19 一文可以看到这一过程的两个方面。

glerian)历史观,[①]其实它一直就是如此。圣奥古斯丁(354—430年)在其《上帝之城》(*City of God*)中提出了基督教的单向时间观和历史观,[②]亚历山大的克雷芒(Clement of Alexandria,约150—220年)、米努齐乌斯·菲利克斯(Minucius Felix,约公元175年)和阿诺比乌斯(Arnobius,约公元300年)则倾向于承认像"大年"(*annus magnus*)这样的星辰周期。同样,公元12、13世纪,正当弗洛里斯的约阿希姆(Joachim of Floris,1145—1202年)受三位一体中三个位格的影响,在其《永恒福音入门》(*Liber Introductorius ad Evangelium Aeternum*)中提出三个时代的演化论和启示论时,[③]巴托罗缪(Bartholomaeus Anglicus,约公元1230年)、布拉班特的西格尔(Siger of Brabant,1240—1281年)和阿巴诺的彼得罗(Pietro d'Abano,卒于公元1316年)至少正准备平心静气地讨论这样一种理论:36000个太阳年以后,由于行星和恒星会复归原位,历史会事无巨细地重演。[④]

中国的情况非常类似。无论是早期道家的思辨哲学家,还是

① 亦参见当前射电天文学家等人之间的争论,它涉及宇宙的"稳态"理论与"膨胀收缩"理论及其关于创世和重新创世的推论之间的对立,曾在剑桥等地引起不小的骚动。"大年"观念绝没有消逝,尽管它在其科学包装之下几乎难以辨认。

② 另见 *Confessions*, XI。

③ 约阿希姆最伟大的弟子也许是600年后的威廉·布莱克(William Blake),因为布莱克经由再洗礼派、自由精神兄弟会(Brethren of the Free Spirit)、"激进者"(Ranters)以及革命性基督教的其他传教者而接受了神秘启示的"反律法主义"(antinomian)传统。

④ 参见 L. Thorndike, *A History of Magic and Experimental Science during the First Thirteen Centuries of our Era* (New York, 1947 ed.), vol 2, pp. 203, 370, 418, 589, 710, 745, 895。

后来具有重现的审判日的道教，抑或是认为宇宙、生物和社会的演化将在周期性的混沌之“夜”后更新的理学思想，在它们之中，循环时间观都表现得很显著。第二和第三种思想无疑受到了印度佛教的影响，印度佛教带给了中国大世代、劫、大劫等学说。但第一种思想时间太早，我们看不到任何成熟的理论形式，而只看到因为接受了季节循环和生命周期循环观念而得到的一种诗意的不动心境界。① 但所有这些都没有论述世世代代的中国老百姓和儒家学者，儒家学者要参与官僚机构，辅助皇帝祭天，还要任职于太史局和史馆。② 一百多年来，汉学家已经认识到中国文化的线性时间意识，但至少要经过同样长的时间，他们知道的东西才能成为西方知识分子的共同财产。③ 于是，卜德(Bodde)在一篇有趣的文章中写道：“中国人强烈专注于人间事务，与此相关联的是中国人的时间感——感觉到人间事务应被纳入一个时间框架。结果便是三千多年庞大而无间断的历史文献积累。这部历史服务于一个清楚的

① T. T. Meadows, *The Chinese and their Rebellions, viewed in connection with their National Philosophy, Ethics, Legislation and Administration, to which is added, an Essay on Civilization and its Present State in the East and West* (Bombay and London, 1856, Stanford, Calif., n. d. 1953), pp. 123ff., 130, 134 报道并翻译了道光皇帝与一位大臣的谈话，这是坚持顺从“命运之轮”和盛衰的一个例子。道光皇帝一再感叹：“万事之兴必继之以衰！”

② 指出天文学与编史学这两门学科的差异之后，刘知几甚至建议将天文志从正史中删除，大概是因为天文志涉及太多“无时间的”、“非历史的”重现周期。然而，他却偏爱博物学；参见 Pulleyblank, op. cit., p. 145。*SCC*, Vol. III, p. 634 讲述了一个奇特的类似情形。

③ 只有非常不熟悉中国传统的人才会像道森(H. Christopher Dawson)那样说：“从古到今，从印度到希腊、从中国到北欧的哲学家和宗教家否认历史的意义是常情，而不是例外。”(*Dynamics of World History*, p. 271)

道德目的，因为鉴往知来。……中国人的这种时间意识是他们与印度人之间的又一项显著差别。”①我们已经提到了中国伟大的历史传统。该传统认为“仁”与“义”已经体现在历史之中，因此应当记录它们在人间事务中的显现。其“褒贬”、“资治”的观念虽有一种局限，容易僵化成死板的惯例，但与佛教徒相信的“业”毫无关系。它所肯定的是恶的社会活动会带来恶的社会后果，虽然这些后果可能导致恶君的个人毁灭，但亦可影响他的家室或王朝。反正总有无可逃脱的后果。这与经由个人的一连串转世而实现的恶善奖惩体系非常不同，因为儒家历史学者更关心集体而不是个人。倘若他们的时间不是线性的，就难以想象他们何以能带着这样的历史意识如此辛勤地工作。此外我们已经看到，中国文化绝不缺乏社会演化理论、具有发明才能的文化英雄所开创的技术时代，以及对纯粹与应用科学累积性发展的认识。

最后，当一个具有世界意义的事件发生时，犹太教—基督教的观念会把时间之流锁定在时空中的一个特定点，对此我们可能比较容易过高评价。在中国人的历史思想中，公元前 221 年秦始皇第一次统一中国是一个永远不会被忘记的焦点，它之所以重要，是因为此举统一了神圣与世俗，使教权与皇权永不分裂。如果想要某种更神圣的东西，那么孔圣人的生平至少与耶稣的生平同样具有历史意义，因为孔子是无冕之王、万世师表，是中国文明最高的伦理典范，直到今天，他的影响也体现在从山东公社到新加坡公寓

① D. Bodde, ‘Dominant Ideas (in Chinese Culture)’, art. in *China*, ed. H. F. McNair (Berkeley & Los Angeles, 1946), pp. 18 ff., 23.

的各个地方，他构成了中国思想（无论是传统思想、技术思想还是马克思主义思想）的必然背景。有人以为儒家本质上是向后看的，但即使仅凭本文所给出的证据就可看出，这种论点是经不起认真推敲的。孔子之道虽然在他生前无法推行，但他确信，只要这种道得到践行，人人皆可活在和平与和谐之中。当这种不及基督教出世的信仰（因为严格说来，天道并非超自然）与隐含在道家原始主义之中的那些革命性观念结合起来时，人们曾经为之奋斗的大同与太平之梦就开始起潜在影响了。蒂利希写道："现在是过去的结果，但根本不是对未来的预期。中国文献中有很好的对过去的记录，但没有对未来的预期。"[①]我们要重申，欧洲人对中国文化知之甚少时，最好不要对其下结论。自商代以来，那种天启的、近乎弥赛亚式的、演进的线性时间要素一直都在中国自发而独立地发展着，并且支配着儒家学者和道家农夫的思想，尽管中国人也对天地循环有过发现或设想。虽然那些仍然相信"无时间的东方"的人会感到有些奇怪，但总体而言，中国文化更多是波斯-犹太教-基督教式的，而不是印度—希腊式的。

本文的结论忽然涌入我的脑海。假如中国文明未曾像西欧那样自发地发展出现代自然科学（虽然在文艺复兴之前的15个世纪里中国科学要先进得多），那么这与中国文明对待时间的态度毫无关系。当然，其他意识形态因素还有待详查，但我认为具体的地理、社会与经济状况和结构已经足以构成主要解释了。

① *Protestant Era*, p. 19.

8. 人法与自然法则[①]

西方文明最古老的观念之一无疑是，正如尘世的君主颁布了实在法(positive law)让人们遵守，天界至高的理性造物主也颁布了一系列的法让矿物、晶体、动植物和星辰遵守。我们知道，这种观念与现代科学在西方文艺复兴时期的发展密切相关。我们是否可以说，世界上其他地方没有这种观念，是否是现代科学只在欧洲兴起的原因之一呢？换句话说，自然法是必不可少的吗？

如果我们看一些讨论科学史的佳作，并且追问一个简单的问题，即现代科学意义上的"自然法"(Laws of Nature)一词在欧洲史或伊斯兰教史上最早是何时开始使用的，我们将很难找到回答。当然，这个词在18世纪非常流行，下面这首写于1796年的牛顿式的赞美诗，大多数欧洲人都耳熟能详：

赞美上帝，天言是宣，
大千世界，奉行其言；

① 1951年在伦敦贝德福德学院所做的霍布豪斯(Hobhouse)讲座。原载 *Journ. History of Ideas*, 1951, 12, 3, 194；修订后作为1961年在哈特菲尔德(Hatfield)技术学院所做的讲座，重印于 Mukerji Presentation Volume (Delhi, 1967)。

自然诸法，永行不断，
天主所制，以统物万。

然而，本土传统的中国古典学者却写不出这种言辞，为什么呢？

立法者的意志可以体现在他所颁布的法令中。这些法令不仅包括以远古民俗为根据的法令，也包括他认为有利于国家更大福祉（或统治阶层更大权力）的法令，后者可能并不以风俗习惯或道德规范为根据。这种“实在”法带有世间统治者发号施令的性质，服从是义务，违法则会受到明确规定的制裁。在中国人的思想中，它无疑以“法”为代表。而以伦理（例如人通常不会也不该弑其父母）或古代禁忌（如乱伦）为基础的社会习俗则以“礼”来表示，不过“礼”还包含各种仪式或祭典。

我们又知道罗马法可以分为两部分：一方面是特定民族或国家的市民法（*jus civile*）或实在法，即后世所说的成文法（*lex legale*）；另一方面则是万民法（*jus gentium*），多少等同于自然法。在不出现矛盾的情况下，则可认为万民法是跟从自然法（*jus naturale*）而来的。罗马法将万民法与自然法等同起来，尽管这样并不十分稳妥，因为（1）一些习俗对于自然理性来说肯定不是自明的；（2）一些规则（例如奴隶制度不可取）值得全人类认可，但事实上并没有。这种“自然法”源于越来越多的商人和外国人在罗马定居，他们不是罗马公民，所以不必遵守罗马法，而且也愿意受他们自己的法律裁判。面对这种情况，罗马法学家最多也只能从一切已知的民族惯例中取一个最低的共同标准，努力把最多的人认为最接近正义的法律编纂起来。这便是自然法观念的起源。

因此，把世界各地的人都认为自然正确的法加以平均，便是自然法。正如亨利·梅恩(Henry Maine)所说："后来，作为市民法之卑微附属品的万民法开始被视为一切法律都应尽可能遵守的一大典范，尽管该典范尚不完善。"这一区分也可见于亚里士多德的著作，他把实在法称为 *δίκαιον νομικόν*，而把自然法称为 *δίκαιον φυσικόν*。他说：

> 政治上的正义有两种，一种是自然的，一种是约定的。当正义规则在世界各地都同样有效而不依赖于我们是否接受时，它就是自然的；当正义规则起初可以任意制定时，它就是约定的(但一经制定，便不再随意)。比如规定每个囚犯的赎金为一个迈纳(mina)，或者祭祀时只能用一只山羊而不用两只绵羊等。……有人认为一切正义规则都仅仅是约定，因为正义规则会变，而自然是不变的，在各处都同样有效，就像火在希腊和在波斯都会烧起来一样。但说正义规则会变也并非绝对正确，毋宁说是有条件限制的。……但尽管如此，的确存在着自然正义和不被自然规定的正义，很容易看出哪些正义规则是自然的(尽管不是绝对的)，哪些正义规则不是自然的，而是法定和约定的。这两种规则都是可变的。

这段话非常有趣，因为它指出，与数量有关而与伦理无关的事情只能用实在法来处理，而且几乎谈到了科学意义上的自然法。但是在中国的语境中几乎不存在万民法这样的东西，因为中国文明的"孤立"使得无法从其他部族(*gentes*)的活动中推演出一部实

用的万民法。但中国确实有一种自然法,那就是圣王和民众所一贯接受的那套习俗,即儒家所说的礼。

认为有一位天界立法者为非人的自然现象“立法”,这种观念几乎毫无疑问来自巴比伦人。雅斯特罗(Jastrow)曾经翻译了后期巴比伦创世诗第七号泥板上的文字,其中把太阳神马尔杜克(Marduk)描绘成众星立法者(公元前2000年左右,随着汉谟拉比统一巴比伦和中央集权化,马尔杜克的地位变得极为重要)。太阳神“规定了法让安努(Anu)、恩利尔(Enlil)和埃阿(Ea)等星神去遵守,并且固定了它们的范围”。他通过“号令和敕命把众星保持在各自的轨道上”。

苏格拉底之前的希腊哲学家谈了很多必然性,但没怎么谈自然中的法。赫拉克利特(Heraclitus,约公元前500年)说:“太阳不会逾越其限度,否则(正义女神)狄刻(Dike)的守护神厄里倪厄斯(Erinyes)就会发现它。”这里的规律性被认为是一个明显的经验事实,但因为提到了制裁,所以法的观念是存在的。阿那克西曼德(Anaximander,约公元前560年)也谈到几种自然力在“相互报复和惩罚”。但古希腊诗人所设想的立法者宙斯只是给诸神和人立法,而不是给自然过程立法,因为宙斯本身其实并不是造物主。然而,德摩斯梯尼(Demosthenes,公元前384—前322年,介于墨子和孟子之间)在最一般的意义上使用了“法”这个词,他说:“如果我们信任眼睛看到的东西,那么整个世界、神圣的事物还有我们所谓的四季,似乎都受到了法和秩序的控制。”

然而,亚里士多德从未使用过法的隐喻,尽管我们曾经提到,他偶尔非常接近于这样做。柏拉图只在《蒂迈欧篇》中使用过一次，他说当一个人生病时，他的血液会吸收食物中“违反自然法”的成分。但认为整个世界都受法的支配，这种观念似乎是斯多亚派特有的。这个学派中的大多数思想家都主张，（内在于世界之中的）宙斯只不过是普遍的法而已，例如芝诺（Zeno，约公元前320年）、克里安提斯（Cleanthes，约公元前240年）、克吕西普（Chrysippus，卒于公元前206年）、第欧根尼（Diogenes，卒于公元前150年）都是这样认为的。这种更为明确的新观念很可能源于巴比伦的影响，因为我们知道，公元前300年左右，来自美索布达米亚的占星学家和星官开始遍布于地中海世界。贝罗索斯（Berossus）是其中最有名的人物之一，他是迦勒底人，公元前280年定居于希腊的科斯岛（Cos）。齐尔塞尔向来留心那些伴随着的社会现象，他指出，最早的巴比伦自然法观念产生于一个高度中央集权的东方君主制社会，因此在君主制兴起的斯多亚时代，把宇宙看成一个由神圣的逻各斯统治着的大帝国是很自然的。

众所周知，既然斯多亚派对罗马有巨大影响，那么这些宽泛的观念不可避免会影响所有人共有的（无论他们的文化和当地习俗是什么）自然法观念的发展。当然，西塞罗（Cicero，公元前106—前43年）反思了这一点，他说：“芝诺相信自然法是神圣的，其力量既可以使人做正确的事情，也可以禁止人做相反的事情。”还说：“宇宙服从于神，海洋和陆地服从于宇宙，人生则服从于最高的法。”

奇怪的是，我们看到奥维德（Ovid，公元前45年—公元17年）的著作最清楚地表述了法在非人世界之中的存在。他毫不犹豫地用“法”这个词来描述天界运动。谈到毕达哥拉斯的教诲时，他说：

in medium discenda dabat, coetusque silentum
dictaque mirantum magni primordia mundi
et rerum causas, et quid natura docebat,
quid dues, unde nives, quae fulminis esset origo,
Juppiter an vendti discussa nube tonarent,
quid quateret terras, qua sidera lege mearent,
et quodcumque latet ...

大多数译者都未能正确处理这段引人注目的文字。德莱顿(Dryden)将其译成:

是什么震撼了坚定的大地,从而开始了
行星围绕光辉灿烂的太阳舞蹈……

金(King)则径直将这段话略去不译。在另一处,奥维德曾在抱怨朋友不忠时说,让太阳往回走,河水流上山,"万物逆着自然法而行"(*naturae praepostera legibus ibunt*)是很可怕的。

可以更加确定的是,另一条有贡献的思想线索来自希伯来人(或是由希伯来人传播的巴比伦思想线索)。正如辛格(Singer)等人所指出的,我们时常会碰到这样一种观念,即一个超越的神制定了一套法,涵盖了人和自然其他部分的活动。事实上,神圣立法者正是犹太教最核心的观念之一。希伯来经典中的这些观念对于基督教时代一切西方思想的影响是怎么评价都不为过的——"主为沧海定出界限,水不能违抗他的命令。"不仅如此,在《诺亚后裔七诫》中,犹太人又发展出一种适用于所有人、与罗马法中的万民法有些类似的自然法。

基督教的神学家和哲学家自然继承了希伯来人的神圣立法者观念。我们不难在基督纪元以来的最初几个世纪找到蕴含着自然法观念的说法。例如,雄辩的护教士阿诺比乌斯(Arnobius,约公元300年)指出,基督教并不可怕,自从引入基督教,"当初确立的法"并未发生改变,(亚里士多德所说的)元素并未改变其属性,宇宙机器的构造(大概是天文学体系)并未瓦解,天穹的旋转、星体的升落也没有改变,太阳没有冷却,月亮的盈亏、季节的轮转、白昼长短的更替既未停止也没有受到干扰。

然而,此时(人的)自然法(natural law)与(非人的)自然法则(Laws of Nature)之间尚未出现截然界限。在基督纪元以来最初的几个世纪里,有两条特别有意思的陈述可以表明,自然法与自然法则这两种观念多多少少还没有分开。在罗马皇帝狄奥多修(Theodosius)、阿卡狄乌斯(Arcadius)和霍诺留(Honorius)于公元395年颁布的《宪法》中,有一条禁止任何人占卜,违者处以严重叛逆罪:"神秘的自然法不得为人的眼睛所见,凡违反这条原则者,就是亵渎神明。"(*Sufficit ad criminis molem naturae ipsius leges velle rescindere, inlicita perscrutari, occulta recludere, interdicta temptare.*)这正与中国禁止占卜的谶纬之书极为相似;但值得注意的是,它暗示了与人事进程有关而与道德无关的自然法则的存在。中国大思想家董仲舒是一个类似的有趣例子。他在公元前135年因"私自分析了两次灾异的意义"而被判处死刑,但后来获得特赦。

第二条叙述是罗马著名法学家乌尔比安(Ulpian,卒于228年)所提出的一段名言。他的著作在公元534年查士丁尼的《民法法典》(*Corpus Juris Civilis*)中占据着相当大的部分。他在《法学说汇编》(*Digest*)的第一段中说:

> 自然法是自然教给一切动物的法。这种法并非人类所特有,而是一切动物都具有的,无论是天空、地上或海里的动物。由自然法产生了男女的结合,我们称之为结婚,从而有了子女的生养。事实上我们看到,一旦动物乃至野兽都熟悉此法。

法学史家极力想说明这种观念对后来的法学思想从未产生任何影响。事实的确可能如此,但中世纪作家和评注家却接受了它,而且还明确表示,动物是服从神所制定法令的准“法律”个体。在这一点上,我们已经非常接近于那种认为自然法则就是物质(包括生物)所服从的神所立之法的观念了。

随着基督教的发展,自然法不可避免地成了基督教的道德。圣保罗曾清楚地表述过这一点。圣克里索斯托姆(St. Chrysostom,公元5世纪初)曾在希伯来的十诫中看到了自然法的法典化。而在1148年,随着弗朗西斯科·格拉提亚努斯(Franciscus Gratianus)《教令》(*Decretum*)的出版,自然法已经完全成为基督教的道德,为正统的圣典学者遵奉不渝。此外,正如波洛克(Pollock)所说,中世纪的人普遍相信,君主的命令若违反了自然法,便不能约束其臣民,因此可以合法地加以抵制。这种学说总结成一句话就是，“实在法低于君主，犹如自然法高于君主”。(*Positiva lex est infra principantem sicut lex naturalis est supra*)它在新教兴起时产生了很大影响，而“有权反抗非基督教的君主”在现代欧洲民主制的开端处也起了很大作用。值得注意的是，这种学说与孟子的儒家学说非常吻合。孟子认为，如果统治者不守礼，臣民有权推翻他。欧洲的社会思想家只要读过1600年以后耶稣会士对中国典籍的拉丁文翻译，肯定会注意到这种相似之处。

但是，科学家及其自然法则的情况又如何呢？我们现在来到了17世纪。随着波义耳和牛顿的工作，自然法则的概念得到了充分发展，化学物质和行星等都“服从”自然法则。然而，很少有人研究过它究竟在哪一点上与经院哲学家的综合发生了分化。词典编纂家说，科学意义上的“自然法”一词第一次得到使用是在英国皇家学会1665年出版的《哲学会报》(*Philosophical Transactions*)第一卷。30年后，德莱顿在翻译维吉尔的《农事诗》(*Georgics*)中的诗句“*Felix qui potuit rerum cognoscere causas*”(能认识事物原因的人最快乐)时，无意中将“自然法”一词插入，它遂成为常用语。罗布森(Robson)在其杰作《文明与法律的成长》(*Civilization and the Growth of Law*)中，将“自然法”一词视为17世纪特有的观念，存在于斯宾诺莎和笛卡尔的哲学以及自然科学家的“新哲学或实验哲学”中。是齐尔塞尔非常清晰地阐明了这个观念的各个形成阶段。我们也看到，亨廷顿·凯恩斯(Huntington Cairns)等法学家认为，基于人类理性的世俗化自然法和对经验自然法则的数学表达在17世纪是平行发展的。

毫无疑问，转折点出现在哥白尼(1473—1543年)与开普勒

(1571—1630 年)之间。哥白尼谈到了对称、和谐、运动,但从未谈到法则。吉尔伯特在其《论磁》(*De Magnete*,1600 年)中也没有谈到法则,尽管按照他所表述的一些磁学概括,使用"法则"一词来称呼是再恰当不过了。培根的立场很复杂,在《学术的进展》(*Advancement of Learning*,1605 年)中,他把"自然的总法则"(Summary Law of Nature)称为最高的可能知识,但他怀疑人类能否达到它;而在《新工具》(*Novum Organum*,1620 年)中,他所使用的"法则"一词与亚里士多德所说的"实体形式"(substantial form)同义,因此他实际上并不比经院哲学家进步。伽利略则和哥白尼一样,无论是在 1598 年论力学的《早期著作》(*Jugendarbeit*)中,还是在 1638 年的《关于两门新科学的谈话和数学证明》(*Discourses and Mathematical Demonstrations on Two New Sciences*,1638 年)中,都没有使用过"自然法则"这一表述,而后一著作乃是现代力学和理论物理学的开端。后来被称为"法则"的东西,当时是以"比例"、"比率"、"原理"等名词出现的。同样的话也适用于斯台文(Stevin,其作品年代为 1585 年和 1608 年)和帕斯卡(Pascal,1663 年),他们都未使用过法则的隐喻。

令人不解的是,开普勒虽然发现了行星轨道的三条经验法则(这是用数学方式表达自然法则的最早事例之一),但他本人从不把它们称为"法则",尽管他在其他场合使用过这个词。他的第一、第二"法则"见于《新天文学》(*Astronomia Nova*,1609 年),那是用冗长的文句解述的。第三"法则"见于《世界的和谐》(*Harmonices Mundi*,1619 年),被称为"定理"(theorem)。然而他在讨论杠杆原理时却谈到了"法则",而且一般仿佛把这个词当作与"度量"

(measure)或“比例”同义来使用。

既然自然法则在天文学上起过如此巨大的作用，在文艺复兴时期的天文学家中间去寻找这个词的最早出处就是自然而然的了。然而，在地质学、冶金学和化学等完全是另一类的科学中，却很早就有人提到它。在1546年的《论地下物的起源和成因》(*De Ortu et Causis Subterraneorum*)一书中，阿格里科拉(Georgius Agricola)在论及关于金属成分中所含水元素的亚里士多德理论时写道：

> 在制备金属的每一种液体中，土究竟占多大比例，从未有人查明，更不用说解释了。这只有那一位神才知道，他给自然规定了确实而固定的法则，以把物质混合在一起。

值得注意的是，这种观念出现在冶金化学中，至少和出现在天文学中同样早。另一则早期表述出现在焦尔达诺·布鲁诺(Giordano Bruno，1548—1600年)的著作中，他说上帝可以“到不可违犯和不可亵渎的自然法则中”(*in inviolabili intemerabilique naturae lege*)去寻找(《论无限》[*De Immenso*])。但布鲁诺的思想是非常“中国式的”，比同时代的大多数欧洲人更能认识到自然现象的有机性。

与此同时，西班牙神学家苏亚雷斯(Suarez)对于澄清这个概念做出了重要贡献。他在《论法》(*Tractatus de Legibus*，1612年)中截然区分了道德世界和非人的自然世界，并认为法的观念只适用于道德世界。他反对托马斯主义的综合，因为它忽视了这一区别。他说："严格说来，缺乏理性的事物既不能有法，也不能有服从。在这里，我们通过一个隐喻把神力的效能与自然的必然性……称为法则。"这种清晰的思考让我们想起了中国人在把礼和法的概念推广到非人的世界时所遇到的困难。正因如此，耶稣会传教时代之后，中国人对介绍到中国来的自然法则观念几乎没有什么反应。1737年达让(d'Argens)写过一段有趣的话：

> 一个传教士说，要让中国的无神论者相信上帝的恩典，简直要比让他相信上帝创造世界还难。我们教导他们说，上帝从无中创造了宇宙，用他那无穷的智慧立下一般的法来统治世界，万事万物皆遵守此法而呈现出奇妙的规律性。每到这时，他们就会说，这些都是空洞的言辞，他们对此毫无概念，而且对他们的理解力一点帮助也没有。他们又回答，至于我们所谓的法，乃是一位立法者所制定的一种秩序，能够迫使执法、知法、领悟法之造物去遵守。假如你说上帝曾制定过法，让能知法的存在物来执行，那么动植物及一切遵守这些宇宙法的物体就得了解宇宙法，因此就得有理解力，这是荒谬的。

在笛卡尔那里，自然法则的观念已经像在后来的波义耳和牛顿那里一样成熟。《方法谈》(*Discours de la Méthode*，1637年)谈到了"上帝赋予自然的法则"。《哲学原理》(*Principia Philosophiae*，1644年)的结论中说，该书讨论了"依照力学法则物体相互碰撞所必然产生的结果，这是被确凿的日常实验所证实的"。斯宾诺莎也是如此，其《神学政治论》(*Tracatus Theologico-Politicus*，

1670年)区分了“依赖于自然必然性”的法和因人的命令而产生的法。此外,斯宾诺莎还同意苏亚雷斯的看法,认为将“法”这个词用于自然物乃是基于一种隐喻——不过是出于不同的理由,因为斯宾诺莎是泛神论者,不可能相信天界立法者这样一种幼稚的图像。

齐尔塞尔认为,16世纪的经验技术是17世纪自然法则观念发展过程中的一个关键要素。他指出,16世纪的高级工匠、艺术家和军事工程师(达·芬奇是其中最出类拔萃的)不仅经常做实验,而且习惯于把他们的结果以经验规则和定量的方式表达出来。他举塔尔塔利亚(Tartaglia)的《问题与发明种种》(*Quesiti et Inventioni*,1546年)这本小书为例,书中给出了十分精确的定量规则来描述枪炮仰角与弹道的关系。他说:“早期资本主义工匠的这些定量规则,虽然从未称为‘法则’,却是现代物理法则的先驱。”在伽利略那里,这些规则上升为科学。

这里最基本的问题是:自然法则的观念既然在欧洲文明中作为神学的惯用语已经存在了那么多个世纪,为什么到16、17世纪会达到如此重要的地位呢?当然,这只是现代科学在当时兴起的整个问题的一部分。齐尔塞尔问道,为何在现代,上帝统治世界的观念会从自然中的例外事件(比如那些扰乱了中世纪安宁的彗星和灾异)转移到不变的规则上来呢?他的回答原则上是对的:既然统治世界的观念源于把人关于尘世统治者及其统治的构想实体化(hypostatization)到神圣领域,所以我们应当考察一下相伴随的社会发展,以便理解现在发生的变化。事实上,随着封建制度的衰亡和资本主义国家的兴起,封建领主的权力遭到瓦解,中央集权的王权大大增加。在都铎王朝时期的英国和18世纪的法国都有这一过程发生。而在笛卡尔从事著述的时候,英国的共和政体更把这一过程朝着一种不再属于王权的中央集权推进。如果我们可以把斯多亚派的宇宙法学说与亚历山大大帝之后各个君主政体的兴起联系起来,那么我们也有同样的理由把文艺复兴时期自然法则概念的兴起与封建制度结束、资本主义制度开始时王权专制的出现联系起来。齐尔塞尔说:"让·博丹(Jean Bodin)的主权论出现之后仅仅40年,就发展出了把上帝看成宇宙立法者的笛卡尔观念,这绝不仅仅是巧合。"就这样,这个在"东方专制主义"环境中诞生的观念以基本形式保存了两千年,终于在早期资本主义的专制主义环境中获得了新生。

克隆比(Crombie)的新近著作揭示出的一桩事实颇能说明齐尔塞尔的解释。他说罗吉尔·培根(Roger Bacon,1214—1292年)曾明确使用过"自然法则"这一表述,但该表述在13世纪并未流行起来。例如,罗吉尔·培根写道:"我已在讨论几何学的论著中表明,反射、折射法则是一切自然活动所共有的。"他又说,幻觉必定"不会超出自然在世界诸物体中保存的法则"。但他相信灵魂的力量可以胜过这些法则,因为他说在扭曲的神经中,灵魂的力量"使(所见之物的)种相(species)不再遵守通常的自然法则,而是按照符合其运作的方式起作用"。倘若罗吉尔·培根实际在说,生命有机体内的过程所服从的法则比无机世界的法则更高,那么可以说他的这种观念非常先进。但无论如何,物质和光的法则的观念在当时根本不为一般人所接受。直到文艺复兴时期,一种新的政治专制主义和实验科学的诞生才把这种观念唤醒,使之成为引人注目的谈论话题。

就当前的目的而言，我们只要说，在盖伦、乌尔比安和狄奥多修《宪法》的时代与开普勒、波义耳的时代之间，一切人所共有的自然法观念与一切非人事物所共有的自然法则观念已经完全分开了。这一点确定之后，我们就可以看出中国关于自然法与自然法则的思想发展和欧洲有什么不同。

古代道家思想家（公元前3、4世纪）虽然深刻而富有灵感，但或许因为他们非常不信任理性和逻辑的力量，所以未能发展出任何类似于自然法则观念的东西。他们因为欣赏相对主义以及宇宙的博大精微，所以在未奠定牛顿式世界图景的基础之前就在摸索一种爱因斯坦式的世界图景。科学沿着这条道路是不可能发展的。这并不是说宇宙万物的秩序"道"不遵守尺度和规则，而是道家往往把道看成理智所无法理解的东西。也许可以说，由于数个世纪以来中国人一直把科学交给道家掌管，所以中国科学只能在一种大体上经验的层面上发展。此外，对于实在法来说，道家的社会理想比其他学派的理想更无用；他们试图回到原始部落的集体主义中去，那里一切都没有明文规定，一切事情都在社群合作中顺利进行，因此他们对任何立法者的抽象法都不会感兴趣。

另一方面，墨家和名家一起极力改进逻辑程序，并率先将其用于动物学的分类以及力学和光学的基本原理。我们不知道这场科学运动为何失败了，也许这是因为墨家对自然的兴趣和他们在军事技术上的实用目的结合得太紧密了。无论如何，这两个学派在中华帝国第一次统一剧变（公元前230年）之后便不复存在了。名、墨两家似乎并不比道家更接近自然法则的观念。如何恰当地翻译《墨经》逻辑中的专门术语"法"仍然很有争议，但就目前所见，墨家是在与亚里士多德所说的“原因”非常相似的意义上使用“法”的。

法家与儒家只对纯社会问题感兴趣，对于人周围的外在自然没有任何的好奇心。法家全力强调实在法的重要性，那纯粹是立法者的意志，可以不顾普遍接受的道德，而且如果国家需要，还可以违反这些道德。但无论如何，法家的法都是精确而抽象地制定的。而儒家则固守古代的风俗习惯和礼仪，包括世世代代的中国人本能地认为是正当的所有那些行为，比如孝道——这就是“礼”，我们可以把它等同于自然法。此外，这种正当的行为须由家长式的地方官来教导，而不能强制。孔子曾说过：道之以政，齐之以刑，民免而无耻；道之以德，齐之以礼，有耻且格。《礼记》则恰当地借用了水利工程上的一个东西来作象征，把良好的习俗比喻成堤防，谓已然者易知，未然者不易察。良好的习俗因比成文法更加灵活而能防患于未然，而法律只有在事情发生之后才能起作用。这样我们就可以理解儒家战胜法家之后支配中国人思想的一种观点了：既然合于礼的正确行为总是依赖于环境，比如依赖于社会关系中当事各方的身份，那么在事先颁布不足以应对具体复杂环境的法律就是荒谬的了。因此，成文法被严格限于纯刑事的规定上。

我们已经讨论了礼与法的区别，这两个字都不容易用于非人的自然。但有一个中国古字似乎可以把非人的现象与人法联系起来，那就是“律”。在中国的法典中，律代表“法令”和“规章”。这种含义无疑很早就有了，比如《管子》说：“律者，所以定分止争也。”这里，“律”的观念非常接近于康福德(Cornford)所讨论的 μοιρα[命运、必然性]以及其他希腊观念。但“律”还有一种相当不同的含义，即古代音乐和声学中使用的一组标准竹制律管以及这些竹管所代表的12个半音。那么声律与人法之间可能有什么关联呢？

“律”字右边的声符（聿）象征一只手持着书写工具，其左边的部首（彳）意指左脚迈步（亍则是右脚迈步），这暗示“律”原与仪式舞蹈的记号有关。后来，由于十二个半音用来对应一年的十二个月，“律”字便有了历书日期之意，于是在历法的篇名中与“历”字合用，例如《前汉书》中的“律历志”。问题在于，法、法令、规章的观念是如何可能从表述标准乐音的“律”字衍生出来，甚或与之相联系的。

也许刚才提到的词源学上的考虑提供了一条线索。从占卜者或巫师为音乐和仪式舞蹈所做的指导，到尘世统治者为其他行为，尤其是有组织的军事行为所做的指导，其间的距离并不是很远。跳舞以驱鬼和操练兵器以对付敌人在逻辑上是类似的。葛兰言说，有几种舞蹈确实要佩戴和挥舞兵器。有人认为，舞场周围原分五区，后来就用每一区放置的乐器名来给某种音质命名，后来又给不同的音调命名。

仪式舞蹈、军事活动的指令与音律之间显然有一种一般关联。但这里并非暗示中国人曾经认为，标准律管的半音音程源于或构成了自然现象世界当中的任何一种法则。我们现在所认为的一个物理学分支，竟然源于一个具有人类法规含义的字，这一事实有几种可能的解释。但这并不是说中国人的思维包含着自然法则观念的要素。

如果现在有读者翻阅一下写于公元前90年左右的《史记·天官书》，他可能会看到以下文字：

> 余观史记，考行事，百年之中，五星无出而不反逆行，反逆行，尝盛大而变色；日月薄蚀，行南北有时。此其大度也。

根据本次演讲中的整个讨论，该读者一定会确定，不论司马迁实际上说了什么，他都不是在科学的自然法则意义上谈的“度”（“此其大度也”），因此“度”字需要我们注意。

“度”的原义是“量度”，不仅词典编纂者认为这是其最常见的用法，而且许多最重要的中国古代典籍的索引也这样标示。其词源，比如从甲骨文形式推断的结果，并不能说明它是如何具有这种含义的。不过，“度”也可能有“法”的含义，尤其是它与别的字连用组成“制度”、“法度”等词时。顾赛芬（Couvreur）曾经给出过《易经》中出现“制度”的例子，以及《尚书》中“度”字单独出现、表示某些人“超越了界限”或“僭越”的例子。当然，由于每种法都有某个定量方面，所以“法”与“度”之间当然有一种密切的语义关联。我们说，“在多大程度上某某行为才会受到某某法律条文的约束”？或者“必须通过细则措施来抑制某某活动的滋长。”但是在立法者制定独立于道德的实在法（例如秦始皇开始规定车轮尺寸）之前，这种定量方面往往只是隐喻性的。不过我们仍然可以在战国哲学家的著作中看到，他们常常把人类社会的法比作木匠的规、矩和铅垂线。

更重要的是，正如顾赛芬所指出的，可以认为“度”是描述天体运动的一个明确的专业术语。在整个中国历史上，这个字一直被用于把天球分成的 365 ¼度，也被用于其他许多划分刻度，比如漏

壶(水钟)上显示的把一昼或一夜分成 100 度。董仲舒在大约与司马迁同时的《春秋繁露》中说的一句话很有启发性,他说"天道有度",即天道有其规则整齐的运动。我们现在必须得出的一般结论是,就严格的科学哲学标准而言,将单独出现的"度"字译成"普遍法则"是不恰当的,更好的说法应该是:"这些现象都有其规则的、整齐的(或可量度的)循环运动。"

我们希望能问司马迁这样一个问题:你在使用"度"这个字时,是否意指它具有"法"的潜在含义呢?如果是,那么是谁的法呢?我相信他极不可能回答说:"是上帝之法"(天界的统治者)。他几乎肯定会说,那是"自然度"(自然的整齐运动)或"天道度"。

在古代中国的天文学和宇宙论思想方面,我们可以从一部早期的偏僻著作中找到适合我们目的的讨论。这部著作就是《计倪子》,其中只有一部分内容留传至今,现收录于马国翰的《玉函山房辑佚书》中。我们甚至不知道计倪子[又名计然]是真有其人,还是伪托范蠡之名写此书的作者所杜撰的人物。范蠡本人是公元前 5 世纪南方越国的政治家。但从书内证据判断,计倪子与越王勾践的讨论当不会写在邹衍时代(公元前 4 世纪末)之前。当然,书中至少有一部分内容可能是汉人的杜撰,但我们得承认,书中包含了一些相当古老的材料,比如鬼神的名称,传说中五行的主宰等。考虑到这种来源,也许可以把该书的年代定为公元前 4 世纪末或公元前 3 世纪初,并视之为南方自然主义传统的体现。由于书中载有一些有趣的植物和矿物,所以我们把它列为留传至今的中国最早科学文献之一。无论如何,其确切的成书年代与出处并不影响我们目前的论点。

在《内经篇》(也存在于《越绝书》中),我们看到有下面一段话:

> 越王曰:"善,论事若是其审也,物有妖祥乎?"计倪对曰:"有,阴阳万物,各有纪纲。日月星辰刑德,变为吉凶。金木水火土更胜,月朔更建,莫主其常。顺之有德,逆之有殃。是故圣人能明其刑而处其乡,从其德而避其衡。凡举百事,必顺天地四时,参以阴阳。用之不审,举事有殃。人生不如卧之顷也,欲变天地之常数,发无道,故贫而命不长。是圣人并苞而阴行之,以感愚夫,众人容容,尽欲富贵,莫知其乡。"越王曰:"善。"

在这段引人注目的深奥的话中,异常现象被剥去了一切超自然性质,表明是更正常现象的一部分。就当时而言,这种思想的确非常先进,因为极端的统计涨落被视为与正常现象完全自然的偏离。无论涨落有多大,也绝非"上帝所为"。旱灾和水灾,疾病或蝗灾,虽然出现的时间好像很不规则,而且给人和社会带来了很大问题,但经过长期反复,就可以从原则上对其进行预测,贤明的统治者就可以尽早保护自己和他的百姓。[①] 不够谨慎的人很容易把"纪纲"译成"自然法则"。福克(Forke)小心翼翼地把它译成"bestimmte Wandlungen"[固定的变化]。但词典编纂者承认,这

---

① 与这种思维相似的西方思维与扰动论(theory of perturbations)有关。对亚里士多德而言,动物的发育异常是"自然的,但并非出于本性"。经过亚里士多德评注家辛普里丘(Simplicius)和菲洛波诺斯(Philoponus)的努力,外在因素导致局部异常并使之包含在正常整体之中的观念进入了经典力学。

个词带有人法的含义。

若从词源上看，我们这里显然必须讨论一下与织物的类比。“纪”和“织”皆以“纟”为部首。“纪”将“纟”与“己”结合起来，它来源于一个不明确的甲骨文，意为“把丝线一根根理顺、有序排列、管理、统治、法律、规范、规则系列、纪年周期、日月相合、铭刻的纪年”。我们知道，最显著的纪年周期是木星周期。《计倪子》也引人注目地谈到了木星周期，且把它定为12年。“纲”字将“纟”与“冈”结合起来，古体字的声旁显示一张网和一个人。其原义是织成网边的绳子，后来指“统治、管理、处置、排成秩序、指导”，尤其是与“纪”连用时。与之相似的“网”字虽然含义更加局限于“罗网”之义，但后来开始具有处罚和法律的意味，这可能是因为《道德经》曾用“网”字做过这样的比喻（“天网恢恢，疏而不失”）。

值得注意的是，对“纪”、“纲”二字的若干种解释都蕴含着一个主动的动词，如理顺、有序排列、统治、制定法律等，这些解释都源于《诗经》（成书于公元前8世纪左右）中对“纪纲”一词的最早使用。《诗经》中说，“纲纪四方”，即君王规定其法纪和习俗。然而，我们不应过于严格地从实在法的角度来思考它，因为公元121年出版的《说文》中经常提到“三纲六纪”，公元80年出版的《白虎通德论》则有一整卷把纪纲解释为人类社会中颠扑不破的关系线索，如君臣关系、父子关系、夫妇关系等。这样我们就再一次遇到了中国的自然法，而“纲纪”的确作为这种含义的一个法律术语频繁出现在汉代书籍中。如果古代君王颁布纪纲，那么他们只是承认有某种人类社会之道比他们自己伟大得多而已，而并非随意将己意加诸四方。如果回到非人的自然世界，情况也是一样。《计倪子》

一书明确否认有一个超自然的“使人解脱者”(disentangler)或超人格的立法者存在。书中说，自然的巨大涨落不论因为人的疏于准备而酿成多大灾难，它也只是万物之道中正常阴阳进程的一部分。万物皆在运动，但并不一定要有一个驱动者。事实上，这种道是自发的，不是被创造的，并没有一个对道进行控制的天界主宰能被祈祷和恳求所打动。君王须注意提防，储藏谷物以备不测，不浪费老百姓的生计，还要尽可能深地研究自然的运作以预知未来，这样社会中的人就可以摆脱环境的约束而获得自由。

对适用于非人自然的“纲纪”或“纪纲”的定义和解释还可见于中国古代的医学文献，《计倪子》与这些医学文献有一种奇特的密切关联(迄今为止还没有人注意到)。这些医学文献及其详细注解确证和扩展了词源学考虑使我们做出的解释。在《计倪子》中，作者先是描述了传说中的黄帝给五方(东西南北中)的土地神指定的工作，然后说：“并有五方，以为纲纪。”这正是宇宙的动态样式(dynamic pattern)。事实上，一张网显然很接近于一种巨大的样式。整个宇宙中有一张关系之网，其节点是事物和事件。它不是任何人编织成的，但如果你干扰了网的结构，就会冒风险。接下来我们将追溯这张无编织者的网、这种宇宙样式的后续发展，直至探讨到中国人接近发展出某种成熟的有机论哲学为止。

这些观念在医学经典著作中被视为理所当然。故《黄帝内经·素问》说：“阴阳者，天地之道也，万物之纲纪，变化之父母，生杀之本始，神明之府也。”又道：“天地之动静，神明为之纪，阴阳之往复，寒暑彰其兆。”唐代和明代的注家又各自给出了进一步的理解。例如马莳说：“万物得是阴阳而统之为纲，散之为纪。”张介宾说："阴阳为天地之道，总之曰纲，周之曰纪。"因此，它们讨论的同样不是任何立法者的法，而是所有特定事物相对于自然的关系之网中其他事物的固定组成和运动。

于是到目前为止，我们还没有在中国思想中找到任何清晰的证据来表明中国人有自然科学意义上的法则观念。由于我们仍要讨论那些自称儒家的学派，所以我们现在要转向宋代的理学家(公元 12 世纪)。朱熹及其群体的其他思想家曾力图把整个自然和人纳入同一个哲学体系，他们所研究的主要概念是"理"和"气"。"气"大约对应于物质，或者毋宁说对应于物质和能量，而"理"则近似于道家所说的作为自然秩序的"道"，尽管理学家也在一种略为不同的专业意义上使用"道"字。"理"可以解释为宇宙中的秩序原则和组织原则。布鲁斯(Bruce)、韩克(Henke)、瓦伦(Warren)以及比较晚近的卜德(Bodde)都把"理"译成"law"(法)，但根据我的判断，这样译是不恰当的，而且可能导致巨大的混淆，因此应当放弃这种译法。

"理"最古老的含义是事物的纹理、玉的斑纹或肌肉的纤维，用作动词时指按照事物的自然纹理切割它们。由此它获得了通常的字典含义，即"原则"。但它无疑一直保留着"纹理"的含义，朱熹本人也确证了这一点，他说：

> "理如一把线相似，有条理。如这竹篮子相似。"指其上行篾曰："一条子恁地去；又别指一条曰，一条恁地去；又如竹木之文理相似，直是一般理，横是一般理。有心便存得许多理。"

因此，理其实是自然的秩序和样式，而不是成文法。但理并不是某种像马赛克那样死板的东西，而是体现在一切生命体、人类关系和最高人类价值中的动态样式。这种动态样式只能用"有机论"(organism)一词来表达，而理学其实是一种力图成为有机论哲学的思想体系。

于是在12世纪下半叶，我们似乎看到了一种非常类似于近一千年前欧洲的乌尔比安所表达的观点，这种观点曾被吸收到了查士丁尼的《法学说汇编》之中。但一个深刻的差异在于，乌尔比安毫不含糊地谈到了"法"，而朱熹则主要依赖于一个首要含义为"样式"的术语。对于乌尔比安(和斯多亚派)而言，万物皆是服从一种普遍法的"公民"；而对朱熹而言，万物皆是一种普遍样式的要素。总的来说，关于自然法则的概念，除某些迹象以外，在中国最伟大的哲学学派——宋代的理学家那里似乎找不到更多东西了。他们强调某种不同的东西，虽然这最终对于自然科学同样重要。

另一个中国字"则"常被试图译为"自然法则"。在大天文学家张衡(78—139年)的官方传记里有一句话："天步有常则。"(即行星和星座在给定时间内所行经的度数，星辰的升落等等都遵循不变的规则。)但也有人怀疑人类是否有可能理解在自然万物中运作的"则"。我想举的第一个例子出自《楚辞集注》中贾谊的诗作《鵩鸟赋》(约公元前170年)：

> 且夫天地为炉兮，造化为工。阴阳为炭兮，万物为铜。合散消息兮，安有常则？千变万化兮，未始有极。

第二个例子出自王弼的《周易注》(约公元240年),他在解释第二十卦——“观”卦时说:

> 统说观之为道,不以刑制使物,而以观感化物者也。神则无形者也。不见天之使四时,而四时不忒;不见圣人使百姓,而百姓自服也。

这也许是最有启发性的一段话了。我们看到他断然否认有一位天界立法者在对四季(以及恒星和行星的运行)发号施令。这种思想是极端中国式的。普遍和谐不是来自某个万王之王在天上发布的命令,而是源于宇宙万物遵循其自身本性的内在必然性而实现的自发合作。实际上,“则”是体现在每一个个体事物内部的存在规则,个体藉此规则而在整体中有其地位和功能。我们可以看到,理学家的有机论哲学深深地植根于中国古代思想。用怀特海的习语来说就是,“原子并非盲目地奔跑”,如机械唯物论所假定的;万物在运行过程中也不会具体受到神的干预,如唯灵论哲学所假定的;而是说,所有层次的东西都会按照它们在更大样式(有机体)中的地位来行动。因此,“则”绝不意指任何类似于牛顿意义上的自然法则的东西,这种解释也不能恰当地说明理学家关于“理”的思想。

中国人之所以断定天没有命令自然过程去遵循其常规,是因为“无为”的观念在中国人的思想中是根深蒂固的。天界立法者的立法便是“为”,是在强迫万物服从,是在强加制裁。不错,自然显示出一种永恒的规律性,但这并不是一种命令式的永恒和规律性。

正如荀子(约公元前 240 年)所说,天道是一种常道,自然的秩序是一种不变的秩序,但这并不等于肯定有人在下命令。

《礼记》中有一段杜撰的孔子与鲁哀公的对话。鲁哀公问,关于天道,什么最可贵?

> 孔子对曰:贵其不已。如日月东西相从而不已也,是天道也;不闭其久,是天道也;无为而物成,是天道也。

这里同样是对任何上天创造或立法的否定,即使是一种含蓄的否定。顺便指出,虽然道家特别强调"无为"的概念,但它是包括儒家在内的中国一切古代思想体系的共同基础的一部分。

这里不妨再谈一谈这种深刻的观念。要想在古书中找上天无为而行事的观念一点也不难。它充斥于《道德经》的字里行间,比如"大道泛兮,其可左右,万物恃之以生而不辞,功成而不有,衣养万物而不为主"。这种观念其实是道家的常识,在《文子》之类的书以及后来的许多著作中也出现过。《吕氏春秋》(约公元前 240 年)对天道运行方法作了进一步的阐释:

> 天之用密。有准不以平,有绳不以正,天之大静。……
>
> 故曰:天无形而万物以成,至精无象而万物以化,大圣无事而千官尽能。
>
> 此乃谓不教之教,无言之诏。

这种观念的确崇高,但与天界立法者的观念极不相容。天体的运行遵循的是不教之教、无言之诏，而开普勒、笛卡尔、波义耳和牛顿所相信的、启示（“启示”一词显示了西方思想的自发背景）于人心的自然法则却是一个超人格、超理性的存在所颁布的法令。虽然后来人们普遍认识到这是一种隐喻，但这并不意味着它对现代科学在欧洲的兴起没有很大的启发价值。

因此，我的结论是，理学派是在一种怀特海式的有机论意义上来理解“法”的。我们不能说朱熹和理学家们在定义“理”时心中完全没有牛顿意义上的“法”的观念，但它起的作用很小，其主要成分是“样式”，是最活跃、最生动的样式，因此是“有机论”。这种有机论哲学包含了宇宙万物：天、地、人具有同一个理。

在欧洲，可以说自然法因其普遍性而帮助过自然科学的发展。但是在中国，由于自然法从未被认为是法，而是取了一个特殊的名字——“礼”，所以很难设想它能适用于人类社会之外，尽管相对而言，它比欧洲的自然法要重要得多。在整个自然中运作的秩序、系统和样式不是作为“礼”，而是作为道家的“道”或理学家的“理”。“道”与“理”都是神秘难解的，都没有法学内容。

在欧洲，同样可以说实在法因其精确的表述而帮助过欧洲自然科学的发展，因为它鼓励了这样一种观念，即有一个与尘世立法者相对应的天界立法者，其命令遍及一切物质事物。为了相信自然是理性可以理解的，西方人不得不假定（或者方便地预先假定）有一个本身是理性的至高存在安排了这种可理解性。

这使我们回到了道家。道家虽然对自然深感兴趣，但并不信任理性与逻辑。墨家和名家完全相信理性与逻辑，但如果说他们对自然感兴趣，那只是出于实际的目的。法家和儒家则对自然丝毫不感兴趣。而在欧洲历史上，经验的自然观察者与理性主义思想家之间的鸿沟从未达到这种地步。正如怀特海所说，这也许是因为欧洲思想过分受制于一个至高造物主的观念，该造物主自身的合理性保证了其造物是理性可以理解的。无论人类现在的需求是什么，这样一个至高的上帝不可避免会是人格的。但这在中国思想中是看不到的。即使是今天，中国人也把 Laws of Nature 译成“自然法则”，这种译法坚定地保持着古代道家对人格神的否定，以致成了一个近乎自相矛盾的术语。

这里我们无法研究古代中国人的上帝观。几个世纪以来，基督教的传教士们一直在就欧洲术语的正确翻译大加争论，自那以后，讨论这一主题的文献可以说浩如烟海。由于当时的汉学研究才刚起步，大部分文献现在已经没什么价值了。我们知道，古代中国人用“天”或“上帝”来称呼 God，不过有时也用其他词，比如《庄子》中的“宰”。“天”的古字无疑是一个拟人化的图形（可能是一个神），而“帝”的古字也是如此，尽管还不能完全确定。我认为与“鬼”有关的“宰”也是如此。许多汉学工作都是基于古代中国在多大程度上有这些观念的人格化，其得出的结论很难加以概括。在这方面有很多种说法：例如顾立雅认为“上帝”是皇帝功能的超越化，葛兰言认为“上帝”是四季时序的人格化，菲茨杰拉德（Fitzgerald）则认为“上帝”和天都是原始祖先的象征。顾立雅提出了现在一般公认的观点，认为“上帝”出现在商代，而“天”则是较晚的周代用语。戴观一（Tai Kuan-I）认为“上帝”之名是中国人从苗族人那里接受过来的。但无论如何，有三点是清楚的：（1）古代中国所认识和崇拜的最高神灵并非希伯来人和希腊人意义上的造物主；（2）

无论最高的神是人这一观念在古代中国思想中走了多远，它都不认为有一个神圣的天界立法者给非人的自然颁布了法令；(3)最高的神这一概念很早就是非人格的。这并不是说，对于中国人而言自然之中没有秩序，而是说，这种秩序并不是由一个理性的人格存在所规定的，因此不能保证其他理性的人格存在能用他们自己的尘世语言详细说明预先存在的神圣法条。中国人不相信自然法则的法条可以被揭示和解读，因为他们不确定是否有一个比我们更加理性的神性存在曾经制定过这样一套可读的法令。事实上，我们觉得道家会把这样一种观念斥为过于幼稚，不足以说明他们所直觉到的微妙而复杂的宇宙。

总之我认为，自然法则的观念之所以没有从中国人一般法的观念发展出来，是出于以下几个原因。首先，从封建制度到官僚制度的过渡期间，中国人对法家有过不愉快的经验，所以很不喜欢精确表述的抽象的成文法；第二，当官僚体制最终建立起来时，事实证明，“礼”的旧有观念要比任何其他观念都更适合典型的中国社会，因此，自然法的要素在中国社会要比在欧洲社会更为重要。但它的大部分内容都没有写成正式的法律条文，且其内容又以人和伦理为主，因此无法将其影响领域拓展到非人的自然；第三，像“一个至高存在”这样的观念虽然肯定从很早就有，但很快就失去了人格性，这些观念严重缺乏创世的想法，因此中国人不相信有一个天界立法者在创世之初就给非人的自然规定了一套精确表述的抽象法则，也不相信其他较低的理性存在者能用观察、实验、假说和数学推理等方法来破解或重新表述这些法则。

中国人的世界观依赖于一种完全不同的思路。他们认为，万物之所以能够和谐并作,并不是因为有一个外在于它们的最高权威在发布命令,而是因为它们都属于一个等级分明的整体,各个部分形成了一种有机的宇宙样式,它们服从的乃是自身本性的内在命令。现代科学和有机论哲学及其整合层次已经回到了这种智慧,并且被我们对宇宙演化、生物演化和社会演化的新认识所加强。但谁能说那个牛顿阶段不重要呢? 最后,处于这种宇宙观背后的始终是中国社会经济生活的具体力量,这些力量促使中国从封建制度过渡到官僚制度,在每一步都影响了中国的科学和哲学。倘若这些社会经济条件从根本上有利于科学,那么本次讲演中讨论的抑制因素也许就都能克服了。但如果真是这样,那么中国发展出来的自然科学一定是非常有机和非机械式的。

在结束本文之前,让我们举一个显著的例子来说明中国与欧洲在自然与法方面的看法差异。人们都知道,欧洲中世纪的法庭曾多次对动物做出审判和刑事起诉,接着往往是以适当方式处以死刑。学者们曾不辞劳苦地搜集了有关这些案件的大量材料。这些案件的发生频率成一条曲线,在 16 世纪达到显著的高峰,从 9 世纪的三例升至 16 世纪的六十例左右,再降到 19 世纪的九例。我们怀疑这是否如埃文斯(Evans)所说是由于缺乏足够的早期记录。16 世纪的高峰对应着女巫狂热(witch-mania)。对这些案件的法律诉讼分为三类:(1)对家畜伤人的审判和处决(如处决吞吃婴儿的猪);(2)对传染疾疫的飞禽或昆虫加以驱除或诅咒;(3)对"自然的反常"(*lusus naturae*)(如公鸡生蛋)加以定罪。对我们目前的主题来说,后两种类型最值得注意。1474 年,巴塞尔曾有一只公鸡因产卵而犯了"令人发指的违反自然之罪"而被判活活烧死。迟至1730年，瑞士也有一起同样类型的起诉事件发生。造成惊恐的原因之一也许是他们认为“公鸡之卵”(*oeuf coquatri*)是巫师药膏的一种成分，从这种卵中会孵出极毒的蛇。但有趣的是，这类审判在中国是绝不可能发生的。中国人不会如此自命不凡地认为已经充分认识了上帝规定让非人之物遵守的法则，而对违法的动物进行控告。恰恰相反，中国人的反应必然是把这些罕见而吓人的现象当成“谴告”(上天的谴责)，地位被危及的将是皇帝或地方官，而不会是那只公鸡。让我们具体加以引证。《前汉书·五行志》中有几处提到了家禽和人的性反转。这些事件被归于“青祥”一类，被认为与五行中木的活动有关。它们预示当政者会遭到严重伤害。

至于上述三种类型中的第二种，有趣的是，中世纪欧洲人的态度是摇摆不定的。他们有时认为田鼠或蝗虫破坏了上帝的法律，因此要受到人的控诉和定罪，但有时又认为田鼠和蝗虫是被派来警告人类悔过自新的。

极其有趣的是，自拉普拉斯的时代以来，欧洲人就觉得可以不需要上帝这一假说作为自然法则的基础，就此而言，现代科学在某种意义上已经回到了道家的观点。这正说明了为什么许多道家著述读起来会有那种奇特的现代感。但从历史上看，自然科学不经过一个“神学”阶段能否达到它目前的状态，这仍然是个问题。

当然，在现代科学看来，自然“法则”中已经没有了命令与义务的观念残余。正如卡尔·皮尔逊(Karl Pearson)在一篇著名的文章中所说，自然法则现在被视为统计上的规律性，只在一定的时间地点或大小范围内有效，是描述而不是规定。从马赫(Mach)到爱丁顿(Eddington),人们一直在激烈争论科学法则的表述中究竟有多大程度的主观性,这里我们无法继续讨论这些问题了。问题在于,如果不走西方科学实际所走的道路,我们能否认识到统计规律性及其数学表达呢?假如某种文化想产生开普勒式的人物,是否一定要有那种将产卵的公鸡依法起诉的心态呢?

附：台译本序[①]

我很高兴能应范庭育先生之请，为本书的中译本写一篇特别的序言。书中之论文皆在讨论中国传统科技与医学的社会关系问题，而其中大部分文章皆可视为对某些课题之初步概论。至于这些课题，我们希望在《中国科学与文明》第七卷作详细而明确的陈述。

"滴定"(titration)一词的意义，对化学家和生物化学家而言，当然是显而易见的。至于我，以前亦曾是化学家与生物化学家当中之一员。但对一般读者而言，或许应该对此词作一说明。滴定是反应能力的一种测定，这种反应能力通常是指溶液而言。滴定是一种分析方法，即把已知其含量的试剂从玻璃量管中滴出加在溶液上，直至发生中和为止，而中和的发生，则可由指示剂颜色的变化，或由溶液中电位之大量变化显示出来。因为试剂滴出之量为已知，故溶液中的未知量也就可以加以测定。在我还是实际的科学工作者时，我做过许多滴定试验。后来我从一名生物化学家，摇身变为科学史家与东方学家。当时我似乎觉得，在与其他文明

① 本文为李约瑟为 *The Grand Titration* 的台湾译本《大滴定》(范庭育译，帕米尔书店，1984 年)所写的序言。这里未作任何改动，谨供读者参考。——译者注

之人民较量下,若想确定某人最先做某事或了解某事的时刻,其过程颇类似滴定实验。但此滴定却是一种大滴定,涵盖了许多世纪的人类史。也许由于这是我们意外遇到的一种新经验,因此大家都认为有滴定东方与西方文明之必要。长久以来,中国一直被视为勤劳的农民所组成的大国,处于农民头上的则是占少数的文人阶层,他们只对古典文学及官场上的狡诈感兴趣。位居最伟大之列的一位现代中国哲学家甚至还以"何以中国无科学"为题,写了一篇论文。假如他说的是"无现代科学",那么我们可以说他已经击中要点。然而事实上,在西方世界科学革命前的十四个世纪间,中国在发现真实的自然知识方面,以及将之应用于人类的利益方面,却远比上古与中古时代任何西方地区都来得有效率。

一般而言,东方处于领先地位,有时甚至遥遥领先,但偶尔有时候也有东西方并驾齐驱的情形发生。浑天仪是天文学的基本工具,可以将天球几何图形的诸圆圈复制下来,因此只要肉眼可见的星星,其确实位置便可用浑天仪来测量。无疑的,浑天仪大约在东西方同时出现,即出现于公元第二世纪,当时希腊化时代的埃及有托勒密,而汉朝则有张衡与之匹敌。然而,这项发明出现在中国的年代也许还要早一点,可能属于落下闳的时代。现在大家都同意公元前70年是《星经》中所载的星辰位置之测量年代,而《星经》则是中国最早的星图。同样的,在狄奥佛拉斯塔(Theophrastus)的时代,虽然我们在中国找不到有系统的植物学论文,但《尔雅》的作者却在发展一套解说植物的精密语言,他们显然在讨论同样的东西。在技术学方面,水力与水轮在东方与西方的发展时期介于公元前100年与公元100年之间,不过西方将之用于磨谷类,而东方则用于操作冶金风箱。

当然也有起源于欧洲的情形。例如欧氏演绎几何学便是在公元前二世纪完成于希腊世界，但中国数学却没有这一项特色，只有等到公元十六世纪末，中国才正式接触欧氏几何学，虽然有证据显示，在十三世纪时，阿拉伯学者已将之带进中国。另一个例子便是矫正视力的眼镜之引进中国。这种眼镜确实是十三世纪的意大利发展出来的，不过到了十六世纪，却已经在中国广为流传，也许在十五世纪即已开始也说不定。又在光学方面，我们记得望远镜的发明通常归功于欧洲的李伯谢(Jan Lippershey)，而终于在伽利略的手中达成伟大的发现。然而，却有很好的证据使我们相信，大约在同一时期，即十七世纪初，苏州的薄钰也独自发明了望远镜。于此我们又遇到了同时性的发明。这两个人都是所谓的"高级匠人团体"(higher artisanate)之成员，这个团体对于科学革命有很大的重要性。不过李伯谢参加了这次科学革命，而薄钰却无法参加，因为(我们认为)在他的时代中国社会有抑制科学革命发生的影响力。

为数最多的发明与发现都属于第三种情形，即中国居于长久的领先地位。在《中国科学与文明》第一卷，我们用尽了英文字母，才得以列举长久以来领先欧洲知识界之一切发现与发明。居于领先地位的时间通常相当长，例如铸铁法，中国自公元前四世纪以来就将之应用于工业上，但欧洲却一直到公元后十四世纪才有这项知识。新的发现也一直在踵其事而增华，例如我们可以证明，在上古时代的中国，人们已知道韧性铸铁的制作方法，而那是一大成就；又如我们相信，共融方法是在公元六世纪由中国的綦毋怀文发明的,而这种方法是西门子马丁制钢法之鼻祖。此外,被称为“机械钟的灵魂”之擒纵装置确实是在第八世纪初由一行与梁令瓒发展出来的,但一直到十四世纪初才并入欧洲机械计时装置的行列。

我们还要说到,中国也是一切医药化学的故乡。上古时代中国的炼金术与希腊化时代欧洲的炼金术之相异处,在于中国比较不重视冶金术(当然也作兴以其他物质制造黄金),而比较重视长生术,因此中国的炼金术与医药有较多的联系。基本上,能导致长生或肉体不朽的不死药观念,是中国人构想出来的。我们认为,中国人所以会产生这个观念,乃是因为上古时代中国人的思想中,没有“伦理的偏极化”(ethical polarisation),男人与女人在死后也没有分别;行善者注定要升上超自然的天堂,行恶者则被置于超自然的地狱。因此炼金术与医药的平行关系自然会产生“人类与金属的医药”,将较轻的药物作用加以扩张,以尽可能延长生命至修龄,或甚至在此尘世上达到不朽的目的,而不寄望于宇宙外部不可知之某处;因为上古时代的中国人并没有去想象自然世界外部是什么地方,或存有什么东西。在其后的数个世纪间,我们可以查出不死药这个概念首先在第七世纪末传至阿拉伯文化,然后在十一世纪传至拜占庭,最后在十三世纪传至法兰克人与拉丁人,此以罗杰·培根(“第一位言行如道家的欧洲人”)为典型代表,而终于在十五世纪传至霍亨海姆的巴拉塞尔士(Paracelsus of Hohenheim)。巴拉塞尔士说:“炼金术这一行业并不是要去制造黄金,而是要为人类的一切疾病准备新药。”当他说这句话时,他正是直接传承了中国古代炼金术士的观念。中国人有一个根本的观念,即认为只要我们有丰富的化学知识,就能大大延长人类的寿命。这

个观念奠植于现代医学的基础内，其中确实存在着一番大道理。假如磺胺类药剂与抗生素没有被发现，那么我本人今天可能无法坐在这儿写这篇文章。我们大可以这么说，葛洪与孙思邈早就看出这个观念会有实现的一天。

除了对东西方的发明与发现首次出现的时刻加以比较和定出其年代外，滴定法还揭露了另外一些值得注意的事实。如果我们比较一下中国与欧洲的历史发展，那么很快就会发现中国没有“黑暗时代”，而欧洲（至少就科学史所涉及的范围而言）确实有。当然，中国科学界没有产生与亚里士多德或厄拉托西尼（Eratosthenes）同时期的大人物，但中国科学水平也确实没有降到欧洲科学在第四世纪与十三世纪间那样低的程度。此可由地理学与制图学得到证明，但由植物学也可得到一项好例证。当欧洲人只能对极少数的植物命名和记述时，中国却出现了一大堆专门性论文，以探讨特殊的科、类、种与变种；西方对这一套文献几乎仍是一无所知。公元460年，戴凯之的《竹谱》已在对许多种竹类加以描述，而韩彦直于1178年写成的《橘录》可能是这一方面著作之典型。在中国，研究植物学的意识不需要别人来唤醒，因此我们不难发现，1083年唐慎微所写的《证类本草》与1406年朱橚所写的《救荒本草》，其木刻图皆长久领先十六世纪时德国的“植物学诸父”在植物图解方面的成就。

另一项值得注意的事实是，在十六世纪末与十七世纪初，中国的科学人物与博物学家显然也有近似于现代科学的精神。我们知道皇家学会所代表的是——假说的数学化，以不断的实验来考验假说，对传统的信仰持以怀疑的态度，自由公布所得结果，不蒙蔽

或欺瞒,以“平易、率直而自然的白话”来取代文言。在1600年,我们看到当时的天文史家兼声学家邢云路,已经在对古老的“候气”方法施以痛切的攻击。大约在同一时期,我们在大博物学家李时珍的著作中也看到他对许多有关动植物的“庸言俗见”持以一种明显的怀疑态度,并以实际的试验对之施加妥当的批评。他将会是布朗爵士(Sir Thomas Browne)及早期皇家学会会员所极力推崇的人物,假如他们曾听说过他的话。

尽管如此,中国并没有特别产生现代科学,而欧洲却做到了。我们却因此不得不面对两个困惑人的基本问题。首先,为什么科学革命只发生于欧洲的文艺复兴晚期,即从1500年左右开始,而在十七世纪初的伽利略时代结局?其次,为什么在科学革命以前的十四个世纪间,中国在获取自然知识及将之应用于人类社会的需要方面,会比欧洲更为成功呢?

过去四十年的岁月里,我和我的合作者为中国文化的科技与医学史所做的工作,便是以这两大历史问题为其背景。第一个问题比较容易形成,大约在1937年,当我对一些中国的研究工作者(特别是我目前的主要合作者鲁桂珍)有真正的认识时,心中便呈现了第一个问题——既然他们的智能与心态跟我没有两样,那么为什么现代科学中一切最伟大的名字,像哈维、利比希(Liebig)、费雪(Emil Fischer)与达尔文等,都是欧洲人的名字,但却没有张三、李四和王五?

认识了这些朋友以后,我开始懂得去鉴赏如此深奥与丰富的中国文献与文化,因此当我在1942年奉召到战火弥漫的中国担任英国大使馆的科学参事时,我自然决定此行之目的在于学习,而非教导。当然,我的主要工作是联络中国科学家、工程师、医生与其西方盟国之同行;但在联络的过程中,我也能接触到许多对他们本国文明的科学史极感兴趣的科学家。我坐在他们的脚下,请他们指引我该获取哪些宝贵的文献,那些文献如果经由其他门路,我也许根本接触不到。但我也庆幸我不是自满的物质主义者,因为我的教养使我也能欣赏其他形式的人类经验,诸如宗教、历史与哲学;因此我也能接触道教的长老、历史学者与中国哲学家。也许更值得庆幸的是,我早就对科学与社会的关系感兴趣;换言之,我的立场是社会学的观点。

因此我很快就明白,第一个问题只有对中国与西方这两个社会的一切差异作通盘考察,才能加以解答。后来的第二个问题亦复如是。我觉得,我们有必要权衡一下这两个文明间的一切智能差异,以便了解,不论在语言或逻辑方面,在对时间与变化的态度方面,或在对一神论与自然法的见解上,到底有什么东西可以解释我们所认识到的基本差异。不仅如此,我们也得很仔细地观察社会与经济方面的差异,以便了解,在两种形式的封建制度间,到底有没有什么区别,有多大的区别。随着岁月的成长,我渐渐明白,中国的官僚封建制度在开始时曾促进科学进步,但终于阻碍了科学的发展。在欧洲,贵族武士的封建制度一度显得比较巩固,但事实上是比较脆弱,因为这种制度比较不合理;因此只要时机成熟,从事商业的资产阶级便能将封建制度的模型完全打破,而创造了资本主义企业的现代世界。我们常说,科学革命只是整个运动的一部分,其余的部分包括宗教改革与资本主义的兴起。不管一些独断论者会怎么说,我们仍旧很难将其间的基本因果关联解释清楚。当然，现代科学与资本主义是一起成长的，但这并不是说，时至今日，现代科学仍需与资本主义有所关联，相反的，在某些社会主义的社会中，其科学成就甚至可以表现得更好。资本主义毕竟不是一成不变的，处在我们这个跨国公司、独占企业、国有化工业与国际金融体系的时代里，大家普遍都同意，未来的世界必须具备有某种程度的社会约束力。今日与将来的科学确实需要某种形式的官僚制度来管理，因此中国长久的经验可能又要获得大家广泛的关切；一个尚待解决的问题是，如何保证官僚永远保持“人性的一面”。不过我们相信，只要人类不将科学所赋予的能力拿来毁灭自己，那么这个问题终将有个解决。

本书所持的一切论点当然应该以暂时的假设来看待。书中的讨论并没有完整的文件来作证，而论证的过程也并不彻底，因为我们还想在《中国科学与文明》第七卷做这方面的讨论。但在这段时间里。这些讨论可以作为一种思考的范例，这种思考流行于参与我们这个大计划的合作者之间。我们大家都非常高兴，因为我们的“大声思考”(thinking aloud)现在将要呈现在所有的中文读者之前。对于读者们所愿意寄来的任何建议，我们将永远怀抱感谢之忱。

李约瑟

一九八三年四月五日

图书在版编目(CIP)数据

文明的滴定:东西方的科学与社会/(英)李约瑟著;张卜天译.—北京:商务印书馆,2017
(汉译世界学术名著丛书:120年纪念版:珍藏本)
ISBN 978-7-100-14775-0

Ⅰ.①文… Ⅱ.①李…②张… Ⅲ.①社会科学—研究—东方国家、西方国家 Ⅳ.①C0-03

中国版本图书馆CIP数据核字(2017)第160885号

汉译世界学术名著丛书
(120年纪念版·珍藏本)
文明的滴定
——东西方的科学与社会
〔英〕李约瑟 著
张卜天 译

商务印书馆出版
(北京王府井大街36号 邮政编码100710)
商务印书馆发行
北京冠中印刷厂印刷
ISBN 978-7-100-14775-0

2017年12月第1版 开本710×1000 1/16
2017年12月北京第1次印刷 印张21 插页10
定价:105.00元